U0142892

LEGAL RISK,
MANAGEMENT.

法律風險管理
跨領域融合新論

◎施茂林 主編

五南圖書出版公司 印行

目　錄

Chapter *1*

法律風險管理體用矩陣與連動議題之研究

施茂林[*]

第一節　引言

進入20世紀末以來，全球各地頻傳颱風、颶風、龍捲風、火山爆發、地震、乾旱、洪水等自然、氣候變化等造成之災害，加上戰爭、海盜、武力掠奪以及病毒侵襲、感染、瘟疫傳流，已嚴重影響人類生存之空間與環境，2008年的金融風暴，更引發經濟危機，風險已逐步成為社會生存的重大威脅，並讓生活常存陰影，風險無所不在，確為反應事實之現象[1]。

1986年德國著名社會學家烏耳利希・貝克教授（Ulrich Beck）提出風險社會學說（Risk Society），指出侵奪自然資源，將使氣候產生變化，自然災害相對頻繁，亦必讓流行疫病伴隨而生，而政治上之對立與抗衡，激發暴力與恐怖事件，是以當今社會是個劇烈變動、變化多端的世界，更是風險激增的風險社會[2]，讓大家體認多數人生活在風險社會中，隨時有風險到來，應有防範之認識與準備。

再從危險角度觀察，個人與家庭平常即存在不少風險，連同政府部門的各類型計劃都有其風險，也需注意透過大數法則分散風險[3]，而政府機關經常面臨風險危機，處理危機更是重要工作[4]。何況安全政策是政府保民安民責無旁貸之任務，例如交通零事故、酒後不上路、治安零犯罪、工安零事件……等，都與風險管理息息相關，做好預防管理、強化安全作為，是風險管理之不二法門[5]。對企業而言，員工士氣、素質、服務精神、營運狀況、客戶流失、產品瑕疵、訴訟爭議、新科技危險、財務調度、資金失調、政府調查、職工災害、同業中傷、媒體負面報導、購併壓力……等，都是風險所在，也是企業有無能力處理之觀察指標。

環顧社會發生之法律事件中，有因不知法律規範，有則缺乏法律知識，有則明知故犯，有則存心違約毀約，其中欠缺法律風險意識者不乏

少數，而知悉法律風險存在者，仍未作法律風險辨識分析確認及控制、治理及避讓，終致法律風險實現，隨之而來需擔任各種法律責任[6]。是以法律風險管理爲現代人生活與工作之重要理念。

第二節　風險管理精義

風險（Risk）在一般人印象中與危險（Hazard）或危機（Crisis）有關，而且已廣爲社會所接受，但其定義眾說紛紜，經濟學者、行爲科學家、統計學家以及風險管理學專家等，有其不同之風險觀念，但綜合以觀，風險係指事件發生之不確定性（risk is uncertatinty），及事故發生遭致損害之機會。前者從主觀角度說明，後者從客觀方面闡述，可知風險與不確定性存在著一種未定的概念，但風險是可預測各種出象（Outcome）之機率，也是對不確定結果的具體衡量[7]，換言之，風險可視爲對未來報酬之不確定性，是一種可能發生之機率，因不可預期事件帶來破壞或損害[8]。

風險源自事故發生之不確定性與非預期之變化而帶來之人身財物之損害，因該事故發生不可預期結果因而有遭受損失之可能，此可能之機會即爲風險之所生，可見風險是客觀存在，非人類意志所能隨意控制與轉變，而且風險係相對現象，會流動轉變[9]。是以風險具有下列特徵[10]：

(1) 不確定性
事件（事故）是否發生不確定性。

(2) 不易掌握性
事件發生之機會、時間、範圍難以控制。

(3) 不易預期性
1. 事故造成之損害不容易預期與測定。

2. 預期發生之結果與實際發生後果不同，不容易掌握。

(4) 相對必然性

從整體觀察，必有風險出現，甚且會規律發生，而從個別事件分析，其發生機率常出於偶然性，再從長期觀察，未來有定性出現之現象。

(5) 延展效應性

1. 風險未能事前預測，損失難以控制。
2. 風險未能有效控制，損害效應逐漸擴散。

觀察週遭環境與日常生活事物，經常看到存在風險現象，可說風險是人類社會產物，因人為或自然因素帶來的危險。現代企業之經營環境正急速劇變，不確定之因素更高，包括社會變遷、政治變動、制度變革、科技發展、環保要求、經濟興衰等，企業若要生存，必須設法迴避風險，化危機為轉機，確保利潤目標之達成[11]。

危險事故之不確定性，涵括發生與否不確定性（whether），發生時間不確定性（when），發生狀況不確定性（circumstance）及發生結果嚴重程度不確定性（uncertainty as to extent of consequence）。由於事故引致風險，風險促發危機，危機可能導致實質損失[12]，如器物損壞、使用降低、生產減弱、行銷困難、資金短缺，收益減低、人員傷亡等，因之掌握風險，進行風險管理，首在風險確認，繼而風險評估與衡量，再作風險決策，進而作有效風險控制[13]。

分析風險源頭，大致分成七大類：(一)自然環境；(二)疾病蔓延；(三)社會經濟環境；(四)政治及法律制度；(五)經管群領導營運能量；(六)經管環境；(七)法律風險。再由其各該因素交互作用，促使風險暴露[14]，例如為籌措資金，乃提供不動產擔保，設定動產抵押，發行公司債等，使公司之財產資金狀況為外界所了解，其風險暴露自然形成，隨

著經濟金融市場之變化，資產暴露風險，有可能帶來利益，亦有可能帶來損失。再者，企業經營過程之資金調度、財務分配處理等均有法律責任問題，並受當地國家之法律約制，此等責任之束縛，亦為風險暴露，是故企業與其要做風險確認，其實更應早作風險之預測與評量。

隨著時代進步，經濟活動日新月異，風險相對增加、增快，其類別亦增多，包含生產風險、行銷風險、財務風險、稅務風險、資金風險、人事風險、創新風險、法律風險、經濟變動風險、以及國際情勢風險等[15]。金融風險可分類為市場風險、系統風險、信用風險、流動性風險、作業風險、法律風險等[16]，因此風險管理之構造元件，必須正視法律風險元素，檢視遵守法律規範之預防損失之相關法律問題、履行義務與合約之法律強度等，另於處理損害善後復建工作時，亦當注意事故善後之賠償、復健照護與扶助以及法律責任，使法律風險管理能完整之執行。

風險固然可能係突發而來，但深入研析，可說其來有自，有因國際競爭波及，有可能是企業本身存在之因素，例如體質弱、資財產差、技術落伍等，有則決策之錯誤或失敗，有因漠視或忽略法律風險存在，導致重大法律責任伴隨而來，另有可能是外在環境之改變，如政府政策、法令規範、金融海嘯⋯⋯等，若能預測風險之可能性，自可降低危險，減少不利局面，而法律風險之預測若精準與精實，更可事先防範其發生，減低損失。對企業經營者而言，重視法律風險與預防，在決策前諮詢與聽取法律專業人員之法律意見，當可保護企業，創造企業體最大利益[17]。

風險幾乎無所不在，在社會科學昌明的今日，自應有效將風險予以控管，設法化險為夷，創造最大利益，因之，利用科學方法透過風險認識、衡量、評斷來處理不確定之未來與可能危險，以防阻、規避或降低風險帶來之損害禍害，即為風險管理（Risk Mangemant）[18]，因之風險管理係以科學方法，本科學理論，運用科學技術，有系統、有修理評

量控管、來處理未來不確定之風險，減少或迴避風險造成之損失，進而追求效益最佳狀態之均衡點，其目的在於以最低成本，設法化解最大危機，有效降免風險之發展，達到損失最小化目標[19]。換言之，風險管理實屬風險下的選擇對策。

隨著風險之日益增加，風險管理日漸受到重視，無論工商企業界、公務部門，甚至個人事務對此需求越來越強，重視程度越來越高，研究風險管理之理論、技術、方法等更為興盛。

近十年來，全球金融界先後發生諸多弊案，在台灣如中興銀行、台中商業銀行、中華銀行、華僑銀行、台北十信等，在外國如MGRM公司期貨避險虧損案、美國加州橘郡（Orange County）事件、英國霸菱銀行（Barings Bank）、日本大和銀行債券交易事件、LTCM長期資管公司事件、美國安隆（Enron）事件、美國AIG集團事件都與未做好風險管理有關[20]。

風險管理（Risk Management）一般認為與保險有關，細繹其發生背景係在於1931年美國經濟大蕭條時，美國有40%左右銀行與公司破產，經濟衰退20年，許多公司在內部設立保險部門，美國經營者協會（AMA）設置保險部（Insurance Pivsion），協助會員在不景氣下，深度思考如何以費用管理作為經營合理之手段，使企業得以繼續營運，爭取生存立基。

1938年以後，美國企業對於風險開始採用科學的方法，有系統研析風險問題，逐漸累積豐富經驗，讓風險管理逐步明朗化。第二次世界大戰期間，管理科學（Management Science）對不確定狀態之決策分析有重大進展，科學家因軍事目的，開始對後勤管理、破解密碼等研究諸多數值分析、成本效益分析、期望理論等模型，帶動風險管理方向朝數量化發展[21]。在1950年代風險管理發展成為一門學科，風險管理開始受到肯認，演而風險管理觀念崛起，至1957年美國保險管理學會（The Amencan Society of Insurance Management）倡導重視風險管理觀念，協

助各大學推廣風險管理教育。其間第一階段為1950年代前之損失控制管理（Loss Control Management）與保險的整合，該階段屬於工業安全與工程控制階段之範疇；第二階段1970年至1990年為財務風險（Financial Risk）與危害風險（Hazard Risk）的整合階段；第三階段為1980年後之整合型風險管理（Integrated Risk Management, IRM）；第四階段為1990年代以來之新型風險管理時期[22]。

風險管理之步驟，簡而言之，第一步風險確認（identification），第二步風險評估（量）（evaluation），第三步風險選擇（selection）與決策，第四步風險控制與執行（implementation）[23]。在做風險確認時，必須將所有可能之風險全盤了解，逐項過濾不必要資訊，釐出所面臨之風險為何，進行明確辨識，以選擇解決風險之有效方法。當確認風險後，進一步對風險深入分析估算與衡量、判明風險之嚴重程度與損失減降之方法，不能作無法承擔損失之冒險，並進行風險溝通，讓內部達成共識，對外部作必要之說明，化解風險所生之利益衝突[24]，然後再進行風險控制，包括風險、損失之避免、風險分散（diversification）、避險（hege）以及減降損失之可能量度，終而得以尋得最有利之避險方法[25]。

風險管理在處理風險與機會，有效掌握風險帶來之影響與危害，為彰顯風險管理之輪廓，以簡圖列明之：

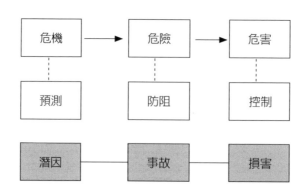

在風險管理過程中，風險策略之決策至關重要，一般採取下列法則：損失頻率與幅度均高者，避免之；損失頻率與幅度皆低者，採預防與控制作為；其損失頻率高，而幅度低者採用保險或自留；當損失頻率低而幅度高時，採保險措施[26]。

風險管理之作業流程，從實際操作，可分三個階段[27]：

(一) 預防管理（避免與預防）。

(二) 危機管理（確認、決策、控制、解決）[28]。

(三) 復原管理（檢討、改進、新預防）。

對企業而言，風險管理係制定策略，辨識可能影響企業潛在危機，進以管理企業之風險而使其不超過企業之風險胃納（Risk Appetite），以合理擔保風險治理目標達成之歷經過程，其涉及企業負責人、董事會、經營層等，均負有不同程度之風險責任[29]，有智慧之企業主絕對料敵在先，儘量做好預防管理，避免實施危機處理，而且萬一發生危機，則於妥慎處置後，認真檢討該事件前因後果，施作防範措施；此復原管理，其實是預防管理之再開始，如此可防免重蹈覆轍[30]。

風險管理之運用，有著重在企業靜態風險（純粹風險）之管理，主要以保險型風險管理理論為基礎，另有重視全部風險之管理，包括靜態風險與動態風險（投機風險），對前者不利性降至最小程度，對後者發揮其效益性至極大化，此係以經營管理型風險管理為理論立基。目前企業已趨向後者型態管理風險，紛紛採擇其精神，進行風險識別、風險反應、風險控制等管理策略，台灣企業界在最近幾年也逐漸重視風險管理工作，強化其功能，協助企業優質經營[31]。

第三節　法律風險管理描繪

法律風險（Legal Risk）一詞逐漸被接受與引用，但尚乏一致性見

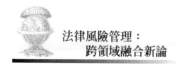

解[32]，本文認為個人、企業或政府機關在處理公私事務上面臨法律上可能之損害或法律責任，包括損失、傷害、增加之費用、稅賦、法律條件成就效果及法律制裁與法律民刑行政責任等。

法律風險對於個人而言，其從事日常生活事務、經濟活動或執行職業、業務及公務行為所伴隨而來之法律處罰與責任，涵括刑事責任、民事賠償責任或行政罰等。就企業而言，係指從事工商經濟活動或法律行為，因法律有關之不確定因素或不可預測之疏漏等，以致引發生命、身體或財產之損失（害），包含人身危險、財產危險、財務危險、責任危險、賠償危險等。對公務員而言，凡執行公務、推動職務、行使公權力等，因法律規範之要求或限制所引帶來之法律責任，均屬之。

現行法律規範眾多，執行之機關亦多，解釋法令亦不會一致，則其延伸之法律風險可概分為：

(一) 本國法律風險與外國法律風險[33]。

(二) 中央法令之法律風險與地方法令之法律風險。

(三) 實體法律風險與程序法律風險。

(四) 司法法律風險與行政法法律風險。

(五) 規範法律風險與契約法律風險。

(六) 違法法律風險與未違法法律風險。

(七) 司法機關適用法律之法律風險與行政機關適用法律之法律風險。

(八) 解釋法律風險與適用法律風險。

要判斷法律風險，從粗淺的角度了解，不算困難，但要精準鑑別判斷，則需有深度了解，對法規範與相關連因素、事項有全盤認識，方能將法律風險圖像明確描繪，其具體標準不外：(一)法律風險源有何法律規範與約制；(二)法律風險將帶來何種、何類危害、損失與法律責任；(三)法律風險發生將因何種行為、作法或疏失所引致；(四)法律風險因

子發生之可能機率；(五)法律風險發生之損失與責任，所能容許之程度[34]。

依個人多年工作經驗，法律風險之存在與發生，除不可預期之因素外，其實與人為因素有莫大關連，此因風險管理是多元面貌，而負責處理法律風險管理者有其不同特質，亦必出現多元類型與多樣做法。再者，管理者之相異而存有諸多危險因子，包括下列情況[35]，解決之道，應設法降低、消除上述危險因子，對於法律風險管理工作，推動上方能順遂[36]。

(一) 主觀或直覺見解之後遺症。

(二) 主辦人之法律疏忽或法律專業不足。

(三) 法律規範之不明確或未修正之違失。

(四) 法律規範解釋或適用之盲點。

(五) 契約簽訂之疏漏或錯誤。

(六) 契約履行與違約處置之失誤。

(七) 處理事務不及配合察覺之事項。

(八) 處理過程雙方意見齟齬爭議。

(九) 發生爭議之證據實相之取得。

(十) 涉訟時法律處理之失精、失準。

(十一) 法律從業人員技術性之失誤。

(十二) 外國法律與修正之疏忽。

有關法律風險之分類，可大分為法律資訊未充分認識、適用法律時未有效掌握法律之風險及未有效避免受害損失參類。前者包含知法不足、法令未備、契約疏漏、爭端解決失誤等，其次是未能精準掌握法律真義，明瞭法律精神、法律適用上之精準等，後者則因處置失當引致被害受損、犯罪受罰、訴訟失誤等[37]。要有效管理法律風險，必須重視預測法律風險及確認法律風險因子，再鑑別風險發生率、危險之程度與危

害之代價，進而評量採取風險策略，採擇分級分類之風險決策與降阻風險危害策略，隨情境之變動調整風險趨勢，達到風險控制目標[38]。

風險控制中一般相當重視風險迴避（Risk Avoidance），其目的在作預防性風險迴避（Proactive Avoidance），期待將風險源頭消除，其實此迴避風險之觀念，乃在降低不確定因素之存在以及防止風險之發生與引發之損失，如運用到風險確認階段，強化風險預測效果，設法做風險避讓，必能適度解決法律風險帶來之難題；在法律風險治理上亦同。

法律風險與法律規範之運用有密切之關係，而運用者之心態與動機因人而異，其一係對法律規範之無知不解，其二係誤解法律意涵，其三為未完整運用法律，其四為知法而違法犯法，是法律風險不應拘限違法風險而已，因此企業主在經營企業時，必須具備完整之法律風險管理概念，不能自認：只要不違法就是最好的法律風險控管，應體認風險控制與管理，包括法律風險預防、風險發生後之法律風險治理與危機處理，以防範再度發生風險[39]。

法律風險之成就，涵容發生之可能性與不利之結果，揆諸其因果，約而言之為：(一)與法律規範適用密合性不強；(二)非主事者所能掌握之結果；(三)發生不利之結果屬不確定狀態[40]，在法律風險管理立場，應設法克服人力所能掌握之部分，使賠償危險降至最低度。

法律風險管理是運用科學方法，有效率衡量、控制與防範法律風險之發生或降低其發生之危害性，可說是涵蓋法律風險之預測、鑑別、規劃、控制與執行，直接或間接達成風險損失控管與降低目標之作為，亦即用科學方法，管理可能發生危害之法律事件，以降低其危害而所執行之步驟與作法。

法律風險管理旨在做好法律風險之控管，避免風險實現，並設法減低風險造成之損失（害）。對企業界而言，謀取利益、創造利潤，乃企業經營之重要目標，法律風險管理正可達其目標之完成。蓋因企業面對之風險主要為商業營運風險與法律風險，前者商業風險，固為企業主或

經營團隊所重視，認為係最重要之課題，惟從實質探究，基本上係與法律風險牽連，或者最後會以法律風險之形式體現，可知法律風險在整體風險管理中居重要變動[41]。由於法律風險與法律責任攸關，是以在所有風險中居關鍵地位，稱法律風險為責任風險，即可申明其要義。

法律風險管理之步驟，或有不同之看法，從實務操作而言，可從下列流程了解管理心法[42]：

(一) 法律風險管理目標。

(二) 法律風險辨識（分析、預測）。

(三) 法律風險確認（鑑別、確認）。

(四) 法律風險評斷（衡量、評估、回應）。

(五) 法律風險決策（策略）。

(六) 法律風險避讓（移轉）。

(七) 法律風險控管執行（防阻）。

(八) 法律風險復原。

由於各行各業、各種事物所面臨之法律風險不同，多樣多類、千變萬化，在實施法律風險管理過程，不必需一成不變，反而要彈性靈活，交互運用其步驟，尋找最有利之防範與控制模式。同時，有效採行包括遵循法令規範的內部控制系統，最容易呈現明顯效果[43]。

法律風險涉及層面甚廣，有關之法律課題亦多，核其關鍵問題，不外為：(一)法律規範之認知；(二)處理公私事務之法律意識；(三)各社會經濟活動行為之責任與損失之預測；(四)糾紛預防準則；(五)爭端解決評量；(六)善後處理與法律復原作為等項。若能作好預防工作，當可免除法律風險之實現，因之，法律風險預測，實為法律風險管理成敗之不二法門[44]。

法律風險管理實施步驟[45]：

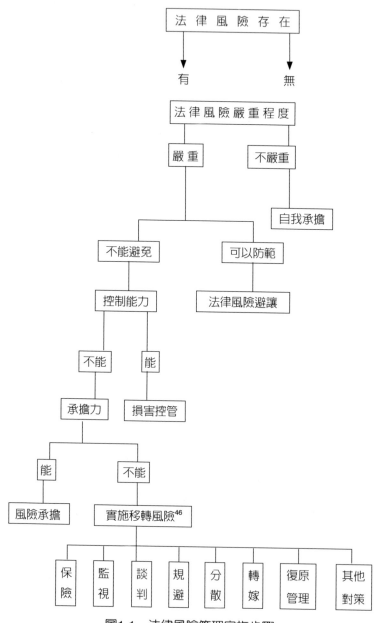

圖1-1　法律風險管理實施步驟

法律風險管理之實益甚高，提出下列數點以明之：

一、 做好法律風險迴避，減阻風險責任發生

無論個人、企業或公部門，對於公私行為或事務之處理均有風險意識，必能對法律規範之內容與要求有所認知。對個人而言，擔任保證人時，必須了解保證人之法律地位與責任，自我評斷後，再決定是否要當「呆瓜」；當父母去世時，想到繼承之標的，不僅是繼承積極財產，還包括消極財產（債務），則遺產不足時，當會考量是否拋棄或限定繼承；當公務員執行公務時，評量法律風險之密度，必能有技巧、有要領達成職務責任；在給付行政時，也防免陷於圖利之泥沼[47]。又當企業負責人準備將公司新研發之技術另行成立他公司開發生產時，不能不評估此種行為是否有背信問題。

二、減少違規不法行為發生，降低社會成本

近年來台灣地區之民刑事案件甚多[48]，致檢警調機關與法院負荷過重，加人加錢，仍無法有效紓解訴訟壓力，司法人員案牘勞形，身心交瘁，司法品質相對不易提升，當案件增多，必須增加處理機關，解決之道固為多元，但鼓勵人民培養學習法律知識興趣，從時事案例觀照法律規定，強化人民法律知識，提升法律風險意識，由知法、識法，進而守法，是有效疏減訟源良策之一[49]。

當大眾投資意願增強，投入股票、證券與期貨市場之力道必然大增，企業之獲利亦影響多數投資者之權益，若企業經營層有正確法律觀，能遵守規範，可推知必能以股東權利為本，忠實履行法定義務，認真追求企業利潤，減少法律風險帶來之損害，創造高利潤，讓企業得以永續經營，贏得良好形象。反觀歷年來，因企業未能體認法律風險威力，忽視法律規範之約制，甚至故意違法犯罪，發生重大掏空舞弊案件，致投資者血本無歸，影響部分人生計，造成社會負擔不易計算之成

本，治本之道，應強化經營群之法律意識，培養法律風險理念，具備企業社會責任之正確品格與情操[50]。

進而言之，社會上普遍有法律風險防範之認知，對於法律之禁制處罰必有所警惕，投資時亦從風險評量測知投資之可行性，企業亦必有效評估法律風險之具體策略，則違法犯罪、不法之事件可適度減少，對個人、對家庭、對企業，必可帶來正面功能，大大降低社會本。

 ## 三、 增強風險管理實踐，開創經濟價值

從法律風險實現之案例以觀，法律責任與制裁處罰甚爲嚴厲，例如美國福特汽車經法院判決賠償受傷人之金額高達一億二千多萬美元、達肯（P.Dalkon Shield）子宮內避孕器曾賠償二億五千萬元、印度波邦耳爆炸案，法院判決四億七千萬元賠償，1994年美聯邦判決道爾康寧三家製造隆乳廠商賠償受害婦女四十二億五千萬元產品責任賠償，足見企業對於法律責任暴露之衡量，不得不高度重視[51]。

對個人而言，任何風險因素應盡量防範，作有效控制，其中法律風險因素，更需有充分之認識，需辨識法律風險何在，繼而衡量法律風險發生之機率，設法迴避、防阻與控制，否則，法律風險發生，法律責任必隨之而起，或賠償或刑事責任或行政處罰，帶來無窮之困擾。

企業風險之類別，有內在之生產、行銷、財務、人事、會計，以及外部財經政策、國際情勢、法律等，對於風險與追求報酬間設法達至效率前緣（Efficient Frontier）程度，創造公司價值、節省經營成本、減低憂懼心理，使企業得以繼續成長[52]。再者，先不談法律風險之威力，若其他所有之風險縱然全部發生，且企業無法做有效控管或防阻，最後頂多是企業倒閉關門，原有之股東之投資蕩然無存，但仍有機會重新站起來、東山再起。然而法律風險發生，不是關門倒閉，可能帶來無窮之法律制裁。

社會有太多案例，因忽略法律風險，不僅事業失敗，涉有一堆法律

責任，其有刑事責任者，可能身入囹圄；其有欠稅者，將被強制執行、查封拍賣財產，有則被限制出境，甚而被拘提管收；其屬違規而被罰鍰者，其遭遇亦同。

四、 加重法律風險管理比重，提升企業效能

當前企業在營運過程，對於法律的關注分量不大，甚且常常忽視，以致發生出於預期之結果，帶來諸多損害，後悔不及；有則認為法律不重要，萬一發生問題，再交由專人或委請律師處理，無需事先有所過濾，然法律事件發生時，已不可收拾，方警覺法律風險管理之重要。

有人觀察企業是否正常營運與正當經營，係以該企業是否重視法律元素為準，其觀察指標在於企業有無法律人才？有無法務單位？依企業規模與法務人力是否相當？在公司各類會議中法律人參與之深度？在處理中借重法律人之程度？有無辦理法律知能相關研訓活動？當企業發生法律事件時，如何處理？有無良好訴訟策略？是否作訴訟風險鑑別？……事實上，此不失為企業是否強化經營體質之方向。

從法律風險管理之角度而言，企業不能忽略法律與企業之依存性，應設法將法律規範融入企業經營理念，以提高企業績效；再從藍海策略觀察，企業如能有效結合法律要求，將之提升為經營之助力，必可開創最好之利潤[53]；又從預防性司法論，企業應充分了解司法之作為，當可防範不法行為之發生，法律人亦可藉之協助企業正當正規經營，達至多贏局面。

第四節　從跨領域整合談法律風險管理新境

今日科技之蓬勃發達，自然與社會科學研究日新月異，各種專業領域相當成熟完備，可說各有一片天，達到百花齊放，百家爭鳴局面，然而專業越精細，分工越細緻，處理某些議題容易窄化，對於各類問題也

不易由單一領域提出精準解決策略。尤其邁向現代化、全球化的社會，不論自然或社會科學專業化越來越強，研究客體也逐漸精細，對問題之觀察探究更為深入，單一之學科已不易應付複雜之社會現象，各學科須相互重建，跨領域科際整合[54]。

再者，隨著科技發達，社會進步，諸多工商經濟活動、科技運用與社會事務，甚至公共行政領域越來越複雜，應變對策已非單一之學科與事業即能圓滿解決，已需藉著不同科際專業共擬解決方法，如同醫師跨科會診，讓問題之所在，得以快速、明確明顯進而可以對症下藥，此科際整合，與異業結合的方式逐漸成為共識的理念。

跨領域整合（Interdisciplinary Collaboration），有稱為科際整合，此種異業融合，對於問題之所在容易究明，對於發生之現象容易探清，對於事實真相容易釐清，對於事情之解決容易有良方，在同一領域或部門內，也進行科際整合，例如醫師之看病常有會診場景，公共議題出現，常有同一政府機關內部單位代表研商解決對策；對於不同領域之科際整合，也容易將關鍵問題聚集，2011年5月台灣發生之塑化劑，跨專業機關之密集會商，找出解決之問題。最近銀行系統，也常招收理工科畢業生，藉其不同專業發揮異質容納之效果。

一般對科際整合之功效，抱持正面肯定態度，認為一則容易找出源頭與關鍵問題，二則可藉不同專業激發加乘效果，三則藉異業專業人才腦力激盪與研發，易於創新與開創新科技與新事務，四則可達到資源共用同享之經濟效益，則跨專業合作，必能引導各專業之內醇外酵效應。

1960年以來，風險觀念在保險領域廣泛被討論與應用，也出現許多研究文獻，原只侷限於學界與保險業研究，現已逐漸擴大，演變成一跨學科之議題，分別從自然學科與社會學科兩大方向進入探討，再細分而由保險學、統計學、數學、精算學、經濟學、哲學、心理學、決策理論學等研析[55]，並演繹出風險公式，風險（R）＝損失程度（H）×發生之可能率，此即科際整合之適例[56]。

　　傳統以來，法律人習慣在法律領域專精深研，對於其他學科之專業較少涉獵與結合運用，然以法律本爲解決社會問題之實用科學，單憑法律有時有其窮，即做學問研究，亦容易本位至上，患有專業自閉症，因此，法律學爲社會學科之一環，科學在法律領域占有相當地位[57]，而與其他學科跨領域結合，成爲趨勢所在[58]；再稽之法律與管理作科際整合，亦屬法律學精進之進路，其在司法或法務實務運作上，也能逐步推展，發揮其效益[59]。

　　法律經由司法處遇以彰顯公義價值，司法人員之裁決成爲民眾信賴度之重要準據，而法律有其窮，有其窄效，必須引進其他學科領域，藉相關學門之專業作爲偵審時之思考元素，以提升司法品質，契合社會期待，滿足當事人之需求，其中若考量風險管理作法，提高敏銳度，讓案件更能圓熟正確，必可使司法信賴度大大提升[60]。

　　再從犯罪偵查來說，應用科際整合戰略思維，快速妥當辦出好案，否則犯罪組織、模式、手法、伎倆越來越進步，利用新科技完成犯罪目的，在偵辦上，如不運用科技法律外之實用學科知識，不易達成任務[61]。又爲提高偵查效率，運用物證詮釋技術，重建犯罪過程，而運用犯罪剖繪（Criminal Profile）技術，評估犯罪者心理，利於釐定偵查對象與方向[62]。在犯罪現場查案時，外行人想知道死者的死亡，一般只知道用解剖再送鑑定的方式處理，可能要歷時一段時間。但內行的檢察官可請昆蟲系的教授幫忙，從案發現場附近昆蟲的食物鏈分析，就屍體腐敗程度、氣味、吸引何種微生物、生物、昆蟲前來，就能大略判定死亡時間，甚至可以研判出是否爲第一案發現場，立即著手進行下一步偵查動作，掌握辦案黃金時間。

　　再如，有愈來愈多的法律規範，係將其他領域之專業化成法律形式，如公平交易法蘊含經濟學、行銷學、零售管理、公共政策等專業；土地計畫管理法包容地政學、環境學、生態學、都市計畫學、公共政策等專業；環保各種評估管制法蘊涵土壤學、環境保護學、醫學、生態學

等專業；證券交易法包含投資學、財務管理、金融倫理等專業；在在顯示法律涵容不同專業，才能使法律符合社會發展需要[63]。

又傳統上法學著重在法律理論上闡發、法律規範之解釋以及司法實務見解之研析批判，其肌理運作為抽象正義感的體現與體系規範之探討，對於法律規範相對性議題之取捨、立法目的之高度目標、規律事務或對象之實際利益，以及公義價值等較少深究，能採納經濟學的理念，廣泛思考經濟學常用之觀念，必能提升司法效能，為社會大眾所接納[64]。

經濟學上討論的課題很廣，從個體經濟談到總體經濟，大抵上環繞：(一)需求與供應；(二)價格與數量；(三)成本與效益；(四)短期與長期；(五)個體與群體等議題，將之引進到法學領域應用，可使法律效能提升，而著重法律經濟學分析，必另有助於法律實用價值[65]，自1968年，美國學者發展經濟學科以來，法律與經濟跨領域的結合，逐漸建立其體系與構造[66]。

法律經濟學乃從經濟學成本效益觀點，探討法律形成、構造、操作方式以及執行法律所產生社會經濟效益等命題，其重點在對法律作經濟分析，一般從數個面向來研究，舉例而言，其一是從供需理論，研究法律規範之存在，能否有效解決社會事務問題，二者之投資報酬是否達到期待目標，其二是價格理論運用，來預測法律對一般人行為改變狀況，如公平交易法對於廠商獨斷、寡占之約制情形，其三是研析法律適用時，產生之經濟效益，其成本與效益之實際影響，罪罰如何之比例原則，如認罪協商與訴訟經濟吻合程度，另外也從邊際替代遞減率、效益最大化等，探討法律執行與操作之現象與顯現之成效[67]。

法律風險管理主軸係跨越法律學與管理學兩領域[68]，因二者各有其理論架構與支撐之背景系統，可說本是兩不相關，而且各自擁有一片天地的學科，現隨趨勢發展已逐漸作跨領域之專業融合，使兩者相融相合，相互採納其養分，讓法律風險管理之圖譜與內涵明晰，蘊結構更堅

實，成為一單獨之學識部門[69]。

法律學乃經世致用之實學，管理學亦屬實用科學，在實際運用與操作上，二者均重實效，透過其體系作用，在真實社會中實際規範與運作，使之發揮具體明確之功效，是其二者，顯非為純理論之研究，亦非崇尚形式之探討，在作跨領域整合時，自非僅作表面、外觀上之整合，應透過系統性研究，讓二者充分融合銜接，達深層、實質之程度，確實開闢出體用得宜之新思路與體系，即在各公私部門與各種公私事務處理領域，亦經綜合性、系統性研究，讓其立論堅實、實性更高更強，開創其無限之生命力。

從法律角度觀照風險管理之母題，法律風險不單是風險管理之一因素，長期以來在風險光譜上佔不到重要地位，且比重不高，但是法律風險實現時，小則觸法違規，而有行政處罰或輕微責任等損害，大則構成犯罪，重罪重罰，更嚴重者長期之積蓄人脈、商脈等完全崩潰，企業亦先倒閉，可見法律風險實占關鍵性地位。

風險之態樣固多，法律風險之份量需加重，在研究領域，必須充分認識法律風險之內涵，從定量方法研析，其所占之比值、發生法律風險之機率，以及法律風險在風險損害之比重，建立客觀數值，強化管理之信實度，並從社會各類法律風險與損害程度，解析法律風險在風險管理之實效性與凸顯法律風險之絕對值[70]。

近年來經濟與科技蓬勃發展，各類新型商業活動推陳出新，遠遠超過現有法律規範的範圍，例如尖端科技與趨勢產業日益翻新、企業水平與垂直整合盛行、企業組織再造多樣化、策略聯盟與結合多角化[71]、投資理財有新作法、財務運用趨極化、衍生性金融商品多層化、智慧財產擴大與強化保護等，均涉及新法律規整，又因其為新事務、新規範，更存有許多法律風險，在執行風險控管時，尤其需強化法律風險之鑑識、確認，預作迴避、控制對策。

法海浩瀚，經長期研究，法學理論完備燦爛，惟跨領域之研究，尚

在起步中，對於管理學科，仍屬陌生區塊，而且法律有關之實務領域，亦少用管理知能，以提升司法或法務效能。有關風險管理之運用，顯然大有發展空間，事實上，法律世界採擇管理技術，有效結合風險管理學能，必能讓法律天地更有寬度，法律實力更能宏揚。

在立法方面，不論是制定或修正，不是單純法律文字、法律條款彙集，也不能僅屬行政主管機關或執行機關推動公務之工具，應將管理體系貫穿其內，使法律內容利於執行，在實際運作中將法律預定目標淋漓盡致發揚，使修訂之立法目標如期實現，當中更需衡量風險問題，如有無發生漏洞缺失隙縫？有無矛盾、扞格現象？有無與他法輕重失調情形？未來執行上有無風險機率？風險比重能否接受？又執法過程，是否符合比例原則？能否貫徹公平性？其結果是否能實踐公義價值？是否會發生傷害人權標準？凡此均是必須思考的核心問題[72]。

法律之適用，不單僅是法律文字之解讀，更重要者在於探究法律之真正意旨，涉及之事務專門性與專業性，以國土測繪法而言，有關測量繪製之學識必要兼顧，透過其專業與技術使法律規定得以完整呈現其精神；又如公害法律，涉及環保專業，在解釋法條時，必須尊重環保知能，使防治目的得以發揮；再如公平交易法涉及經濟學理論，有諸多之法條實為經濟學者名詞之法條化，與傳統法律名詞不同，如以法律學角度論述，無法彰顯其要義；他如證券期貨交易法律，與金融專業更是息息相關，必須以金融貨幣等學問之專業知識理出法條規範目的，達到立法原意。如無跨領域整合理念、不理會各類專業理論，必產生法律風險。

由於行政機關屬有權解釋其主管之法律，如金管會解釋各類金融保險證券法律，經濟部所屬智慧財產局解釋各專利商標著作權等法律，衛生署解釋各醫療藥物等法律，內政部主導地政都市計畫法規解釋，交通部解釋陸海空交通法規，銓敘部、內政部分別解釋公務員退休與國民年金等法律，如涉及人民權利事項，往往產生重大決定效果。在實際運作上，財政部常屬於補充立法者角色，而且財政部對於稅捐有大量解釋

法令，常成為行政法院判決之重要參據，司法審查是否細緻常是人民稅務行政訴訟輸贏之關鍵[73]，是以主管機關之解釋，實為法律風險源之一[74]，從跨領域結合觀點，法律人如何促發主管機關根據專業，本於立法目的，正確解釋法律規範，亦是值得努力之課題。

司法機關在承辦民刑、行政案件中，固以法律為本，然案件偵審結果，需符合國民法律感情，得到國民接受，方屬重點，是以司法人員必須有風險管理之認識，對於偵辦案件有關之公平、正確、妥適原則之實踐，應體認其牽涉之風險事項，運用管理知能，設法排除、迴避或控管，開創司法價值。否則無法吻合國民期待，不能建立國民信賴度，反而成為司法之最大負擔。進而言之，偵審程序呈現圖像、處理時當下之殺傷力以及司法裁決後之回應與社會效應，尤應有先見之明，預測其風險所在，控管其危險，使司法更為符合人性，解決訴訟案件之社會問題，確實發揮正義精神與價值，而且評量偵審處置之法律責任風險，若司法裁決妥適得宜，彰顯公義實現，當可防止法律風險所帶來之處罰等責任。

法律風險管理跨越二不同科學，從其關連性與運作性觀之，其脈絡圖示如下[75]：

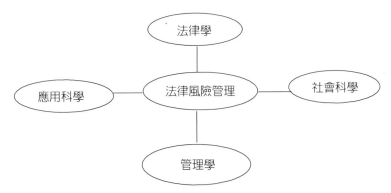

圖1-2　法律風險管理跨二科學之關連與運作脈絡圖

法律風險管理體用矩陣與連動議題之研究

由於法律風險管理，源於法律學與管理學，從其涵蓋之論點與內容，將輻射其他相關學科，將其關連圖示如下[76]：

圖1-3　法律風險管理與相關學科關連圖

第五節　公私部門事務執行與法律風險治理

在全球化的時代，國際貿易增長增快，跨國企業急速增加，國際金融流動快速，全球金融體系逐漸蓬勃發展，從金融、保險、證券到投資均有新思維新作法改變傳統財經法律之構造，也對法律帶來莫大衝擊，諸如新金融投資行為、新興衍生性商品、翻新的經濟事務……均迥異舊有財金作法，當金流、物流、資訊流快速擴大運轉，法律規範往往置之一旁，未予理會，以致風險到來，企業經常發生倒閉，國家債信大幅下降，瀕臨破產邊緣，甚而引發金融海嘯，是以財經金融領域急需加入法律風險元素，財經金融主管機關平日即應建構法律風險制度，企業負責人依公司治理法則忠誠執行業務，對於財金業務做好法律風險辨識、確認、預防、控管等工作；有關新興之財金商品，尤需強化法律風險認識與治理對策，而投資者除評估投資企業之前景，亦應考量因所有數與經營權分離運用極致，導致大型公司快速成長，可能造成董事或經理人圖

利自肥，將盈餘獨自受惠，則投資者獲利計畫將必產生無法達成之風險[77]。

就企業而言，資金之運用與調度為熱門話題，也常使用槓桿原理，進行高風險之交易，忽略其危險，終而帶來嚴重法律責任，很明顯在此區塊，任何企業需進行風險評估與法律風險防控機制[78]。再者，部分企業人士常自認證券市場操作股票，形同提款行為，其間常涉有內線交易，主事者每故意不顧法律嚴格管制，等東窗事發，始覺悟「凡走過必留有痕跡」之簡單道理，已後悔不及，是以法律風險概念應為其必備之功課，常常謹記在心，對於企業營運體過程所面臨之法律風險，必須正面防阻，職是法律風險明顯貫穿企業整體機理，包括組織群、營運面、資金體、均需未雨綢繆，步步為營，可說法律風險管理是未來企業核心競爭力[79]。

法律風險管理與企業之組織、運作、經營之關連性甚強。從企業體觀察，股東大幅度變動，大股東釋股讓股，投資者大量持股，股東間連結運作，大股東間相互合作，董監事席次調整，經營群變動，公司變更組織，公司合併與併購，公司重整，以及公司發行新股、公司債，組合關係企業，公司切割成立新公司等，均涉及法律規範，其間存有大量法律風險，越精明者越能透析其法律之利害關係[80]。

又變革管理為當前正夯議題，當企業有心變革時，有關(一)主體性之變動關係；(二)經營群改組之法律問題；(三)併購權益關係；(四)主要事業轉讓之法律問題；(五)勞資權益之均衡維護；(六)契約履行與違約預防；(七)盈餘與利益分配；(八)股東權利與少數股東權益；(九)特別股與公司債之處置；(十)稅捐之處理等，均有法律問題，不能不正視處理，避免法律風險實現[81]。

在當前競爭環境下，企業要生存，要獲利經營，必須進行不同態樣之事業調整，涵容不同營運手法，舉凡(一)垂直或水平整合；(二)投資新事業；(三)創新新事業；(四)生產線之開辦關閉；(五)營業財產之轉移

售讓；(六)重點事業移動海外；(七)經營整體變更；(八)與他企業交叉持股；(九)生產或技術轉移等，無不關連法律之適用與法律約制之遵從，而且其間法律關係極為複雜，不謹慎從事，法律風險發生機率甚高，終致原來預期之美景前景功虧一簣[82]。

從事司法工作多年，發現許多契約之處理，經常忽略法律風險及法律責任之關鍵問題，有關契約之基本事項：如契約之名稱、契約之功能（權利證書、證據證書或證明文書）、契約性質與定義、契約形式、契約前言、引言及本文，常留下諸多問題，成為相對人未來違約之有利解釋空間[83]。

公權力之行使具有強制性，常伴隨陽剛式之行政作為，即使一般非權力作用之行政行為，也未必得到人民之欣然接受，多年前學者提倡多用行政契約以緩和對立（抗），以得到民眾認同，現行政契約已明定在行政程序法內，地方制度法於2010年2月3日修正時也採納增訂第24-1條、24-2條；各行政機關應依公共事務之性質，多行採納，透過民間力量監控與處理公共行政事務，如消基會、公益社團，必能發揮協商取代命令之效果，減免政府與人民之緊張與衝突，其間，因涉及公共性質，攸關多數人權益與福祉，須採法律風險管理模式，減少後遺症[84]。

有部分契約因違失錯誤，留下諸多法律風險，從辦案經驗累積與觀察，常發現一般人疏忽契約重要性，對契約有關之問題大而化之，留下諸多風險空隙[85]。具體而言，有下列問題：(一)契約之文意與原有約定之吻合度有落差；(二)契約條文之文字意涵不明；(三)原有約定事項未列入；(四)保留有爭議事項之處置方法；(五)未預留解釋空間之條款；(六)關鍵性事務或文字未明確釐清；(七)商談時所運用之重要文件、資料未做妥當處置；(八)契約價款、付款條件、配合執行事項、保險條款等未定明；(九)契約之終止、解除、失效條款不明確；(十)不可抗力事由未予約明；(十一)準據法之事用未予重視；(十二)仲裁條款不嚴謹；(十三)管轄法院未考量其奧妙[86]。

法律風險管理體用矩陣與連動議題之研究

　　一般人在契約簽訂前，常誤認雙方和氣約定，不致發生糾紛，有些人認為契約只是雙方合作之信物，對於其功能，約定內容，履行、違約等未予關注，因之常出現不重視契約之影響力與重要性、輕忽處理契約關聯性問題、未詳細研讀大宗契約內容，未能確實了解其涵義、簽約前未完整謹慎研讀契約之文字或內容、發生爭議之處理與解釋方式未訂明處置方法等現象，當不難了解爭議之原委，其中當然也涉及參與契約的人員不專業或不嚴謹，以致留下風險漏洞[87]。若債權之追償與確保功力有限，所受損失必大[88]，事實上，索賠與賠償需要有效率管理，對於相關之法律風險與理賠成本之控制，亦應有策略與防控措施[89]。

　　新科學、新技術引領人類進步，促發生活上之便利，今日地球村之形成，實賴新科技之賜，然因其具有不安定性、不確定性、不能掌握性、不能預測性，明顯會有高度風險，有識之士一再提醒其嚴重效應，要求各方多予預防風險之產生[90]。

　　智慧財產之多寡，為企業體質與形象之正面指標，對於智慧財產權之重視程度，已成為經營者之重要功課，必須對其涉及之法律風險擁有強烈意識，尤其對於創新之科技、原創發明之保障以及智慧財產權應有之管理策略，均應為首要策略，諸如(一)公司成立對智慧財產權之規劃；(二)公司永續經營對智慧財產之保護作法；(三)公司組織變動對智慧財產權之策略；(四)公司事務創新對智慧財產權之確保；(五)公司發展與智慧財產權之整體運作；(六)確立智慧財產保護之相對措施；(七)專利之隔離保護、合資行銷、轉向與移轉等風險管理[91]。

　　觀察研析新科技與新技術，在新穎、創新進步圖譜下，涉及法律適用之適用空間，以及法律跟不上腳步，而產生法律落後現象，以致隱存有相當多之法律風險議題[92]，而在科技管理上，主事者應體認科技潛在之危險性，在科技危險、社會成本與其以認可之利益和產業成長間作權衡，有效之風險管理必須注意嚴格之法律責任與財務責任[93]，申言之，科技業必須作好積極性管理，建立防範機制，構築防火牆，避免法律風

險發生，致企業受到司法作用介入影響其發展[94]。

工業發展已逐步演進至後工業社會（post-industrial society），但不可諱言科技與工業之進步帶來了諸多風險，如生態、環境、氣候變遷等大變化，現代生活中最大威脅除自然大災難外，就是人為科技文明，人們逐漸覺悟現代科技未必是幸福之保證，在風險管理領域，科技明顯被辨識為現代風險源，加上經濟推波助瀾，加強風險之危害，在風險社會必須考量從「財富分配」到「風險分配」，進至「風險控制」[95]。

新科技日新月異，衝擊法律社會，所帶來之法律問題日漸增多，細心觀察，範圍極廣，舉例而言[96]：(一)新科技與新技術發展之延伸性與不確定性；(二)預防新科技或新技術產生危險之極限與困難性；(三)預防危害措施與逾越安全活動之認定問題；(四)科技產業發展需求與法律；(五)新科技之倫理與法律風險治理；(六)法治上有關權益成本與公益抉擇之兩難；(七)減少損害發生之盲點與克服之難題；(八)執行過程確保安全性之極大限；(九)因果關係之判定準則與標準之困難度；(十)過失責任範圍與類型之法律選擇；(十一)民事救濟之多元考量與滿足公理正義之模式；(十二)不定數、極大數、風險數之排除與掌握；(十三)法院審判之認知與所採見解之標準；(十四)高效率、高效益與高風險、高賠償對向關係；(十五)訴訟策略與和解實益之風險評斷等。

科技業常需頂尖科技人才，為保住優秀人才，科技公司無不使出全身解數，吸引住科技精英，甚且祭出防跳槽、反離職、杜挖角、禁競業等手段，也運用契約「綁標」，使科技人才難以脫身，是以科技人在職場上奮進，不能只是精於本身專業，更要有法律風險之意識，有保護自己權益之對策，認清與企業間之法律關係為何？是否形同賣身契？限制各款是否合理？工作要求是否合法適當？發明創新之智慧財產權如何歸屬？……等問題，應隨時了解掌握，避免其中之法律風險發生，以致吃虧受損[97]。

生物科技之突飛猛進，是人類大福音，對於其發展，遠遠超越一般

人之想像，而且其研發範圍廣闊，包括檢驗試劑、晶片科技（DNA、實驗使用、蛋白質晶片）、醫療新藥品、基因研究、臍帶血、幹細胞發展、器官培植、保養美容產品、預防醫療藥品、生技開發、基因生物改造、動物複製改造等，無不日有突破，月有進展。但在法制上此方面規範不多，顯然無法包含其突飛猛進技術帶來之法律議題[98]，因之，從法律風險之鑑別與控管必須注意下列法律事項[99]：

(一) 研發過程之法律搭配

(二) 製作過程之法律控管

(三) 人體試驗之法律限制

(四) 上市前法律風險預測

(五) 營運上法律相關事項

(六) 與配合利用者之法律分配與區隔

(七) 整體團隊之報酬與權利

(八) 獲利之分紅、分配與回饋

(九) 結合或企業間之法律關係

(十) 群體法律責任之釐清與分擔

(十) 測試者與試驗者之適法性

(十二) 測試者與試驗者身心健康之法律責任

(十三) 個人遺傳資料之保護

(十四) 防止基因研究造成之歧視與犧牲

(十五) 個人生命身體利益之保護

(十六) 基因資料庫、生物銀行等藥品、檢體、資料之保護利用

(十七) 生命辨識系統之安全保密與利用安全

　　在電子電訊充分發達的時代，法律的距離跟不上腳步，可說法律被迫接受與改變，自然衍生出相當多之法律問題，也引導法律進入科技新天地奮揚，讓法律與科技作緊密專業融合[100]：

(一) 數位視訊時代網路之法律世界

(二) 電訊空間之法律趨勢

(三) 通訊建設之法律障礙

(四) 通信自由化與管理管制問題

(五) 通訊科技與隱私權之確保策略

(六) 通訊媒體集中化之法律對策

(七) 行動電話功能擴張與法律課題

(八) 有線電視業之規範與責任

(九) 有線電視系統業與節目供應業之法律糾紛及解決。

(十) 有線電視用戶權益之保障

(十一) 有線電系統數位服務之法律話題

(十二) 電線事業跨入有線電廠之法律調節

(十三) 有線電事業跨行電信事業之法律調整

(十四) 網路電視之管理法則

(十五)網路市場之法律課題

　　再者，電腦與網路已成為現代人必須之工具路徑，從搜尋資料、訊息傳遞、資訊連絡、商業活動、研究標的，以迄交易行為、公務申辦……等，無所不包，下列法律議題，隨之而生，所牽連法律規範廣泛[101]。有關之法律風險事務不能不正面以對[102]：

(一) 網際網路發展與法律規範之配合

(二) 網域名稱與專用權之取得問題

(三) 網路資料收集、取得、利用等侵害性與責任

(四) 網路服務提供者之法律責任與限制條款

(五) 網路通訊與社群聯絡涉及之隱私權保護

(六) 網路利益侵害著作權等智財問題

(七) 網路消費者權益之保護

(八) 網路利用與不公平競爭方式

(九) 網路交易安全性與履約違約問題

(十) 網路交易之危險分擔事項

(十一) 網路交易之程式與行政監理事項

(十二) 網路銀行之風險控制

(十三) 垃圾郵件之控管與反制

(十四) 利用網路涉及之損害賠償事項

(十五) 網路爭議面臨管轄權問題

(十六) 網路犯罪與預防與防制

(十七) 虛擬空間交易安全與隱私保護

在海峽兩岸各地，常見大興土木，有河海工程、道路工程、橋墩工程、房舍建築工程、水利工程、公共建設工程……等均屬營建事務範圍，各工程設計、施作、驗收等階段，一般都有精密作法，施工中有各類配套作法，事實上，其間亦存有諸多法律責任問題，相對亦涉及法律風險管理課題[103]，例如採購承包、契約的安排、工作範圍、變更工程款項、支付方式、工地管理、施作起土、驗收保固、違約處理……等[104]。

首先談設計時，結構安全與品質，是主軸事項，施作時，按圖施工，依實建造，驗收時，嚴格勘查，有無偷工減料？是否合於規格品質？而瑕疵擔保，為貫穿之法律責任，不容有所逃避。否則像921地震，台中地區許多大樓倒塌，除在斷層帶上遇不可抗力情況下，即被究辦公共危險等刑事責任[105]。

在營建案例中，有關工地安全之風險常因疏忽，帶來民刑責任；常見砂石設備器具因堆放架設與擺置不當致人傷亡，牽涉到過失及侵權行為；在運轉操作過程疏失，發生職業災害事件；有關圍籬鷹架遮擋物體，忽略設施範圍要適當安全，以致發生災害；又如穩定狀況不足，未考量承受重力風力與耐震力，以致突然崩塌，影響交通，發生傷亡毀損

事件；再如蓄水池、地基坑洞等水池，在周邊未作適當安全維護，如路障、警示燈，又未設置急救設施，設置後未注意是否尚可使用，終而發生人命事件；而在器物、磚石從天而降，擊中路人，有關施工造成之凹陷坑洞涵洞，未做防護措施，或依法令標準設置，其餘尖峰時刻派人至現場警戒、指揮以致發生肇禍事件；在在顯示法律風險所在[106]。

　　道路工程或建物建造工程，需開拓地基，挖掘地下室，造成大凹洞，其疏忽未注意採取安全設施，引致隔壁鄰房龜裂、歪斜、崩陷，致鄰房主人嚴重抗議，向主管機關申訴，遭主管機關勒令施工，不免引發停工致之連鎖反應，其循民刑訴訟途徑，費時費力，苦不堪言，因之，施工前之法律風險必須充分評估，防範可能發生之法律風險[107]。

　　由於時代的變遷，社會對於醫療行為的想法已跨越傳統思維，現階段醫療服務的界面已面臨重大的挑戰，例如民意高漲、權利意識抬頭以及媒體渲染等等，使得傳統的醫療型態出現轉變，讓醫療行為逐漸強調品質管理，以及強化醫療服務[108]。

　　當前醫療體系重視品質與管理，而為加強醫療行為的品質，必得先具有相當的管理措施，風險管理佔有重要性。首先，對於何類醫療行為可能產生何種風險，事先預防，訂立良好處理流程。在面臨糾紛的發生同時，亦應具備危機處理能力，以及事後的復原管理等等。

　　法律在風險的評估上即發揮很好之功效，以醫療過失的案件而言，應衡量和解或訴訟利弊，有時和解帶來之優點遠超過訴訟，由於訴訟耗費時間與金錢，基於訴訟經濟的考量，多半對於有明顯的重大過失的醫療行為考慮試行和解解決。其中間夾雜多重因素，例如，患者本身對於和解金額無法滿意，又例如醫師堅稱無疏失，希望藉由訴訟鑑定方式解決等。但法律的風險預測可作為基本的衡量標準，對於法律規範的認識也能讓醫師理解疏失醫療行為產生的法律效果，具有阻卻僥倖心之效果，同時達成風險管理預防的成效[109]。

　　醫療法規中明確規範醫師的親自診察以及說明告知的義務，也提

供醫護人員認知法律風險所在，並體認到醫療過程必須防範法律責任風險。防範之道可透過眞誠關懷表達等方式強化，讓患者了解醫師對於診察行爲的重視，例如問診、看診、查（巡）房、觀察、檢驗與檢查、緊急醫治與觀察，控制看診治療合理權，守時度、相關檢查鑑驗等，控制得宜能要達到合理的標準，此項醫療溝通與以病患爲主之醫療觀念，必能做好法律風險之防範[110]。

醫療觀念之改變，與病患要求之提升，逐漸影響醫療行爲，例如下列問題存有諸多法律風險之因子[111]：

(一) 醫療法律潮流以「病患利益」爲導向，其法律規範爲何？

(二) 醫病關係朝病人主體性與平等性發展，醫護人員之權益保障爲何？

(三) 醫療行爲基於病人知的權利運作，對醫療間之互動與危機爲何？

(四) 定型化契約（包括手術同意書等）逐漸被檢視修正醫療人員之責任是否有增加危險？

(五) 作爲犯與不作爲犯檢驗雙軌並重，對醫療行爲之衝擊危險性爲何？

(六) 損害賠償司法裁判加重，對醫院之法律威力爲何？

(七) 新醫療科技運用與法律風險，如何協調、預防與控制？

(八) 醫療商業化之趨勢，影響法律規律與約制之情形爲何？

(九) 醫療糾紛與風險事件之舉證責任爲何？

(十) 醫療糾紛之擴大效應，醫護人員與醫院如何做好法律風險控管？

(十一) 醫療團體醫護人員分工與承擔之法律風險爲何？

(十二) 整體醫療行爲之法律風險與控管，如何建立機制？

最後要補充說明的是，法律風險管理適用空間很大，不限本節論

述者外，尚包括公務部門、團體以及其他社會事務，而且連律師、會計師、建築師、估價師、技師、地政士、記帳士，以及各類專業人員均有運用法律風險管理之需要[112]，凡認知、體會越深，越能發揮其功能與效益，否則抱持以不變應萬變，不管法律風險存在，不作風險控管措施等心態，將飽受風險實現之痛苦，嚴重者被淘汰出局[113]。

第六節　結語

近年，風險管理已成為顯學，廣為工商企業與政府機關採行推動，風險管理學識逐漸奠基深耕，使個人或企業能做好風險評估，進而防範風險實現。多年來，風險管理對成本、行銷、技術、人力、會計、稅捐、保險等議題鑽研有方，卻忽略法律元素，事實上法律風險無所不在，一般人容易忽略法律乃關鍵因素之一，致法律風險發生，影響極為深遠，是故吾人應正視法律風險之存在，備具法律風險預防觀念，實施法律風險策略，當此觀念越清晰，必能深刻認知法律風險有跡可循，有方法可迴避及控管，真實體現預防法學功效。

老子曰：「禍兮福之所倚，福兮禍之所伏，孰知其極，其無正，福莫大於無敵」道盡福禍相互依存與連動之奧妙。在公私事務中，風險與幸福、利得也有其剋生關聯，而法律風險如同颱風侵襲，不來則已，一來禍害無窮，要擺脫法律風險陰影，做好法律風險管理，實為行進來路之唯一安全出路，認真將法律與風險管理二學門作充分整合。對企業而言，經營與法律風險整合、營運決策符合法律風險預測，有關政策發展需作法律事務規劃，而且處理法律事件必須作好風險避讓措施，有效控制損失之危害。因之，實踐法律風險管理步驟，將企業經營作最好之治理，首先了解可能之法律責任，建立法律管理體制；充分防止可能之法律責任，做好預防措施；設法改善內部體質，分散、降低可能之法律責任，當法律風險發生後，更需作好善後復原工作問題，防止危險再度發

生[114]。

　　法律風險係跨越法律學與管理學兩領域之學識，需由宏觀視野與高度思維從事科技整合之理論與實務研究，藉由兩者交互作用、相互涵容，重新認識、理解與分析，改變門戶式之既定思想，作完整之專業異質融合，為建立基礎性系統性之理論體系，當為未來發展之重點，此不僅要詮釋法律在風險管理之關鍵地位，並需闡揚風險管理在法律系統之貫穿效能，使法律風險管理能有其獨立之立論，建構完整之學門體系。

　　不可謂言，法律風險管理尚為一發展中之概念，產官學界仍相當陌生，可預期其未來發展潛力大、空間廣，運用科際整合趨勢，從事更廣泛之研究，借重數學、統計學、精算學等，採用量化分析方法，進行客觀研析，計算法律風險發生機率，構建風險值測算模組，使法律風險預測更為精準[115]。

　　法律風險管理連動到法律學與管理學二個母題，未來發展方向基本上有二：其一係以法律學為主軸，將管理學中有關風險管理之理念容納，成為一科際整合之新學門，其二則以管理學為底基，吸納涵攝法律元素，尤其是以風險管理為基礎，擴增闡發法律風險議題，演成風險管理為一主流學門。此二方向之演進，各有其天地，也有其不同系統價值，然如從科際整合與實用科學之角度，前者之發展應為未來方向。

　　在當前社會法律風險管理未能普及化，學術界尚屬待開發之領域。公私部門與家庭個人普通缺乏法律風險管理信念，加上法律風險之管理人才不足，均為推動法律風險管理學門之障礙，為有效率快速推廣此理念，需從應用效益面著手，強力宣導其功能與重要性，讓百行百業，如工商經營、科技理財、科技產業、保險金融、地產開發、營造建築、物流行銷、醫療衛生、教育系統、第三部門執行等均能體認法律風險無所不在，各系統與各個體均能具體匯流規畫具體對策，關心人士或團體亦可制定具體可行措施，便利各界各業操作，逐漸使各系統願意接受並樂於採用。進而均能執行各種事務之法律風險管理之技術與方法降

低法律風險發生機率，有效防範控制法律風險之實現。

　　任何風險不論投資、營運、市場、技術、財務、會計、政治、金融……等，都是法律風險一環，因其間會有重疊交錯等作用，要嚴格區分法律風險與其他風險，不算容易，其實最後大都以法律風險形式顯現[116]，讓人警覺法律風險之威力，但風險不是永遠的風險，法律風險也不是無法防範避讓，重要者，在於主事者之風險態度，能建立法律風險文化，有正確之法律風險意識[117]，能未雨綢繆，心有定見，預作準備，訂定風險治理策略，做好法律風險管理工作，有效化解危機，漠視與逃避顯然不是良方，因此，處風險四伏的現代社會，重視法律風險管理正是未來進路。

 **註 釋**

* 施茂林，亞洲大學財經法律系講座教授、逢甲大學經營管理學院講座教授、中華法律風險管理學會理事長。

* 本文發表於2011年7月31日中國法學會法律諮詢中心、中華法律風險管理學會主辦兩岸法律風險管理研討會，本次出版論文專集前，再做部分整理修改。

1 20世紀為以來，全球先後發生諸多重大自然災害與人為事故，如美國三浬島輻射外洩事件，1984年12月3日印度波帕耳災害等，1984年1月28日挑戰號太空船爆炸案，1986年4月26日蘇聯車諾比核電爆炸案，1988年北海鑽油機平台爆炸案，1995年美國奧克拉荷馬市聯邦大樓168人死亡爆炸案，1995年10月台北榮總院內感染惡性瘧疾病原事件，1997年亞洲金融風暴，1998年東非坦尚尼亞莎蘭市百人死亡爆炸案，1995年4月20日美國科羅拉多傑佛遜（Columbine High School）槍殺12名學生、1名教師、24人受傷，1999年9月21日台灣發生集集大地震造成屋塌人傷亡案，2001年1月26日印度古佳拉特（Gujarat）大地震，2001年安隆、泰科（TYCO）與世界通訊等會計醜聞案，2001年9月11日美國發生紐約市世貿中心恐怖攻擊事件，2002年印尼峇里島夜店炸彈攻擊案、莫斯科大戲院700名觀眾挾持案，2003年春季亞洲地區發生人人自危的SARS事件，2004年西班牙三務市內電火車191人死亡爆炸案，2004年發生南亞海嘯事件，2005年2月台灣發生大量黑心食品產品事件，2005年美國紐奧良卡崔娜颶風事件，2008年爆發全球金融風暴事件，2009年中國發生三聚氰胺事件，2008年5月12日中國四川發生汶川大地震，2009年8月8日莫拉克颶風重創南台灣，2011年3月日本發生福島大海嘯、輻射外洩事件，2011年5月

台灣發生塑化劑事件，2013年1月中國大陸發生煙霾害事件……均
讓大眾深刻體會風險之可怕與重大危害性與殺傷力。

2　鄭燦堂，《風險管理理論與實務》，五南圖書公司，2010年10月
3版1刷，頁3、4。馬克‧丹尼爾Mark Haynes Danial等著，滕淑芬
譯，《風險世界》，商周，2002年11月29日初版，頁17。

3　陳寶瑞，《公共經濟學》，五南圖書，2008年7月初版，頁
80-81。

4　行政院於2005年函頒「行政機關風險管理推動方案」，其具體目
的為培養各機關風險管理意識，促使各部會清楚了解施政之主要
風險，形塑風險管理文化，提升風險管理能量，有效降低風險發
生之可能性，提升施政績效與民眾滿意度，其後，行政院於2008
年12月修正為「行政院所屬各機關風險管理及危機處理作業基
準」，改善機關治理、降低財物損失、提升運作效益、防範及消
滅施政風險之衝擊，並促使各部會將風險管理融入日常作業及決
策運作。行政院研考會於2006年曾制頒風險管理作業手冊，供各
機關參用，至2009年1月訂頒《風險管理及危機處理作業手冊》，
揭櫫各機關設定政策目標、規劃及建置架構、執行與操作、監督
審查及矯正改善等作業規範。詳見行政院研考會，《風險管理及
危機處理作業手冊》，台北行政院研考會，2009年，頁7-8。

5　朱愛群，《政府風險管理與危機處理──實例系統分析》，中央
警察大學出版社，2011年8月初版，頁7。

6　當前法律風險未作適度管理控制者，經常可見，近年來蒐羅所得
之事例可資驗證：

　一、汽車暫停商店門口，留下手機電話，旋被擄車集團開走，竊
　　　嫌利用手機輕易連繫，快速取走贖款。

　二、為防被盜領，開立帳戶用不同印章，其上書明密碼，全數被
　　　盜領，無異方便竊嫌得手。

三、路邊被搶、公園被毆、深夜被性侵，一般被害人常喊倒楣，而未考量自己有無風險意識。

四、離婚未談贍養費，後同意給付九千萬元，補稅罰鍰六千萬元，原因是九千萬元，係屬贈與。

五、藝人經由經紀公司與業主洽商，再由經紀公司給付酬勞，稅負增加，後悔自己未成立工作室處理。

六、人工生殖違規植入八顆卵，後均流產，病患抗議不願以30萬和解，被衛生局裁罰50萬元。

七、公司調度困難，運用福利社收取存款，付利息3%，涉及非法吸金被求刑9年。

八、遊樂區與異業結合，交叉持股，其後不願增資，股權逐步被稀釋，經營權拱手讓出。

九、上市公司向董事高價購地，董事長抗辯公司也大賺錢，仍因涉嫌特別背信被求刑10年。

十、公司一國三公，坐鎮公司，開會列席指導某不當投資案，後投資失敗，被認定為背信共犯。

十一、科技公司在美行銷，被控反傾銷，繳付巨額賠款並須服刑，其風險在於對聯合壟斷之認知。

十二、公司向對方承銷新型商品，不易銷售，乃與公司部門經理協議調整作法，其公司主張經理不能代表公司和解，堅不認帳，損失上億元。

參見施茂林，〈法律風險管理在劇變競爭社會之調控心法——以預測法律風險與強化權利保護為主軸〉，發表於大同技術學院，嘉義地方法院檢察署等主辦之「2010企業法律風險管理學術研討會」，2010年6月18日，頁1。

7 楊雲明，《個體經濟學》，智勝文化公司，1996年11月初版，頁282。楊明憲，《個體經濟學》，滄海書局，2007年3月初版，頁

381。

8　宋明哲，《風險管理新論──全方位與整合》，五南圖書，2012
年10月6版1刷，頁19。李進生、謝文良、林允永、蔣焗坪、陳達
新、盧陽正，《風險管理》，清蔚科技公司，2001年1月初版，頁
1-3。

9　李小海，《企業法律風險控制》，北京法律出版社，2009月7日初
版，頁5、6。

10　鄧家駒，《風險管理》，華泰文化，2005年6月4版，頁31-34。鄭
燦堂，《財產風險管理理論與實務》，五南圖書，2012年9月初
版1刷，頁15、16。施茂林，〈法律風險預測與管理──兼論律
師職場運用心法〉，台中律師公會專題演講，2011年3月29日，頁
2-3。

11　蘇文斌，《現代風險管理》，私立朝陽科技大學，2009年11月，
頁1、2。葉秋南，《美國金融業風險管理》，台北金融聯合徵信
中心，1998年1月初版，頁6、7。

12　風險反應未來不確定性，屬事前的概念，即在尚未發生前，不對
於未來報酬有所預期，而風險實現往往會有損害（失），但風險
不等於損失，若能預測風險、評量風險、採取迴避、控制對策，
風險機率降低，甚而不發生，即無損失（害）問題，李進生、謝
文良、林允永、蔣焗坪、陳達新、盧陽正，《風險管理──風險
值（VAR）理論與應用》，采泥印刷公司，2001年1月初版，頁
1-3。

13　鄧家駒，同前註10，頁60-63。

14　蘇文斌，同註11，頁21-34。鄧燦堂，同前註2，頁7-8。

15　風險分類，有主張為可分散風險與不可分散風險；有分為顯性法
律風險與隱性法律風險；有分為必然性、或然性與一般性三種法
律風險；有分靜態風險與動態風險；有分純粹風險與投機風險；

有分財務風險與非財務風險；有分人身、財產、責任風險等。凌氳寶、陸森松，《人身風險管理》，台北華泰文化公司，2002年，頁3。向飛、陳友春，《企業法律風險評估》，北京法律出版社，2007年11月初版，頁32-39。陳正倉、林惠玲、陳忠榮、鄭秀玲，《個體經濟學理論與應用》，雙葉出版公司，2006年5月初版，頁589。

16 鄧家駒，同前註10，頁40。柯瓊鳳、蘇煥文，《衍生性金融商品會計處理及風險管理》，華泰文化，1997年4月初版，頁215。李儀坤、張捷昌、黃建森，《金融風險管理》，華泰文化，2000年6月初版，頁202-208。

17 唐青林、項先權主編，《企業家刑事法律風險防範》乙書中，摘述中國大陸二十年來發生之三十九件企業家觸犯經濟犯罪之案例，指出各案企業家忽視法律之存在，欠缺法律風險作法。參見該書，北京大學出版社，2008年11月初版，頁3-20。

18 台灣管理科學學會編輯部，《企業的危機應變與風險管理》，同上學會出版，1992年11月初版，頁133。

19 分析風險管理之構造：(1)本質上著重事前預測；(2)功能上保障人身財產安全；(3)程序上擬定完備之計畫流程；(4)思路上考量利弊得失、快慢緩急；(5)作法上需全體人員普遍有風險認識；(6)控管上有專人負責操作控制；(7)應對上要有敏銳度，有效防阻；(8)範圍上涵蓋所有風險；(9)時間上連續不斷管理；(10)願景上容納在組織文化中，參見鄭燦堂，同前註2，頁53-57。施茂林，同前註10，頁6-7。

20 陳達新、周恒志，《財務風險管理工具衡量與未來發展》，雙葉書廊，2010年6月2版1刷，頁403-411。

21 同前註20，頁8、9。

22 宋明哲，同前註8，頁60-64。Andrew Hdmes著、李永惠譯，《活

學活用法律風險》，梅森文化公司，2004年9月初版，頁39-40。
宋明哲，〈新金融保險商品法律風險管理〉，發表於中國法律諮
詢中心、中華法律風險管理學會、台北大學主辦之2010年兩岸法
律風險管理論壇，2010年10月20日。

23 劉威漢，《財經風險管理理論應用與發展趨勢》，智勝文化，
2004年3月初版，頁19。

24 汪明生、朱斌好等，《衝突管理》，五南書局，1999年初版，頁
35、74。詹中原，《危機管理——理論架構》，聯經出版，2004
年1月初版，頁482-484。

25 鄭燦堂，同前註2，頁106-107。David E. Bell & Authar Scheifer
Jr.著、蔣永芳譯，《風險管理》，弘智文化，2001年9月2版1刷，
頁51、52。

26 陳端、周林毅，《風險評估與決策管理》，五南圖書，2007年3月
初版1刷，頁18。

27 朱延智，《危機管理》，五南圖書，2007年10月3版，頁145、
146、254。邱強，《危機處理聖經》，天下遠見，2001年12月30
日第1版，頁3-4。

28 危機管理之成敗在於危機管理計畫與執行，基本上分成六階段：
危機避免、危機管理準備、危機確認、危機控制、危機解決及
降低損害事權利益，參見MBA核心課程編譯組，《危機管理
（上）》，讀品文化，2005年5月初版，頁142-147。

29 美國COSO委員會著，馬秀如、賴森本、李美雀、葉秀惠、阮中
祺、謝雅仁譯，《企業風險管理——整合架構》（*Enterprise Risk
Management Integrated Frame Work*），中華民國會計研究發展基
金會，2005年7月初版，頁2、7。

30 完善之危機管理，必須注重「適時恢復」，重建信心，因之，實
施有效之恢復管理，實為擺脫再度危機之關鍵。參見MBA核心課

程編譯組，《危機管理（下）》，讀品文化公司，2005年5月初版，頁208、272。

31 台灣《天下雜誌》曾針對一千家大企業負責人問卷調查，顯示有高達83.7 %之企業家認為：加強風險管理之概念與能力，為台灣企業當前最應優先處理之事項，見王寶玲主編，《紫牛學危機處理》，台北創見文化公司，2005年版，頁51。

32 近年來法律學者專家常會提到「法律風險」之觀念，但大部分未對法律風險一詞有所解釋，僅能從其論述了解其意思，而提及法律風險定義者，亦有自己之見解，如有認舉凡涉及法律爭議、法律訴訟或任何因生活、工作、錢財等問題而與他人產生糾紛的事項，都屬於法律風險範圍。（張冀明，《律師不會告訴你的事——訴訟糾紛全攻略》，商周出版，2010年1月25日初版，頁23）；有認為法律風險係指人類（包括自然人、法人或其他團體）因交易或其他行為導致未來結果所能造成的損害（宋富美，〈民事爭議的風險管理〉，發表於亞洲大學、中華法律風險管理學2009年11月25日主辦之法律風險管理專題研究發表會）；又有主張法律風險就是基於法律規定產生的可能影響企業經營成本和利潤的經營行為（MBA智庫百科）（http://wiki.mbalib.com/）;另有認為在知識經濟架構下，新創事業有益於經濟發展，然而法律之進展常落後於現實發展，使市場交易在此段空窗期面臨很多潛在風險。然而也以投機份子透過法律之漏洞或不足之處來攫取個人獲利之機會，此即所謂之「法律風險」（李禮仲，《台灣推動知識經濟應防範法律風險》，國政研究報告，2001年8月31日）；有謂企業家觸犯非法集資罪、虛報註冊資本等指控，關於這些專業法律問題所引發的風險，是法律風險（李旭，《民營企業法律風險識別與控制》，中國經濟出版社，2005年3月1版，頁8）；有主張法律風險絕大多數狀況是用於指某種具體法律問題產生的風

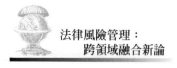

險，另一種語意將特指當事人屬當承擔之法律責任（向飛、陳友春，同前註14，頁16、17）；另有稱所謂法律風險，就是企業在法律方面面臨的風險，包括法律內部與外部風險（李小海，前註8，頁6-7）。企業法律風險係指企業之經營與事物之處理所面臨之危險性（方國輝，〈企業法律責任及法律控管之研究〉，收錄於唐淑美主編，《法律風險管理》，亞洲大學2011年7月2版，頁167）；有認為法律風險因法律規範因素所引致的由公私企業承擔的潛在經濟損失或其他損害的風險（王正志、王懷，《公司法律風險防範與管理》，法律出版社，2007年10月，頁1）；有主張係指因違反國家法律、法規或者其他規章制度案導致承擔法律責任或者受制法律制裁的風險（費秋琴，《公司企業管理人員刑事法律風險與防範》，法律出版社，2009年5月，序）；又有認為企業法律風險乃指企業內由於決策過程過錯或經營管理疏失導致企業面臨得不到法律保護，並可能遭致利益損失的危險（張大薇，〈企業法律風險控管〉，發表於大同技術學院、嘉義地檢署、中華法律風險管理學會主辦2010企業法律風險管理學術研討會，2010年6月18日，頁115）；又有主張法令風險是指交易契約因規範與法律意見不足，不適宜延伸法律解釋或者業務行為偏差，致使對方無法執行契約而導致損失（李進生、謝文良等，同前註8，頁1-11）；又有從金融商品操作主張：法律風險係指金融商品契約未具備法律上效力或是未正確記載相關事項，包括法規變動、錯誤、代理人自身債務狀況及政治上風險（金融研究院，《風險管理理論與方法》，2005年11月初版，頁312）；另有認為法律風險係指交易對方或因為缺乏法理上或管理上之權利，而無法完成交易之風險（劉威漢，同前註23，頁15）。又中國國家技術監督局於2011年12月30日發布企業法律風險管理指南，解釋企業法律風險（Enterprise legal risk Management）係基於法律規定或者合同

約定，由於外部環境及其變化或者不作為導致的不確定性，對企業實現目標的影響。

33 這幾年來，國內企業因忽略外國法律產生諸多風險事件，以違背外國價格壟斷有關之反托拉斯法而言，先後遭美國、歐盟、韓國、中國等裁罰天價罰金，即2011年亞洲產業，包括日本、韓國、台灣等因LCD、DRAM、車燈、汽車零件而為美國裁罰近8億美元，多名高級主管被限制出境或赴美執行刑罰，令人怵目驚心，引發對外國法律之敬畏心，也才體會法律風險之視角需擴大至外國法律，參見李禮仲、施茂林、陳義揚、揚俊彥、劉尚志、賴清揚、李芃曉、杜冠潔、趙界欽等合著，《綁架市場價格的幕後黑手》之詳細說明，五南書局，2012年9月初版1刷。

34 任伊珊，〈企業法律風險概念界分及法律風險管理體系構建〉，發表於中國法律諮詢中心、中華法律風險管理學會、台北大學主辦2010年兩岸法律風險管理論壇，2010年10月20日，頁83。

35 施茂林，《法律風險管理》，逢甲大學財經法律系教材大綱，2009年5月。

36 施茂林，《企業經營與法律風險》，亞洲大學，2012年9月教學講義。

37 羅昌發、黃鈺華、蔡佩芳、李世祺，《企業法律風險管理手冊》，元照公司，2001年，頁3、15～31。

38 風險管理理論有將風險管理分為風險確認、風險評估及風險控制三部分，就法律風險管理則有分為法律風險分析、法律風險評估、法律風險防範、法律風險治理等，各有其理論架構，但彼此間密不可分，難以切割而置其他部分於不論，尤其風險評估需以風險確認為基礎，根據風險資訊作風險危機之評斷，而風險控制更需依賴前二者之正確研判，方能考量選擇控制方法與對策。參見陳曉峰，《企業知識產權法律風險防範》，中國檢察院出版

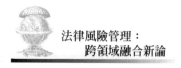

社，頁5-7。蘇文斌，同前註10，頁44。

39 李小海，同前註10，頁22。向飛等，同前註14，頁21-31，施茂林，〈企業決策運用法律風險管理心法〉，逢甲大學台北市校友會、逢甲EMBA、明台保險公司演講，2010年12月10日，頁12-14。

40 向飛等，同前註14，頁19、20。

41 陳曉峰，同前註38，頁2。

42 鄧家駒，同前註10，頁63、64。李文雄，《策略管理理論實務與診斷分析》，全威圖書，2002年10月初版，頁211-212。宋明哲，同前註8，頁187以下。《中華法律風險管理學會簡介》，2009年10月，頁3。中國國家技術監督局發布企業法律風險管理指南，2011年12月30日。

43 李進生、謝文良等著，同前註12，頁1-11。

44 施茂林，《變與不變，轉念間——開創矯正工作的新紀元》，法務部，2008年5月版，頁16-17。

45 蘇文斌，同前註11，頁2。鄭燦堂，同前註2，頁65、66。

46 管控法律風險有其必要性，但也需要管理成本，從經濟學角度，強調風險貼水（risk peremiam），即迴避風險、排除風險而願意支付之費用，當風險越高，付出之風險貼水越大。楊雲明，同前註7，頁386；詹中原，同前註24，頁410-412。

47 施茂林，〈控管法律風險‧優質處理公務策略〉，中興大學國家政策與公共行政研究所演講，2010年5月22日。〈刑事職務規範與直覺判斷之迷思與辨正〉，內政部警政署，《日新年刊》，第3期，2004年8月，頁90-95。

48 台灣各地檢署受理之偵查案案件，2008年總計為1922737件，2009年為1899851件，2010年為1918289件，其中偵查案件，2008年為408082件，2009年為408270件，2010年為412553件，2011年為

400884件，2012年為392964件。又台灣各地地方法院新收民事案件2008年總計為2712816件，2009年2482268件、2010年2386811件；刑事案件部分2008年461868件、2009年453726件、2010年451094件。參見法務部2013年1月20日統計重要參考指標、司法院（http://www.judicial.gov.tw/juds/report/sf-1.htm，最後瀏覽日期2012年12月28日）。

49 蔡文斌，《法律與生活》，公道律師事務所，2006年9月1日，頁1、4-6。

50 錢為家，《企業社會責任實務全書》，商周文化，2009年7月初版，頁24-25、35。

51 Emmett J. Vaughan著，賴麗華譯，《風險管理》（*Risk Management*），西書出版社，2004年9月初版1刷，頁156、157。

52 宋明哲，同前註8，頁139。

53 羅昌發、黃鈺華、蔡佩芬、李世祺，同前註37，頁1-2。

54 施茂林，〈跨科際整合與專業異質融合初論──以法律實用學為例〉，發表於中山醫學大學迎接99年通識教育理念與實務發展趨勢研討會，2009年12月26日。

55 宋明哲，同前註8，頁656、664。

56 同前註51，頁7。

57 宋明哲，《現代風險管理》，五南圖書，2000年10月5版，頁45-47。張智聖，〈政府作為與法律風險管理──以國家賠償為中心〉，發表於2009年11月25日亞洲大學主辦之前揭研究發表會，頁3-5。

58 國內大學對於法律與其他科學之科際整合，越來越多，如科技法律、科際整合法律、公共政策法律、智財管理、財經法律⋯⋯等；在野法曹因辦案之需要，也體會其重要性，如於理律事務所2002年出版「財經法律與企業經營」強調財經法律有「科際整

合」（interdisciplinary study）的特質，法律學需與經濟學、財務
學、會計學、統計學等整合，以發揮法律效能。參見陳長文等，
《財經法律與企業經營：兼述兩岸相關財經法律問題》，元照，
2002年版。

59 筆者擔任法務部司長及檢察首長時，因工作關係，經常需要處
理突發狀況與臨時事故，常常運用危機管理理念、實施評量、控
管與防阻措施，累積相當經驗，體認風險管理之重要性，也投入
更多心力研究，積學養慧，對此學門有相當心得，先後在司法官
研訓所、矯正人員訓練所、檢察官在職教育、司法保護人員研訓
活動以及行政人員講習會中講授風險管理內容與具體作法，增強
司法同仁之風險意識，迨接任法務部長後，推動更不遺餘力，多
次在一、二審檢察長、檢察官會議、辯護人研習會、更保犯保人
員會議、監所首長會議、行政主管會議、司法官訓練所、調查局
幹訓所、文官培訓所、政風首長同仁研訓等演講：「讓法務工作
的內涵與民眾期待接軌」、「實踐公義與關懷之法律文化」、
「司法人員之辦案新思維」、「體現風險管理精髓，提振檢察公
訴能量」、「司法保護發展與變革」、「預防被害意識與危機
處理」、「變與不變之觀護創新手法」、「運用風險管理，提振
教化功能」、「從風險預測談政風預防工作」、「預防貪腐危險
因子與防制作為」、「行政執行之策略與新思維」、「從三度標
準管理談行政管理」、「風險管理運用行政管理之訣竅」、「公
務系統隱藏危險因子與防制對策」，也多次撰文闡述風險管理之
策略運用，法務部同仁也逐漸接受此理念，在公務推動上，做好
風險控管工作，展現具體成果，例如連續多年來未曾發生人犯脫
逃、逃獄事件；監所因情穩定，未發生暴動；檢調處理重大災難
事件有方；執行司法工作未發生重大違誤事件，印證處在風險社
會中，即使公務部門具體實踐風險管理策略，確能有效降低風險

之發生與危害。

60 以偵查案件為例，檢察人員應從風險管理觀點切入，提高敏銳度：(1)分析案件的可能性評估招入之人力；(2)偵辦過程發生何種狀況，何種變化；(3)舉證外界反應及所引發之效應；(4)辦案精準出手，乾淨俐落，快速偵結；(5)審慎評鑑結案能否符合外界期待，契合民眾法律情感。參見施茂林，〈當前刑事政策與思維〉，收錄於法務部出版《法窗透視錄》，2008年6月，頁27、29。

61 馬克‧丹尼爾等著，滕淑芬譯，同前註2，頁70-71、314-316。

62 劉祥如、魏世政、陳凱華，〈論犯罪偵查上之兩大利器：物證詮釋與犯罪剖繪〉，收錄於林瑞欽主編，《犯罪心理研究》，瓦流圖書公司，2008年6月初版，頁228。

63 施茂林，同前註54。

64 法律之經濟分析（economic analysis flaw），係將經濟學之研究方法融入法學領域研究，以探討法律之影響、了解法律為何如此、法律應該如何三議題，與傳統法律釋義不同，讓法律更具實效性，參見簡資修，《經濟推理與法律》，元照出版，2004年4月初版，頁1、2、7。

65 陳确，《經濟學典範──經濟學奧義完全解析》，好優文化，2009年7月1版，頁3-7。謝京叡，《個體經濟學》，偉碩文化，2005年7月2版，頁77、255。黃寶祚、陳麗貞，《實用經濟學》，揚智文化，2000年1月初版，頁12、13。

66 David. D. Friedman著，徐源豐譯，《經濟學與法律的對話》，先覺出版，2002年4月初版，頁20、32。熊秉元，《熊秉元漫步法律》，時報文化，2007年12月31日初版5刷，頁120-124。

67 朱敬一、林全，《經濟學的視野》，聯經出版公司，2003年2月初版，頁42-56。吳永猛、黃建森、楊義隆、袁金合，《經濟政

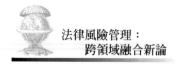

策》，空中大學，2002年2月初版，頁12-13。施茂林，〈司法與經濟跨領域結合之運用綜觀描繪〉，發表於玄奘大學、新竹地檢署等合辦2011年刑事司法與法律風險學術研討會，2011年6月10日，頁13。

68 經濟學上亦強調機率與風險問題，有古典機率理論（classical probability）、客觀的機率理論（objective probability）、主觀的機率理論（subjectiue probability）來解釋其出現機率，此機率也是風險發生之可能值，用以探討法律風險管理時，對於經濟學之論點亦應審酌納融，陳正蒼、林惠玲、陳忠榮、鄭秀玲，《個體經濟學》，雙葉書廊公司，2006年5月1版，頁162-164。

69 施茂林，〈創業投資與私募基金法律風險預測〉，發表於亞洲大學管理學院各系聯合教學研究會，2010年3月15日，頁2-4。

70 詹中原，同前註24，頁362-364。

71 高民杰、袁興林著《企業危機預警》一書對於企業擴張、創新、改組、重整以及行銷、人力資源、信用財務危機有深入剖析，其中所述內容涉有法律規範，參見該書，讀品文化公司，2004年5月初版。

72 施茂林，《後戡亂時期法制建設》，法務部，1994年5月，頁1-5。

73 財政部歷年來有關稅捐法令之解釋，為稅捐機關稽徵稅捐之依據，其解釋是否合於立法意旨，屢有爭議，終而經司法院大法官透過解釋作最後之仲裁認定，如大法官解釋第126、151、218、247、311、324、327、337、339、622、625……等，其中皆涉及稅捐法定主義與稅捐公平性等之問題，可知解釋之態度、方向、內容等攸關人民權利至巨，實為探究法律風險不能忽略之部分。

74 黃俊杰，《稅捐法定主義》，翰蘆圖書公司，2012年4月初版，頁190。

75 中華法律風險管理學會網頁，http://www.lrm.org.tw/index.
php?option=com_content&view=article&id=261:2010-10-06-03-44-
48&catid=78:2010-09-23-02-27-35&Itemid=111，最後瀏覽日2013年
2月25日。

76 《中華法律風險管理學會簡介》，2010年10月1版，頁4。宋明
哲，同前註8，頁65-67。

77 陳錦隆，《公司治理與董事高權》，台灣本土法學雜誌公司，
2011年6月，頁20-21。

78 中國企業營運的法律風險具有下列特質:(1)法律風險大；(2)發生
頻率高；(3)範圍廣泛；(4)風險複雜；(5)隱密性強；(6)治理成本
高；(7)風險突出，參見陳曉峰，同前註30，頁4-5。

79 葉曉華，〈企業法律風險的精細化管理〉，發表於中國法律諮詢
中心、亞洲大學、中華法律風險管理學會主辦兩岸法律風險管理
研討會，2010年10月26日，頁37、38。

80 潘秀菊，《企業的擴張與多角化經營策略》，永然文化，2002年8
月初版，頁16-20。

81 施茂林，〈變革管理與法律風險〉，2010年10月逢甲經營管理研
究所演講。

82 CHARLES・W・L・HILL等著，黃營杉澤譯，《策略管理》，華
泰書局，1996年12月初版，頁6、24。

83 劉清景，《實用契約寶鑑上冊》，2000年6月，頁5-16。

84 陳世民，〈行政契約廣泛適用於公權力領域的可行性及風險預
防之研究〉，《銘傳大學法學論叢》，第14期，2010年12月，頁
38、77。

85 劉清景，同前註70，頁2-4。施茂林，〈契約之概念、履行與違約
之效力〉，收錄於《e世代常用六法智庫》，世一文化公司，2007
年5月，頁2305-2312。

86 羅昌發、黃鈺華、蔡佩芬、李世祺，同前註29，頁33-76。

87 施茂林，同前註35，2009年5月。又從行政院消費者保護委員會編印之定型化契約範本觀察，亦可見部分民間契約之內容較不嚴謹，存有許多法律風險危機（網址：http://www.cpc.gov.tw/）。

88 債權確保之簡要作為：(一)加強徵信，防範風險；(二)強化擔保，確保債權；(三)參加保險，分散危險；(四)控制交易，降低風險；(五)聯合廠商，分散風險；(六)運用各項保全程序，確保債權。

89 宋明哲，同前註57。

90 透過正反兩律背離原則，應重視：(1)科技為人類目的、生存而存在，有其正面價值；(2)科技旨在統御、運用自然，是否反而改變人類？因之，評量實效性，亦應均衡準則，包括1.人性尊嚴；2.人性保障；3.公益維護；4.文化調和。Charles Jonscher查爾斯‧強斯契爾著、邱文貴譯，〈科技的美麗與哀愁〉，《經典傳訊》，2003年5月1日初版後記。

91 張保隆、伍忠賢，《科技管理》，五南圖書，2010年10月初版1刷，頁162-165。胡政源，《科技創新管理》，新文享出版公司，2005年8月20日初版，頁533-538。袁建中、陳坤成，《科技管理——以科技服務透視技術移轉與智慧財產權》，華泰文化，2008年9月初版，頁347、348、359、365、366。黃章典，〈智慧財產權及其管理策略〉，收錄於理律文教基金會叢書4《企業財經法律導引》，元照，2003年9月初版1刷，頁159、206。

92 陳欽，《晶理法——液晶‧理工‧法律》，元照，2010年6月初版1刷，頁541-545。

93 Otto Lerbinger著，于鳳娟譯，*The crisis manager: Facing Risk and Responsibility*（《危機管理》），2003年7月初版3刷，頁102、103、250-252。詹中原，同前註24，頁349。

94 徐國楨，《科技與法律》，五南圖書公司，2011年1月，頁4、5。

95 顧忠華，《社會學理論與社會實踐》，允晨文化，1999年2月初版，頁151、152、171。

96 謝銘洋，《科技發展之智慧財產權議題》，翰蘆圖書，2005年5月。施茂林，《新科技發展與法律議題》，逢甲大學經營管理研究所，2011年3月5日。

97 參見葉玟妤著《科技人的法律保護》一書之論述，商周出版，2006年5月25日初版。

98 劉俊麟、翟建富、彭瓊芳、李文成，《生物科技大財訊》，先知文化，2002年7月初版，頁7-19。施茂林，同前註81。唐淑美，〈論新興生物科技之法律風險──從台灣資料庫建置之窘境談起〉，收錄在同前註32，頁448、449。

99 詳細內容可參見下列書籍：李昂杰等，《生技法律解碼》，書泉出版社，2005年11月。曾淑瑜，《生命科學與法規範之調和》，翰蘆圖書公司，2003年8月。揚長賢、蔡坤旺、林美吟、陳俊寰，《生物科技與法律》，五南圖書，2007年5月。劉俊麟等，同前註98書。葉俊榮、雷文玫、楊秀儀、牛惠之、張文貞，《天平上的基因──民為貴、Gene為輕》，2009年9月2版。

100 謝穎青，《通訊科技與法律的對話》，天下遠見出版，2005年3月15日，頁16-18、35-37、57-60。吳志揚等，《趨勢產業法律實用》，志揚法律事務所，2002年3月初版，頁218-226。林石根，《電信管制與競爭》，五南圖書，2004年7月初版，頁32-35、152-157。

101 例如電子資訊之運用，亦常涉及數位證據之法律問題，在法庭攻防戰上占有重要地位，舉例而言，電子郵件、IP位址、聊天紀錄、P2P、電腦稽核紀錄檔、木馬程式攻擊……等，均有其法律與訴訟地位，經營者與使用者對其涉及之法律議題，應具有法律風險之認識，參見錢世傑，《圖解數位證據──數位證據之法庭

攻防》，十力文化公司，2009年11月1日第1刷。

102 參見葉茂林，《世界的網路初體驗——網路智財權·隱私權》，電子商務，2000年9月，頁45、126、137。徐國楨，同前註95，頁91-98。廖有祿、李相臣，《電腦犯罪理論與實務》，五南圖書，2003年9月初版，頁11-12、224。陳瑩琴、葉玫妤、錢世傑、黃于玉，《資訊法學》，華立圖書，2004年初版，頁1、25、69、233。施茂林，《科技與智慧財產權法律議題》，逢甲大學經管所，2008年5月1日。

103 近年國內學者大家對此議題研究者漸多，如林明鏘，《營建法學研究》，元照出版，2006年11月初版。羅昌發、黃鈺華、蔡佩芬、李世祺，同前註29。陳傳岳等，《工程法律探索》，元照出版，2009年10月初版。陳櫻琴、陳希佳、黃仲宜，《工程與法律》，新文京初版公司，2010年9月10日二版。古嘉諄、劉志鵬，《工程法律實務研析(一)》，元照出版，2005年9月2版。古嘉諄、陳希佳、顏玉明，《工程法律實務研析(二)》，元照出版，2006年2月初版。王伯儉，《工程糾紛與索賠實務》，元照出版，2003年8月初版。李家慶，《工程法律與索賠實務》，仲裁協會，2004年9月1版。

104 營建事務從營造廠之擇定，採購發包、轉包分包、契約簽訂、施工營作、按圖施工、工程品質、停工復工、工期計算、工程款計算與支付、驗收付款、瑕疵賠償、契約責任等，均涉及眾多法律問題，其中有容易預測、評斷、防控之法律風險，亦有許多隱藏式、突發式，惡意的法律風險，參見周月萍，《建築企業法律風險防範與化解》，中國法律出版社，2009年10月1版。張慶華，《建設工程施工合同糾紛預防與處理》，法律出版社，2000年5月。

105 台中地檢署當時偵辦921地震大樓建物倒塌案件，曾編著《斷層

上的烙痕》一書，彙集當時職權發動之具體實踐作為，2000年6月1日2版，頁117-131。

106 施茂林，《營建事務與法律風險評斷》，瑞助企業研習會，2010年4月28日。

107 為防範損鄰事件，減低法律風險發生頻率，必須要求建築師等設計時，充分了解地形地質與地層構造，當時發生類似案件情況，作必要之鑽探，而且鑽探點要多以了解地層實貌，施工前要敦親睦鄰，勘察四鄰狀況，拍照攝影存證，更重要時，採取適當之安全防護措施，一發現有異狀，立即作因應措施，與鄰戶充分溝通，防阻法律事件發生，均屬法律風險防控要領。

108 嚴裕廷、黃明和、牟聯瑞、許素貞，《全面醫療品質管理》，偉華書局，2003年4月1版，頁337-339。

109 施茂林，《醫病關係與風險管理》，中山醫學大學附設醫院醫療與法律專業論壇，2009年9月26日。施茂林，《醫藥學群與法律專業對話》，高雄醫學大學，2008年12月16日。

110 盧美秀，《護理倫理學》，健華書局，2003年3月初版，頁64-66。曾淑瑜，《醫療倫理與法律》，元照，2010年4月初版，頁5、7。

111 李聖隆，《醫護法規》，華杏出版，1999年1月3版，頁367-417。曾淑瑜，同前註99，頁185、233、291。陳櫻琴、黃于玉、顏忠漢，《醫療法律》，五南圖書，2005年11月3版，頁123-124。盧美秀，《護理與法律》，華杏，1998年8月2版，頁182、233-238。葉俊榮、雷文玫等，同前註99，頁5-9。施茂林，《醫療新科技與法制發展》，台灣婦產科學會亞大醫學術研討會，2004年9月1日。施茂林，《無機成長管理與醫院經營策略》，中山醫學大學附設醫院，2009年9月2日。施茂林，《醫學倫理與醫療法律風險》，台灣省醫學會，2011年5月21日。

112 法律為規範社會事務多元多樣，從不同面向而有不同分類，有從
　　功效區隔法律可分為預防法學與治療法學（張冀明，同前註25，
　　頁14、15）。中國最高人民法院萬鄂湘副院長於2010年10月20日
　　在中國法律諮詢中心、台北大學、中華法律風險管理學會主辦之
　　2010年兩岸法律風險管理論壇中主張法學可區劃為預防法學、治
　　療法學與救濟法學三大類（中華法律風險管理學會網頁，網址為
　　http://www.lrm.org.tw/index.php?option=com_content&view=article
　　&id=348:2010&catid=58:review-activities&Itemid=91），其二者所
　　指預防法學從風險管理角度分析，有關法律風險辨識、分析、確
　　認與評量即屬預防法學範疇，就律師業務而言，有關法律意見之
　　提供、法律諮詢（商）、契約之審議擬訂、非訟之處理、公證認
　　證等均屬預防法學一環，又律師本身對於業務之推動與執行，涉
　　有知名度高低、受理案件量多寡、饋迴圈數量、初評勝訴、達成
　　率、準確度以及承辦訴訟類別等，也要有風險意識、自我評斷自
　　我、特質與圖像，而且對於個案訴訟也需作風險鑑別、深度評量
　　訴訟結局之正確性與當事人滿意度，避免因受理訴訟案件，有所
　　疏忽而有法律之風險存在。（施茂林，同前註10，頁12-13）。

113 朱延智，同前註27，頁41、42。

114 李禮仲，《企業公司治理應防範之法律風險》，中國法律諮詢中
　　心、亞洲大學、中華法律風險管理學會主辦兩岸法律風險管理研
　　討會論文集，2010年10月26日，頁223-236。

115 李進生、謝文良等書，同前註12，頁2-15。

116 趙曾海、黃榮誠，《砍掉風險——企業專家如何防阻止不敗
　　局》，法律出版社，2008年7月自序。

117 楊雲明，同前註7，頁383。Andrew Hdmes著、李永惠譯，同前
　　註22，頁191-193。

Chapter *2*

定型化契約條款法律風險之研究

方國輝[*]

摘　要

企業無論是從事保險、金融、運輸、買賣等服務業，或是生產製造科技業，拜自動化科技之賜，產能大增，為因應大量生產、大量消費之交易需要，多預先擬定規格化之定型化契約，以提高締約之效率。因此生活中所發生之水電、購物、搭車、就醫、不動產買賣等交易行為，多廣泛使用定型化契約。定型化契約確具有效率化、合理化等功能，一方面可以避免個別磋商契約內容之困擾，另一方面，也可節省磋商契約條款之時間、成本與精神之負擔等優點。換言之，定型化契約在促進交易之成立上，確已扮演重要之交易工具與地位。

由企業所預擬之定型化契約，最受批評者乃濫用其優勢地位，加重締約相對人之負擔或限制其權利之行使。由於此類型之契約條款已違反法律所規定之誠信與公平對等原則，因此一旦發生糾紛或涉訟，此等精心設計之不公平、不對等之條款即難以通過行政機關之監督管理或司法機關之審查，結果不僅無助於企業權利之保護或責任之減輕，反而增加企業之法律風險與法律責任之發生。

由於民法、消費者保護法、金融消費者保護法及公平交易法等法律均已對定型化契約有相關之規範，故本文除介紹該等相關規範之重點外，並就所蒐集之法院對企業所擬定型化契約之相關判決略作分析，發現不少與消費者權益有關之企業，對定型化契約法律風險之危機意識仍顯不足，遑論建立法律風險之預防與控管機制，此正為撰寫本文最基本之動機。

為使企業了解與重視定型化契約及其設計之條款與定型化契約發生法律風險之關係，俾將法律追求交易當事人間對等與誠信、公平與互惠之規定納入其預擬之定型化契約中，爰以定型化契約所生爭議之條款類型及對企業不利之判決理由，作為探討之主軸並提出建議，以利企業提

升對定型化契約法律風險之參考，進而強化企業預擬之定型化契約之內容更符合法律風險之預防與管控之要求，使企業與消費者之互動更臻和諧，達成雙贏之目標。

中文關鍵詞：消費者契約，定型化契約，定型化契約條款 、不公平條款、消費者權益，猶豫期間

Key Words：Consumer Contract、Standard Contract、General Terms of Standard Contract、Unfair Clause、Consumer's Right、Cooling-off Period

第一節　前言

一、定型化契約

　　本文有關定型化契約（又稱為附合契約）之適用範圍限於企業與消費者間所用之定型化契約，不包括企業與企業所用之定型化契約，謹先敘明。

　　所謂定型化契約係指企業為與不特定多數消費者訂約之用，單方預擬之契約[1]。定型化契約在現代交易中具有重要性之原因，係因工業革命後，伴隨著資本密集與自動化科技密集企業之逐漸形成與壯大，在大量生產、大量交易、大量消費之環境下，為提高締約之效率，日常生活中所發生之水電、購物、搭車、就醫、不動產買賣等交易行為，多已廣泛使用定型化契約。定型化契約確具有避免個別磋商契約內容之困擾，也具有節省磋商契約條款之時間、成本與精神之負擔等優點。換言之，定型化契約在促進交易之成立上，已扮演重要之地位。

二、法律風險

　　法律風險係指可能發生法律責任之風險，由於法律風險之控管在於防範風險之發生於未然，性質上屬於預防法學之範疇[2]。企業之經營，雖存在各式各樣之風險，但最終多以法律問題、法律風險之形式體現，前一陣子發生以假發票報銷國科會補助款被起訴即為一例，類似因缺乏法律風險意識，疏忽法律風險預防之事例在個人、企業、政府部門、非政府組職團體，亦不勝枚舉。此種可預測、可鑑別之不確定風險[3]原本可透過法律風險之預防與控管，使損害或法律責任不發生或減至可控制、可容忍之範圍。可惜一般人或企業因未建立法律風險之預防與控管意識、觀念與機制，決策時又未優先考慮與處理法律風險問題，以致雖無放任法律風險發生之意圖，卻可能因疏忽而導致法律責任之發生，例如食品添加塑化劑所生之法律責任，即如排山倒海而來，終致無力挽回。

　　近年來中國大陸對法律風險（即預防法學）之研究風氣，如風起雲湧（相關著作請參閱頁90之附件[4]）。關於企業之法律風險可分為企業之經營與企業之管理二方面，在企業經營面之法律風險，包括「契約簽訂與履行過程」、「投資與併購過程」、「私募股權過程」、「股票發行與上市過程」、「智慧財產權管理過程」、「生產與銷售過程」、「訴訟過程」、「其他日常管理事項」等等方面之法律風險控制。在企業管理面之法律風險，包括股東會、董事會、經理階層和一般員工在日常工作和突發事件之法律風險管理以及預防等[5]。由於企業法律風險無所不在，作好法律風險之預防，才能避免民刑事及行政法律責任之發生。反之，即可能因法律責任之發生，成為壓垮駱駝（企業）之最後一根稻草，不可不慎。

　　國內對法律風險之論著研究雖不如中國大陸，但已有相關學術團

體，如「中華法律風險管理學會」，積極推動法律風險課題之研究、宣導與進行兩岸法律風險管理之學術交流[6]，相信有助於推動國內法律學界對法律風險之研究風氣，並帶動企業、政府、非營利組織乃至個人對法律風險之預防與管理之重視。若能落實推動，必能改善當前為處理接續發生之各種法律問題與責任，減低所投入之眾多救急善後社會資源、心力與難以補救之巨大損害。

 ## 三、 定型化契約之法律風險

　　如前所述，契約風險常被學者列為探討企業經營風險之首，顯示契約相關法律風險之預防與控制對企業經營管理所占之重要地位。以契約領域中之定型化契約為例，由於具有經濟優勢地位之企業，為貪求不合理利潤或減免應負之法律責任，濫用其優勢地位，使預擬之定型化契約中，充斥諸多「不當加重契約相對人（消費者）之負擔與責任、不當減輕或免除企業經營者自身之責任、限制或剝奪相對人權利之行使、不當轉換舉證責任」等不公不義或違反誠信之條（約）款。此種假私法自治、契約自由之名，實際上違反契約正義、對等之片面約款，一旦發生糾紛或涉訟，即因其對消費者顯失公平，無法通過法律之規制或行政機關與法院之審查，最後如竹籃子打水，徒造成契約或條款效力被否定，白費心機。

　　本文對定型化契約法律風險之探討，將分「從法律規制面看定型化契約之法律風險」、「從行政指導面看定型化契約之法律風險」、「從司法審查面看定型化契約之法律風險」三個面向。期望透過介紹，探討企業預擬定型化契約條款不利於企業經營之風險，拋磚引玉，盼更多之研究能幫助企業提升對定型化契約法律風險之控管，進而使預擬之定型化契約更符合法律風險之預防與管控之要求，以兼顧企業之永續經營與消費者權益保護之雙贏目標。

第二節 定型化契約之法律規制與行政指導

本部分重點爲探討法律規制與行政指導對定型化契約之法律風險。與定型化契約相關之法律規定方面，除民法中之第71、72條、第148條、第227之1條及第247之1條外、消費者保護法（以下簡稱消保法）第2章定型化契約（第11-17條）及消保法施行細則（以下簡稱消保細則）第12-15條並訂有專節規定。次外，公平交易法第24條、保險法第54條第2項、第144條第1項以及金融消費者保護法第18條等等，均對企業定型化契約條款具有規制與導正之作用。以下擬分「定型化契約與民事法律責任相關之規制」與「定型化契約與行政規範之相關法制」二方面說明如下：

一、定型化契約與民事法律責任相關之規制

本部分以探討民事法律風險及行政法律風險爲範疇，在有關民事法律風險方面，主要爲消保法及施行細則之規定係爲討論重點，有關相關規定適用於具體條款部分，容後說明。以下謹分別說明與民事法律風險相關之規定。

1. 定型化契約條款構成無效條款之規制

(1) 違反誠信原則，對消費者顯失公平者，無效（消保法第12條前段）。

所謂違反誠信原則，對消費者顯失公平之認定，依消保法施行細則第13條之規定，定型化契約條款是否違反誠信原則，對消費者顯失公平，「應斟酌契約之性質、締約目的、全部條款內容、交易習慣及其他情事判斷之」。

學者有認爲消保法第12條有關對消費者顯失公平之規定係屬贅語，

因違反誠信，依民法第148條第2項及第71條規定，違反誠信原則即為無效，亦即定型化契約既已違反誠信原則，本質上即具有顯失公平之內涵，消保法增加對消費者顯失公平者，始為無效之規定顯屬多餘[7]，唯違反誠信是否當然對消費者顯失公平，似仍應衡量具體個案認定，故維持現行條文，似亦無不可。

(2)違反平等互惠原則，無效（消保法第12條第1款）。

依消保法第11條前段規定「企業經營者在定型化契約中所用之條款，應本平等互惠之原則。」另同法施行細則第14條規定，對定型化契約條款違反平等互惠原則，進一步列出四種情事如下，如具有下列情事之一時，即推定其顯失公平，應為無效之條款。

① 當事人間之給付與對待給付顯不相當者。

② 消費者應負擔非其所能控制之危險者。

③ 消費者違約時，應負擔顯不相當之賠償責任者。

④ 其他顯有不利於消費者之情形者。

學者對消保法第12條規定之「推定顯失公平」認為宜修正為「推定其違反誠信原則」[8]，唯衡酌上述第12條「推定顯失公平」之用語，與民法第247-1條所列定型化契約無效約款之「按其情形顯失公平」用語相當，是否有修正必要，亦非無斟酌之處。

(3)條款與其所排除不予適用之任意規定之立法意旨顯相矛盾，無效（消保法第12條第2款）。

以往銀行於保證契約中常約定，擔任借款人之保證人願意拋棄保證人之先訴抗辯權等條款。此等剝奪民法賦予保證人權利之預擬定型化契約條款，屬違反民法第739-1條不得預先拋棄之任意規定，故可推定其約款顯失公平，違反消保法第12條第2款規定，應屬無效。

(4) 契約之主要權利或義務，因受條款之限制，致契約之目的難以達成者，無效（消保法第12條第3款）。

例如信用卡定型化契約曾載有特約商店拒絕持卡人使用信用卡消費，發卡銀行概不負責之約款，此一限制約款使持卡人無法達到刷卡消費之目的，亦應推定其約款顯失公平，違反消保法第12條第3款規定，應屬無效。

(5) 定型化契約中之定型化契約條款牴觸個別磋商條款之約定者，其牴觸部分無效（消保法第15條）。

所謂定型化契約條款，依消保法第2條第7款之規定，係指「企業經營者為與不特定多數消費者訂立同類契約之用，所提出預先擬定之契約條款。定型化契約條款不限於書面，其以放映字幕、張貼、牌示、網際網路、或其他方法表示者，亦屬之」。而個別磋商條款依同條第8款之規定，係指「契約當事人個別而合意之契約條款。」，以定型化契約條款取代雙方合意之條款，實為霸王條款，已違反消保法第15條規定，應為無效之約款。

(6) 其他如定型化契約之約款具有民法第247-1條之要件或違反其他法律之強制規定（如保險法第54條第1項），而不利於他方當事人者，亦屬無效。

2. 定型化契約條款不構成契約內容之規制

(1) 企業經營者與消費者訂立定型化契約前，違反審閱期間之規定，未提供消費者審閱全部條款內容之機會，其條款不構成契約之內容（消保法第11-1條）。

依上述規定，企業經營者與消費者訂立定型化契約前，應有三十日以內之合理期間，供消費者審閱全部條款內容（第1項）。違反前項規定者，其條款不構成契約之內容，但消費者得主張該條款仍構成契約之

內容（第2項）。另爲落實消費者知道眞相權利之保護，同條第3項並規定「中央主管機關得選擇特定行業，參酌定型化契約條款之重要性、涉及事項之多寡及複雜程度等事項，公告定型化契約之審閱期間」。本條第1項有關審閱期間規定之目的，乃在維護他造當事人「知道眞相的權利」與「正確選擇的權利」，第2項規定爲違反第1項之制裁規定。至於第3項規定則賦予中央主管機關得視不同性質之定型化契約，公告不同之審閱期間，以使審閱期間之規定具法之拘束力。

(2)定型化契約條款未經記載於契約中而依正常情形顯非消費者所得預見者，該條款不構成契約之內容（消保法第14條）。

本條規定之目的同消保法第11-1條，亦在維護他造當事人「知道眞相的權利」與「正確選擇的權利」。因此定型化契約中載有「其他未盡事宜悉依本公司規章辦理」之條款，如「本公司規章」之內容未依同法第13條之規定[9]，向消費者明示或已以顯著方式公告，且經消費者同意受其拘束外，該等「其他未盡事宜悉依本公司之規章辦理」之條款，即不構成契約之內容。

(3)定型化契約條款因字體、印刷或其他情事，致難以注意其存在或辨識者，該條款不構成契約之內容，但消費者得主張該條款仍構成契約之內容（消保細則第12條）。

本條規定又稱爲異常條款，基本上，其規定目的與前二條相同。故若消費者不因字體、印刷或其他情事，影響其對定型化契約條款注意或辨識者，即不生本條規定之適用，至於是否影響消費者之注意或辨識，應由企業經營者負舉證責任。

3. 其他

(1)定型化契約條款有疑義時之解釋方法，依國內立法例，有採「探求當事人之眞意」者[10]、有採「應探求契約當事人之眞意，

不得拘泥於所用文字；如有疑義時，以作有利於被保險人之解釋爲原則者」[11]、有採「定型化契約條款如有疑義時，應爲有利於消費者之解釋者」[12]。按消保法第11條第2項規定之立法意旨，在於導正企業於預擬契約條款時刻意模糊條款內容，增加卸責空間之流弊，且消保法爲保護消費者之基本法，故有關定型化契約條款之疑義，原則上優先適用消保法。

(2) 定型化契約中之定型化契約條款，全部或一部無效或不構成契約內容之一部者，除去該部分，契約亦可成立者，該契約之其他部分，仍爲有效。但對當事人之一方顯失公平者，該契約全部無效（消保法第16條）。學者認爲本條規定爲民法第111條及第148條第2項之合併[13]，屬於注意性的規定。本條規定符合交易法之原則，即若無對當事人之一方有違反誠信，顯失公平之情事者，宜盡量減少無效規定之適用，以維護交易安全。

二、定型化契約之行政法規制

(1) 有關定型化契約應記載或不得記載事項之公告

依消保法第17條第1項規定，中央主管機關得選擇特定行業，公告規定其定型化契約應記載或不得記載之事項。根據行政院消保處公布之資料，截至2013年一月底止，已公告之「定型化契約應記載或不得記載之事項」共有67種，屬於金融保險者計4種、屬於休閒旅遊者計3種、屬於車輛房屋者計11種、屬於電腦電器者計3種、屬於電視育樂者計3種、屬於醫療保健者計3種、屬於文教補習者計4種、屬於運輸通信者計6種、屬於保育教養者計2種、屬於殯葬禮儀者計4種、屬於其他者計5種、屬於禮券計19種[14]。從上述公告之數量觀之，禮券及車輛房屋定型化契約條款之妥當性，較受行政院消保處之前身「行政院消費者保護委員會」之重視。

(2)依消保法第17條第2項規定，違反前項公告之定型化契約，其定
　　型化契約條款無效。

本項有關定型化契約條款效力之規定，性質上爲強制規定，具有民
法第71條規定之相同效力。故明定企業預擬之定型化契約條款違反公告
之定型化契約條款者，無效，但非預擬之契約或全部條款爲無效，其效
力仍應依前述消保法第16條之規定定之。

(3)企業經營者使用定型化契約者，主管機關得隨時派員查核（消
　　保法第17條第3項）。

本項賦予主管機關之查核權，有三項重點，其一爲所稱之主管機
關，依消保法第6條規定，指中央之目的事業主管機關；直轄市政府及
縣（市）政府，至於行政院消保會依法非主管機關，是否有查核權，解
釋上應屬肯定，但查核權之行使事涉人民權利事項，應明定其法源或授
權依據爲宜。其二爲受查核之企業，依本條項文義，不以經公告適用定
型化契約應記載或不得記載事項之企業爲限。換言之，凡使用定型化契
約之企業均爲得受查核之對象，此項規定之執行成效因缺乏相關參考資
料，盼行政院消保處未來能提供相關統計資料供參考。

(4)定型化契約記載經中央主管機關公告應記載之事項者，仍有本
　　法關於定型化契約規定之適用。中央主管機關公告應記載之事
　　項，未經記載於定型化契約者，仍構成契約之內容（消保細則
　　第15條）。

本細則規定並不具有拘束法院對經中央主管機關公告應記載事項之
審查權，爲發揮經公告應記載事項之效力，尤其是本條規定有關中央主
管機關公告應記載之事項，未經記載於定型化契約者，仍構成契約之內
容，具有濃厚行政指導規制作用，故宜將消保細則第15條規定於消保法
中爲妥。

三、 定型化契約之行政指導

行政院消保處之前身（行政院消費者保護委員會）曾將協調各部會制定定型化契約範本作為行政指導重點，截至2013年一月底止，已公布之定型化契約範本共有89種。

屬於金融保險者計7種、屬於休閒旅遊者計10種、屬於車輛房屋者計15種、屬於電腦電器者計2種、屬於電視育樂者計2種、屬於醫療保健者計4種、屬於文教補習者計5種、屬於運輸通信者計16種、屬於保育教養者計8種、屬於殯葬禮儀者計4種、屬於其他者計16種[15]。

定型化契約範本雖不具有法之拘束力，但因該等定型化契約範本係由行政院消費者保護委員會邀集主管機關、消保團體、企業代表、公會與學者專家共同參與制定，雖非盡善盡美，但確已對消費者權益之保護有具體之行動，已較以往無範本前之消費者有更多保護與權益保障，而且已完成89種範本，看似平凡，實際並不容易，應予鼓勵。但仍望主管機關應從消費者之期待，使範本確實發揮交易安全與有利消費者保護之目的。以創造一個在重視消費者權益[16]之國際潮流下，具有我國獨特性之有感特色，能讓消費者權益獲得真正之保障。

第三節　定型化契約條款常見問題與法律風險

一、定型化契約條款常見問題

常見之定型化契約條款問題，主要為條款之不公平與不對等，謹略舉數則與消費信用[17]、保全、預售屋有關之條款如下：

1. 金融機構以往就信用卡於辦妥掛失手續前被冒用之風險，於定型化契約約定，「無論簽名是否相符，一律由持卡人負責」之條款[18]。

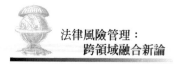

2. 信用卡發卡機構與持卡人所約定之「信用卡保證人對於持卡人超過信用額度使用之帳款，無論連帶保證人是否同意均應連帶負責」條款。

3. 「保證人對於不定期限之債務負擔保責任，未經債權人同意，絕不中途退保」之保證契約條款。

4. 「保證人對於最高限額保證之責任，包括限額以外之利息，違約金等部分」之約款。

5. 保全契約中「保全公司對於客戶應付款日期，未收到現金，或票據未兌現，在此期間保全公司不負賠償責任」之約款。

6. 「保全服務契約以保全公司提供之『保全服務通報』經客戶簽名之日為起算日」之約款。

7. 「客戶未將現鈔、金銀珠寶、鑽玉、藝品、古董、字畫及手錶等價值一萬元以上之貴重物品，放置於裝有防護器材之金庫內並上鎖，保全公司不負補償責任」之條款。

8. 預售屋交易契約中，承購戶為清償預售屋買賣價金而以房屋貸款合約，就貸款銀行給付之借貸款委由貸款銀行直接撥付建商，且約定「非經房屋出售人之書面同意，不得撤銷或解除本件貸款契約及撥款委託」之條款。

9. 預售屋交易契約載明「有關本標的之廣告及宣傳品，僅供參考之用，一切說明應以本契約為依據」之條款。

10. 工程合約中「因故延遲，如因定作人之原因，或人力不可抗拒等因素，須延長完工日期時，承攬人得以書面向定作人申請延期。……承攬人對定作人最後核定之延期，不得其出異議。」條款[19]。

二、不公平與不對等契約條款之法律風險例示

定型化契約對擬具契約條款之相對人存有下列之法律風險[20]：

1. 相對人對定型化契約條款之存在缺乏認知或難以注意其內容，但卻須受其條款拘束。

2. 契約條款內容複雜或冗長，字體細小，相對人難以理解及審閱其內容，但卻須受其條款拘束。

3. 契約條款使用專有名詞或文義生澀，難以理解，但卻須受其條款拘束。

4. 契約條款不公平、不合理，相對人缺乏磋商能力，但卻須受其條款拘束。

第四節　定型化契約條款之司法審查

法院對有關企業與消費者簽訂之定型化契約爭議之判決，除適用民法之相關規定外，也妥適運用消費者保護法之規定，從以下所具之數例，已可發現司法審查之導正效果。

事例一：遵守審閱期間規定之證明

1. 爭議事實

售屋業或房仲業者為使其售屋之定型化契約形式上符合消費者保護法第11條之1有關審閱期間之規定，設計出「本人已事前詳閱本契約書內容，『買方權益說明書』、『電腦出價辦法說明』、區域成交行情達3日，深切明瞭自身權益後，始簽立本契約書」或「本人已事前詳閱本要約書內容，『買方權益說明書』、『電腦出價辦法說明』及000建設公司所提供之區域成交行情達3日，深切明瞭標的物之行情及自身權益

後，始簽立本要約書」等預擬之文件，由購屋人在該等文件簽名，作為已符合審閱期間規定之證明。

2. 判決理由

法院之判決理由則以「此項契約審閱期之規定，其目的係使消費者在簽訂定型化契約之前，有充分了解其內容的機會，故不僅須使消費者於訂約前知悉契約條款之內容，更應使消費者得於合理期間內攜回契約詳予審閱」及「上開記載皆係以定型化契約條款之方式預為約定，且均未記載被告等確實攜回上開契約書等文字，使被告（註：購屋人）喪失實質預先審閱契約之機會」，而且「原告（註：售屋業或房仲業）復自承別無其他舉證足以證明已交付契約供被告審閱」等理由，依消費者保護法第11條所揭櫫之原則，自應為有利於消費者之解釋與認定，被告等之辯解應可採信，被告等主張渠等無效不構成契約內容，自屬有據。

3. 法律風險評析

由於法院審查審閱期間之爭點在於企業有無實質提供消費者於簽約前預先審閱契約之機會，若企業僅以形式作法，作為符合消保法第11條之1有關審閱期間之規定，即可能發生類此判決之不利後果，因此企業務必依法守法，在簽約前，確實給予消費者合理審閱契約之期間，以防範法律風險之發生。

 事例二：加速到期與交錯違約條款之適用範圍

1. 爭議條款

企業（銀行）為確保借款債權，常在定型化契約中約定類似「立約人對貴行所負一切債務，如有左列情形之一時，無須由貴行事先通知或催告，貴行得隨時減少對立約人授信額度或縮短借款期限，或視為全部到期：一、任何一宗債務不依約清償本金者（以下略）」之條款。

2. 判決理由

法院在審查時，會依消費者保護法第11條規定審查該等「立約人對貴行所負一切債務，如有左列情形之一時，無須由貴行事先通知或催告，貴行得隨時減少對立約人之授信額度或縮短借款期限，或視為全部到期：一、任何一宗債務不依約清償本金者」條款內容與解釋方法有無合乎實質公平要求，法院認為倘將上開條文之適用擴張至借款人對他行所負之債務，顯然逾越條文文義範圍，而屬於不利於消費者之解釋。法院復認為「銀行為控管借款人之授信風險，應事前就借款人之信用狀況為徵信，或與相關保證機構另訂保證契約以擔保之」，因此就銀行擴張解釋包括借款人對他銀行之債務，亦可作為借款銀行行使有加速到期條款之理由，除認為不符合該定型化約款之文義解釋外，同時為加重被告（借款公司）之責任之條款，契約雙方給付及風險顯不相當，不符合平等互惠原則，而屬不利於消費者之解釋方法甚明。對原告主張系爭契約書第5條第1款所稱「任何一宗債務不依約清償本金」包括被告對他行所負之債務云云，委不足採。

3. 法律風險評析

由於該等約款是否包括借款人對其他銀行之債務，或僅限於對原告銀行之債務，當事人常各執一詞。此一判決以消保法第11條及民法第247條之1作為判決之基礎，否定銀行之請求，以維護借款人之正當權益，值得企業（銀行）警惕。系爭本案之貸款銀行為控管其法律風險之正確作法，除須注意所擬之定型化契約條款應遵守平等互惠原則，如系爭本案所使用之「任何一宗債務不依約清償本金」之文義解釋，應僅限於借款人對原告所負之債務。不得擴張解釋包括被告對他行之債務。亦即不宜訂有交錯違約條款，否則反而可能成為企業之法律風險，對企業將無任何助益。此外，為預防法律風險，以確保債權起見，仍應依債之相對性原則，從確實辦理徵信，加強授信管理，核貸前如有清償疑慮，

仍以送中小企業信保基金或徵提不足之擔保，方為正途。

 事例三：抗辯權之切斷條款

1. 爭議條款

消費者（即申請小額信貸之借款人）向00電信公司（以下簡稱電信公司）購買電信通話服務，並依提供小額信貸之銀行（以下簡稱銀行）與電信公司間之合作協議書，向銀行申請小額信用貸款，約定書中有「消費者了解並同意其與00電信公司（即申請人指定受款廠商）如有任何債權債務糾紛或其他法律上責任，概與貸款銀行無關。」之條款。本案爭點為消費者得否以對抗企業經營者之事由對抗金融機構？

2. 本案事實

系爭本案之貸款銀行與00電信公司於94年2月21日簽訂合作協議書，約定消費者向00電信公司購買學習課程、產品等相關專案時，得以零利率之分期條件向貸款銀行申請融資貸款。消費者00於94年7月間向00電信公司購買「3G省錢專案」時，00電信公司即以被上訴人貸款之條件、金額為廣告內容，並經由其業務人員之推銷、介紹、提供向合作之貸款銀行申請辦理貸款之表格，消費者00始同時向被上訴人申辦24期分期付款貸款71,976元，貸款指定用途用以支付上開價金，該貸得款項未將貸款金額存入消費者00之帳戶，而係由貸款銀行扣除與00電信公司約定之14%帳戶管理費後，直接撥付61,900元予00電信公司，嗣後00電信公司無預警停業，消費者以00電信公司停止服務為由，拒付貸款銀行分期貸款餘額。本案之爭點為消費者得否以對抗00電信公司之事由對抗提供貸款之合作金融機構？

3. 判決理由

按分期付款買賣，如企業經營者為提升無力購買之消費者之慾望，並強化其對價金債權之受償，乃居間介紹金融機構，由企業經營者

處可直接取得金融機構之申請貸款表格，或以金融機構之貸款條件、貸款金額為其廣告之內容者，其與金融機構就該交易，於經濟上實存在一緊密關係，結合成一體進行營業活動，共同獲取利益。德國、日本及美國法院鑒於將經濟上處於一體關係之交易，以契約書分離為買賣契約與消費借貸契約，並由貸與人自身主張因此而生對貸與人有利之效果，乃有違誠信原則。蓋允許將被分離之買方的立場置於較未被分離之狀態更為不利之立場，應為法所不允許，且消費者之價金業已支付但未能獲得服務，應認該二契約互有履行及效力上之牽連關係，消費者得以對抗企業經營者之事由對抗金融機構，始符誠信原則。嗣日本更於其「割賦販賣法」第304條之4明文規定「購買人依第2條第3項第1款或第2款所定分期付款購入斡旋購買方法購入指定商品，且受……付款請求時，得以就該指定商品之販賣，對依分期付款購入斡旋買賣該商品之販賣業者所生事由，對抗請求付款之分期付款購入斡旋業者。」，德國亦於其1991年1月1日生效之消費者信用（或譯為消費者融資）法（Das Verbraucher-kreditgesetz）將上開原本以德國民法第242條所定之誠信原則為適用依據之抗辯延伸，明文規定於第9條第3項：「消費者依基於結合之買賣契約所生之抗辯，就得對賣方拒絕自己之支付的權限內，得拒絕清償信用供與額。」（參見楊淑文撰，〈消費者保護法關於定型化規定在實務上之適用與評析〉，收錄於氏著《新型契約與消費者保護法》，1999年5月版，頁172-173；陳洸岳撰，〈信用卡交易中之抗辯的接續〉，國科會88學年度專題研究報告），使消費者基於原因關係（如購買契約）所得主張之抗辯，對於具經濟上同一性之消費借貸契約之貸與人，亦得行使及主張。

　　本案00電信公司為刺激、提升消費者之慾望，並強化其對價金債權之受償，乃以合作之銀行所提供貸款條件、貸款金額為其廣告之內容，居間介紹授信，且直接提供申請貸款表格予消費者00，並限定該貸款僅得用以支付向00電信公司購買物品或服務之價金，就消費者00所貸

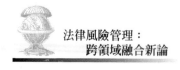

71,976元中，合作之銀行以帳戶管理費名義取得14%金額，公司則取得餘款61,900元，00電信公司與合作之銀行間實存在一緊密關係，於經濟上結合成一體進行營業活動，透過彼此之合作依存關係而共同獲取利益，於經濟上有其一體性。

又00電信公司與合作之銀行合作協議書第四大點誠信原則中第四點約定：「若因乙方（按指00電信公司）之因素導致申請人要求中止契約或拒付剩餘之貸款本金時，乙方願無條件就所收取貸款之範圍，償還申請人在甲方（按指合作之銀行）所貸款之餘額。」，此有上開合作協議書可稽，是兩造間及00電信公司合作之銀行與合作之銀行間之契約均載有涉及他方之契約內容，除足徵00電信公司與合作之銀行在經濟上之緊密關係外，亦得見合作之銀行顯充分知悉消費者00與00電信公司之締約內容，而得正確評估貸款風險。且本件係合作之銀行與00電信公司合作，藉由授與信用與消費者00，並限定該信用僅得用以支付向00電信公司購買物品或服務之價金，係以合作之銀行為中心而相互結合之契約關係，已與債權關係因欠缺公示外觀，為維護交易安全，而必須承認債務人之抗辯中斷（即僅具相對性）之情形有間，故本件自不得過度固守於各該契約形式上之獨立性，致有失公平及消費者之保護。基於合作之銀行與00電信公司有前述經濟上一體性之緊密關聯，於經濟上結合成一體進行營業活動，共同獲取利益，並無為維護交易安全而必須承認債務人之抗辯中斷之情形，且為消費者00之價金業已支付但未能獲得服務之立場，應參考上述日本與德國之立法例作為法理，依債權關係之誠信原則，創設消費者之抗辯權，使二契約互有履行及效力上之牽連關係，消費者00應得以對抗00電信公司之事由對抗與00電信公司有合作關係之貸款銀行。

此一判決對貸款申請書上之「申請人（即消費者）了解並同意申請人與00電信（下稱「申請人指定受款廠商」）如有任何債權債務糾紛或其他法律上責任，概與貴行（指合作之銀行）無關。……因此，如商品

或服務發生任何爭議、有瑕疵或申請人指定受款廠商不履行債務或停止提供商品或服務，申請人應向申請人指定受款廠商主張權利，並不得以此作為拒繳任何應付貸款款項之抗辯。」條款，認定屬違反誠信原則，且對消費者顯失公平之條款，違反消保法第12條之規定，應為無效。合作之金融機構主張與借款消費者00之兩造契約與消費者00、00電信公司間購買契約係二分別獨立之契約，消費者00不得執其得對抗00電信公司之事由對抗被上訴人等情，為不足探。

4. 法律風險評析

企業與他企業在經濟上結合成一體進行營業活動，透過彼此之合作依存關係而共同獲取利益，為近來常見之交易型態。本案法院[21]從維護誠信之觀點，所持之「消費者基於原因關係（如購買契約）所得主張之抗辯，對於具經濟上同一性之消費借貸契約之貸與人，亦得行使及主張。」見解，創設消費者之抗辯權，使二契約互有履行及效力上之牽連關係，對於主張抗辯權相對性之金融機構具有警示作用。另法院對金融機構與廠商間之合作關係認為具有經濟上一體性之緊密關聯，並利用經濟上結合成一體，進行之營業活動，共同獲取利益，即不得以維護交易安全為由，而必須承認債務人之抗辯中斷之權利，而為銀行敗訴之判決。由於法院認為具經濟上同一性之契約不得過度固守於各該契約形式上之獨立性，以免有失公平之見解，值得企業作為管控定型化契約條款法律風險之注意事項。

事例四：信用卡正附卡持卡人之連帶清償責任條款

1. 爭議條款

「正卡持卡人得為經貴行同意之第三人申請核發附卡，且正卡持有人或附卡持有人就個別使用信用卡所生應付帳款互負連帶清償責任」條款。

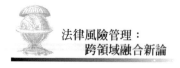

2. 爭點

(1) 正附卡持卡人應負連帶清償之責之條款，其效力是否有效？

(2) 正卡持卡人應就正附卡持卡人各別使用信用卡所生應付帳款互負連帶清償責任，但附卡持卡人對正卡持卡人應付帳款是否應負連帶清償責任？

3. 判決依據

民法第247條之1、消費者保護法第12條、消費者保護法施行細則第13條、第14條。

4. 發卡銀行主張

附卡持有人藉由持有附卡可取得自身資力外之信用額度，擴張其可使用之資金範圍，就其獲得擴張信用之利益，負擔其他義務，並非無據，又發卡銀行發卡後，對正卡持有人之財務狀況無從知悉，得據以隨時調整其信用額度，發卡銀行負擔相當之風險。反之，正卡持有人對其自身及附卡持有人之消費狀況則得掌握，如令正卡持有人與附卡持有人就消費債務互負連帶清償之責，不僅可使造成風險者承擔風險，亦使正卡持有人與附卡持有人審慎使用信用額度，達事前風險控制之效果，尤其負擔連帶清償責任，並無逾越法律之任意規定云云。

5. 判決結果與理由

實務上有採條款應屬無效之見解[22]，亦有採「正卡持卡人就各別使用信用卡所生應付帳款互負連帶清償責任，但附卡持卡人則對正卡持卡人應付帳款不負連帶清償責任」之見解[23]，目前之通說採前說，以下為不同判決所持理由。

(1) 持條款無效之判決理由

1. 發行信用卡之銀行基於處理上之經濟考量，預先擬定契約條文，核其性質應屬消費者保護法規定之定型化契約。系爭契約第3條

第1項規定「正卡持卡人得爲經貴同意之第三人申請核發附卡，且正卡持有人或附卡持有就個別使用信用卡所生應付帳款互負連帶清償責任」。係屬該定型化契約內容之一部分，自應受民法及消費者保護法關於定型化契約之規範。

2. 信用卡乃一種支付工具兼具授信功能，因持卡人使用現金消費不便，遂向銀行申請信用卡，約定持卡人憑卡於特約商店記帳消費後，委託銀行先爲給付，持卡人再於約定期限內清償銀行代墊款項，消費者與銀行間之法律關係乃屬委任契約與消費借貸之混合契約。因此，信用卡之主要功能，乃在於代替現金之支付，連帶保證或連帶清償並非其基本功能與需求，而一般消費者向發卡銀行申請信用卡時，銀行通常會針對申請人之財產、收入、職業等信用狀況加以審核是否發卡及決定准予之額度，然對附卡持有人則否，信用卡附卡之設計，通常乃因經濟狀況較差之家屬沒有收入，或爲員工公款支出記帳方便，遂由正卡持有人代向銀行申請附卡使用，或由附卡持有人經正卡持有人同意後向銀行申請使用，經發卡銀行對正卡持有人信用調查之結果，若認爲正卡持有人之財產狀況足以支付另筆附卡持有人之消費帳款，銀行即因信任正卡持有人之支付能力而同意核發之附屬信用卡，在發給信用卡後，銀行尚得依其消費及清償狀況，提高或縮減信用額度，其對於持卡人之消費風險，並非絕對無法控制，且其尚透過循環信用方式，持卡人每月僅需支付最低消費款項，實務上爲消費金額之十分之一，並收取較高利率之循環利息，以爲報酬，而使用此制度者，清償能力本較一般人爲差，銀行在取得高利率之報酬下，其負擔消費款項未能清償之風險，自亦較高，其將此未能清償之風險，再以正卡及附卡持有人連帶清償帳款之方式轉嫁，並不合理。

3. 再者，目前社會上常見申辦之情形有：父母爲未成年子女、配偶

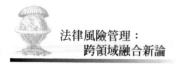

之一方爲他方、成年子女爲退休父母、公司爲員工申辦等情形，一般持卡人多將附卡申辦視爲一種對經濟狀況較差，不容易通過銀行審核發卡之親屬之贈與、便利及愛心，與一般借款債務擔任連帶保證人之情形不同，蓋依銀行貸款實務，一般借款保證人須由銀行審查其信用狀況，始能擔任保證人，銀行亦因保證契約約明保證人相關義務而得以評估貸款風險，因此在評價上，以經濟上弱者之附卡持有人，須對正卡持有人之債務，負連帶清償之責，實屬超過，亦難期待附卡申請人於填寫附卡申請書時，有對正卡持有人之債務負有連帶清償責任義務之心理，且保證契約，縱爲最高限額保證契約，保證人就保證債務之額度，於簽訂保證契約時已預見且明知，而在信用卡契約，因採循環信用之方式，且正卡持有人與銀行調高信用額度，又非附卡持有人所得置喙，因此其消費額度，亦即附卡持有人對於應連帶清償之款項，係屬不確定之狀態，非附卡持有人所能預見及控制，此較諸保證契約之保證人地位，尤屬不利，故系爭附卡契約約定附卡持有人對正卡持有人之債務負連帶清償之責，實有不當。

4. 此外，附卡之最大特色，乃係其從屬於正卡之下之附屬信用卡，此由銀行多將正附卡消費帳款算入正卡持有人之帳單並寄發於正卡持有人之指定處所、正附卡共用一個信用額度、信用額度之調整僅需經由正卡人同意、正卡人得隨時終止附卡持有人之使用，附卡持有人卻無相同之權利、正卡若被銀行終止附卡亦不得繼續使用等情可參，是附卡申請人相較於正卡持有人通常係經濟上較爲弱勢之人，因之需從屬於正卡持有人之下，而正卡持有人與附卡持有人通常又有親屬或雇用關係，以上開附卡申請使用之本質、目的及一般社會大眾之預期言，應認正卡持有人需對「正、附卡」之消費金額負清償責任，亦以此爲已足，而附卡持有人僅需對「自己」之消費帳款負清償責任，方符消費者訂立契約之眞

意，雖然附卡人因正卡持有人之財務狀況，而受有擴張其信用之利益，但此項利益之擴張，爲正卡持有人所爲之贈與，並爲發卡銀行之同意，其本身之資力不佳，亦爲發卡銀行所明知，如因其獲得信用利益之擴張，而令其應就正卡持有人之消費款項負連帶清償之責，實有失事理之平。

5. 綜上，信用卡約定條款約定附卡持有人須對正卡持有人之消費負連帶清償責任，係加重附卡持有人之責任，負擔非其所得控制之高風險，對附卡持有人有重大不利益之情形，而被上訴人對於附卡持有人之主要給付義務則未同時增加或改變，實有違平等互惠原則，應認爲該約定條款無效，持相同見解者尚有台灣新竹地方法院96年度訴字第266號民事判決可供參考。

(2) 正卡持卡人就正附卡持卡人各別使用信用卡所生應付帳款互負連帶清償責任，但附卡持卡人則對正卡持卡人應付帳款不負連帶清償責任。

1. 按兩造約定之信用卡約定條款，乃爲企業經營者之原告，爲與不特定多數消費者訂立信用卡契約之用，所提出預先擬定之契約條款，依消費者保護法第2條第7款、第9款及民法第247條之1前段之規定，屬定型化契約。是其第3條第1項條款自屬定型化契約條款，而應受消費者保護法暨定型化契約理論之拘束。次按定型化契約條款因字體、印刷或其他情事，致難以注意其存在或辨識者，該條款不構成契約之內容，消費者保護法施行細則第12條本文定有明文；該條於83年11月2日所公佈修正前之條文係規定契約之一般條款，不論是否記載於定型化契約，其立法目的係基於公平正義之立場，針對契約之一般條款（修正後則爲定型化契約條款）之記載而爲規定，用以禁止契約當事人對於契約內容之記載，擅以難以注意其存在或辨識之情形爲之，致契約當事人有所

忽略而影響其權益。本件依原告提出之被告己○○、丁○○之附
卡申請表正面可知，其附卡申請人簽名欄上方未載其他應與正卡
或其他附卡之債務負連帶責任之字樣，而被告戊○○之申請表格
於附卡申請人簽名欄之上方前一頁雖載有「請您簽上大名，同意
下述聲明」，其中第2款約定有「同意……遵守隨卡附上之信用
卡約定條款，並同意正、附卡持卡人連帶負責該帳戶之正卡或附
卡所發生之一切帳款」之字樣，惟被告戊○○未於該同意下述聲
明欄上簽名，該記載僅有促使被告注意本件信用卡之申辦，尚有
「持卡人約定事項」之存在，但關於該條款之內容記載，是否符
合92年7月8日修正前消費者保護法施行細則第12條本文之規定，
應具體為審查，尚不得以原告於申請書上有加註上開字樣，即謂
系爭申請書所載連帶負責之條款記載，不受前揭施行細則第12條
規定之拘束。又該記載條款並未以較明顯及獨立之區塊顯示，且
字體細小，排版印刷確有密集之情形，而字樣亦未以其他顏色之
字體顯示，且與被告戊○○於附卡簽名欄簽名非在同一頁上，難
期被告戊○○能注意上開條款存在並加以注意辨識及同意之情
形。綜上，自難認被告己○○、丁○○、戊○○於申請附卡簽名
時，即知有系爭連帶負責條款之約定及同意受其拘束，而原告復
無法舉證曾附隨信用卡附卡寄送該約定條款予被告己○○、丁○
○、戊○○，及其等有同意該約定條款，依消費者保護法施行細
則第12條前段規定，上開有關「附卡持卡人連帶負責該帳戶之正
本或附卡所發生之一切帳款」之記載應不構成契約之內容，應屬
可採。

2. 又按定型化契約中之條款違反誠信原則，對消費者顯失公平者，
無效。定型化契約中之條款有下列情形之一者，推定其顯失公
平：違反平等互惠原則者；條款與其所排除不予適用之任意規定
之立法意旨顯相矛盾者；契約之主要權利或義務，因受條款之限

制，致契約之目的難以達成者，消費者保護法第12條定有明文。又所謂違反平等互惠原則，依同法施行細則第14條係指：當事人間之給付顯不相當者；消費者應負擔非其所能控制之危險者；消費者違約時，應負擔顯不相當之賠償責任者；其他顯有不利於消費者之情形者。再按民法債編為防止經濟強者利用定型化契約手段濫用契約自由，及維護交易公平，於89年5月5日修訂施行之第247條之1亦規定：「依照當事人一方預定用於同類契約之條款而訂定之契約，為左列各款之約定，按其情形顯失公平者，該部分約定無效：免除或減輕預定契約條款之當事人之責任者；加重他方當事人之責任者；使他方當事人拋棄權利或限制其行使權利者；其他於他方當事人有重大不利益者」。經查，系爭信用卡有關「附卡持卡人連帶負責該帳戶之正本或附卡所發生之一切帳款」、「附卡持卡人就各別使用信用卡所生應付帳款負連帶清償責任」之約定，因兩造間信用卡契約之約定乃被告己○○、丁○○、戊○○人分別持有附卡，並從屬於正卡被告丙○○，即由銀行將正、附卡一併寄發於正卡持有人即丙○○指定處所，附卡與正卡持有人共用同一消費信用額度，且正卡持有人對未成年而未婚之附卡持卡人有權向原告反應逕行片面終止附卡使用契約（參系爭信用卡約定條約第22條第5項），而正卡辦理停用手續後附卡持卡人不得再使用附卡（參同上條約第17條第4項前段），另正附卡之消費帳款均列入正卡持卡人之每月帳單，而由正卡持卡人統一繳納。由此可知，係正卡持有人被告丙○○將其信用作為附卡持有人即被告己○○、丁○○及戊○○三人之擔保，同意將申領附卡使用人即被告三人之消費款視為自己之消費款而負連帶清償責任，本質上被告丙○○係其餘被告三人消費刷卡之保證人，且係正卡持有人被告丙○○於訂約時所認識之風險。至被告己○○、丁○○、戊○○三人於附卡申請表上簽名時，其簽約之

目的僅係在藉由附卡，取得於正卡共用之同一消費信用額度內之使用權利，在客觀上實難認其有就正卡持有人之信用卡使用消費款負連帶保證之認識及目的；反之，原告則難藉由提供此項從屬權利，取得額外之擔保。況被告己○○、丁○○申請附卡時，均尚未成年且未婚，依該信用卡約定條約第3條第2項之約定，亦僅就使用該附卡所生應付帳款負清償責任，故原告在系爭定型化契約條款所為之「正卡持卡人或附卡持卡人就各別使用信用卡所生應付帳款互負連帶清償責任」之約定，顯違反被告己○○等三人申請附卡使用之目的，且不利於被告己○○等三人，在雙方之對待給付上亦顯不相當。此外，被告己○○等三人並未接受帳單，無從按月知悉正卡持有人即被告丙○○所生帳款若干，亦無法預知被告丙○○將來之消費金額，或限制被告丙○○之消費金額，尤其若被告丙○○每月僅繳納最低應繳金額時，被告丙○○將被課以高額之循環利息再滾入消費帳款中不斷累積，其超過原定之信用額度時，原告仍將允許丙○○繼續使用，此時顯非被告己○○三人所得預見控制。再者，依現行信用卡實務，正卡持有人若使用信用良好，銀行便會不斷提高正卡持卡人之信用額度，惟其通常並未徵詢附卡持有人之意見，故依此運作結果，亦意味被告己○○等三人對於正卡持有人即被告丙○○之保證額度亦不斷提升，因而使被告己○○等三人負擔非其所得控制之危險，使被告己○○三人負擔更高之保證風險，依前揭法條說明，原告之上開條款約定，顯違反契約之平等互惠原則，而有失公平。

3. 又原告雖主張被告己○○等三人申請附卡使用時，已有機會於簽署前審閱契約條款，且被告丁○○、己○○有其法定代理人代為並同意該條款，甚於其等成年後，亦有權因不同意該條款而終止系爭信用卡契約，惟其等均未爭執，自應依約負連帶責任云云。惟按定型化契約理論之產生，乃源於企業經營者預先片面擬定之

附合契約條款，通常僅為自身之最大利益考量，而將不利益之風險轉嫁由消費者承擔，一般消費者於訂約時亦常缺乏詳細審閱之機會及能力，且或因市場遭壟斷而無選擇機會，或因經濟實力、知識水準造成之締約地位不平等，以致消費者對於該內容僅能決定接受或不接受，而別無討價還價之餘地，亦即消費者僅事前知悉該約款內容而已，仍無事前決定該內容之機會，因而為保障締約實質正義，國家始授與司法機關介入契約自由領域之權力，而得對於定型化契約條款之合理性進行司法審查，此觀諸消費者保護法第11條第1項、第12條、民法第247條之1規定甚明。故除非企業經營者能夠證明系爭定型化契約條款乃屬兩造特別合意之個別磋商條款，而非屬一般性條款，或於附卡持卡人簽名處已將此條款以顯著且放大字體明確告知，得認此一不利於消費者之條款於消費者簽名時一望即可得知，否則僅以消費者事前已有機會審閱契約條款，欲藉以排除司法審查之控制，即顯然與消費者保護法之立法本旨有違。又未成年人之法定代理權，如於法定代理人自身利益與未成年人利益相違時，誠難認其有權自為未成年人之代理人，且民法第1089條於85年9月25日修正公布後，於未成年人之權利義務，除法律另有規定外，由父母共同行使或負擔之，則本件附卡申請人申請書上並無父母共同行使同意或代理之，亦難認該條款之約定對訂約時尚為未成年人之附卡持卡人生效，且嗣後原告復未於其等成年後再為系爭條款之同意而另訂契約或通知，縱有變更條款之通知，亦未分別寄送予附卡持卡人，難期該附卡持卡人能知悉或對之表示意見，是原告此部分主張，亦屬無據。

4. 信用卡市場由於業者競爭激烈，為增加發卡量所規畫各種之促銷策略，其中之一即為發行附卡，併於信用卡契約中約為確保附卡持有人之消費債權，乃於契約中預擬正卡持卡人對附卡持卡人之

持卡消費所生之債務應負連帶清償責任之條款，如上所述，法院
支持次項條款之適法性。但嗣後又因正卡持卡人對本身之債務無
力清償，進而將該等條款擴及附卡持卡人須對正卡持卡人之持卡
消費所生之債務應負連帶清償責任之條款，則被認為顯失公平，
依消費者保護法第12條及民法第247條之1規定，應認為無效因已
發生法律風險，故條款被認定無效。

本條款無法通過司法審查之原因既如前述，業者宜循其他機制，
加強對發行附卡之法律風險控管，以取代此種據法律風險之不公
平與不誠信之條款。

事例五：空難賠償條款

1. 爭議條款

旅遊平安保險期間限定於「自目的地下機後，至回程上機前之地面
定點旅遊期間」，排除旅客搭乘飛機之時段之條款。

2. 本案事實

原告等之親人因搭乘OO班機至峇里島返國時在桃園墜機身亡，因
上述旅遊平安保險條款之限制，無法獲得理賠。

3. 判決理由

案經法院認為原告等之親人係依據被告OO航空公司之旅遊廣告而
參加該航空公司所舉辦峇里島精緻旅遊行程，雖被告辯稱，其已依民用
航空法規定，就航空部分投保機身及人員之責任險，原告之被繼承人
於航空運送部分仍受有保險之保障被告亦無不完全給付云云。然按，
責任保險人與被保險人對於第三人，依法應負賠償責任，而受賠償之
請求時，負賠償之責，為保險法第90條所明定。而依民用航空法第94條
規定，民用航空運輸業應於依同法第48條申請許可前，投保責任保險。
故被告所辯本件已就航空運送部分投保機身及人員之責任險一節，縱屬

實情，亦係其本於航空運送業所負之法定投保義務，且該責任保險之保險標的為被告對航空運送旅客所付運送契約之債務不履行或侵權行為責任，該責任保險之被保險人為被告而非原告之被繼承人。而本件被告依約應為原告之被繼承人投保者，乃係以原告之被繼承人為被保險人之旅遊期間，包括飛航期間之旅行平安保險，兩者自屬有間。是難認被告就本件飛航部分投保機身及人員之責任險，即屬已盡契約義務。

末按，受任人處理委任事務，應依委任人之指示，並予處理自己之事務為同一之注意，其受有報酬者，應以善良管理人之注意為之；受任人應處理委任事務有過失所生之損害，對於委任人應負賠償之責，民法第535條、第544條第1項分別訂有明文。復按保險法第113條規定，死亡保險契約未指定受益人者，其保險金額作為被保險人遺產。又依卷附86年7月17日財政部台財保第862397215號函修正旅行平安保險單示範條款第16條第1項規定，要保人未指定身故保險金受益人者，其保險金作為被保險人之遺產。本件依被告與原告之被繼承人等鎖定之契約內容觀之，除由被告提供航空運送外，被告尚代旅客安排住宿、觀光旅遊及代辦旅遊平安保險，已如前所述，其中被告為參加旅遊者代辦旅遊平安保險一節與民法有償委任之性質相類似，應類推適用有償委任之相關規定。而被告依約應代為投保旅行平安保險之保險期間，應包括往返之航空運送期間暨至峇里島、金塔馬尼之定點旅遊期間，如被告完全履行此項契約義務，原告之被繼承人等於87年2月16日搭機返國時，在桃園墜機死亡，依約即可受有旅行平安保險金兩百萬元之給付，成為遺產之一部。詎被告未盡善良管理人之注意義務，未為被告之繼承人等辦理飛航期間之旅行平安保險，致該等旅客死亡時，財產之總額因不能受有兩百萬元旅行平安保險金之給付而增加，即屬被告不完全給付之損害，原告等人本於繼承之法律關係及民法第544條第1項規定之不完全給付之請求權，請求被告損害賠償洵屬有據，應予准許。

4. 法律風險評析

旅遊契約償件之法律風險主要為服務態度或品質之風險，不過從上述案例說明，旅遊安全風險實為最令人擔心之法律風險。

本案之法律風險原可監測與預防，結果為節省有限保費，未做好風險控管，造成沉重之財務與信譽損失。因此，經營旅遊業或運輸者要想在風險變化莫測之環境中，做到古人所說之「任憑波浪翻天起，自有中流穩度舟」，根本之道仍為各種瑕疵所存在法律風險之預防與管控，才能預防發生類似本案之法律責任與鉅額損失。

第五節　結語

國內定型化契約條款特色之一，乃同業彼此間相互觀摩同業使用之內容作為訂定之依據。因此若某一預擬之約款被認定為違法或顯失公平時，其法律風險亦存在於其他同業所預擬之定型化契約，則此等原屬單一、個別之約款即可能發生骨牌效應，後果將如骨牌之倒塌，直接或間接對使用相同條款之其他定型化契約產生連動與通盤之衝擊。例如前述信用卡定型化契約之正附卡持卡人須負連帶責任之約款，某一發卡銀行之條款被法院認定為無效時，其他銀行所使用之相同約款就須同受媒體無情之檢驗風險，主管機關也必須挺身而出，進行行業行為導正之措施，大張旗鼓之結果也損及其業之社會形象。因此企業必須正視此等不公平或不明確條款等條款與規制，對企業經營可能產生之潛在威脅。經營企業既存有各種發生法律風險與法律責任之可能，因此重視法律風險之預防與控管，應屬企業重要之工作。

綜上說明，謹提出三點淺見如下：

一、企業不要讓不公平、不對等之條款成為企業法律風險之導火線

定型化契約有其存在之必要性及正當性，已如前述，但企業在擬定契約條款時常為企業單方立場之考量，忽略遵守誠信、公平及對等原則，最終此種不公平、不對等之條款不僅無法通過司法之審查，所存在之法律風險與法律責任也無法達到企業擬訂定型化契約之目的。

二、 守法是企業避免發生法律責任首要之務

企業之經營，首要之務即為守法。在定型化契約之管理，除應定期檢核預擬之定型化契約或條款是否符合最新之相關法律規定，注意預擬之條款之適法性、妥當性以及兼顧雙方權益之對等性。具體而論，例如審閱期間之落實外，提供他方當事人詳實正確、透明、易於理解之必要資訊（如費用、風險）、重視應為與不得之自律規範，有所為有所不為，善用商業正確判斷原則，以減少決策之盲點與錯誤等等，以減少法律風險之發生並累積善盡企業社會責任之形象，達到企業永續目標。

三、善用訴訟外制度（ＡＤＲ）及線上爭議處理制度（ODR），快速處理與客戶爭議

企業一方面要重視法律風險之預防，另一方面，更要作好對法律風險之鑑別、控管並建立有效之機制。一旦發生糾紛（包括定型化契約糾紛），要以消費者之權益為重，善用申訴制度，快速負責回應契約他方當事人之合理期待，如申訴制度無法妥適圓滿處理爭議，也要善用訴訟外制度[24]（ADR）或採用線上爭議處理制度（ODR），盡快使爭議能獲得快速、妥適之處理，以控管法律責任之擴大。

附件

中國大陸部分法律風險著作之索引表

編號	書名／作者	出版社／出版年／分類號ISBN
01	步步為贏——房地產開發之法律風險識別與防範／趙紅魁	中國法制出版社／2010／7509318130
02	企業用工成本控制與法律風險防範／王樺宇	中國法制出版社／2010／7509317312
03	金融衍生交易規制及法律風險管理／郭燕、閻洪升	中國人民公安大學出版社／2010／7811399458
04	完美的防範：法律風險管理中的識別、評估與解決方案／吳江水	北京大學出版社／2010／7301161794
05	金融市場中的法律風險／（英）麥克羅米	社會科學文獻出版社／2009／7509711053
06	防火牆——人力資源法律風險提示全書／梁楓	中國法律圖書公司／2009／7511800165
07	從「封口費」說起：談媒體傳播法律風險規避與編採技巧／陳春彥	北京理工大學出版社／2009／7564028955
08	建築企業法律風險防範與化解：項目經理專輯／周月萍	中國法律圖書公司／2009／7503699078
09	企業人力資源管理：文書範本、風險提示、實例精要／劉韜、史津銘等三人（合著）	中國法制出版社／2009／7509315433
10	企業人力資源高級法律顧問叢書——中小企業勞動用工七大風險防範／胡燕林	中國法制出版社／2009／7509314844
11	企業風險管理與內部控制評價／高標	科學出版社／2009／7030255712
12	企業合同管理法律風險管理與防範策略／陳曉峰、陳明昊	中國法律圖書公司／2009／7503698039
13	《建設工程施工合同〈示範文本〉》法律：詳解及案例／王霽虹	遼寧科學技術出版社／2009／7538161295
14	企業風險管理／胡杰武、萬里霜	清華大學出版社(大陸)／2009／7811238039

（續前表）

編號	書名／作者	出版社／出版年／分類號ISBN
15	企業法律風險控制 ／李小海	中國法律圖書公司／2009 ／750369260x
16	傳媒業法律風險提示與案例讀本 ／北京市律師協會	中國法律圖書公司／2009 ／7503697083
17	商業銀行信貸法律風險精析 ／○（姓氏不詳）愛琪	中國金融出版社／2009 ／7504951749
18	企業法律風險管理的創新與實踐：用管理的 方法解決法律問題／本書編委會	中國法律圖書公司／2009 ／7503696184
19	生活中不可不知的110個刑事法律風險 ／馮汝義	中國法律圖書公司／2009 ／7503696753
20	企業裁員、調崗調薪、內部處罰、員工離職 風險防範與指導──企業人力資源高級法律 顧問叢書／王明茗	中國法制出版社／2009 ／7509312965
21	企業人力資源法律實務指引與對策──公司 投資與管理高級法律顧問叢書／黃新發、湯 雲周	中國法制出版社／2009 ／7509313112
22	企業管理人員不可不知的99種刑事法律風險 ／婁秋琴	中國法律圖書公司／2009 ／7503694106
23	人政警示：國家公務人員不可忽視的66種刑 事法律風險／趙運恒	中國法律圖書公司／2009 ／7503691018
24	企業破產清算法律風險管理與防範策略 ／陳曉峰	中國法律圖書公司／2009 ／7503690283
25	企業上市動作法律風險管理與防範策略 ／陳曉峰	中國法律圖書公司／2009 ／7503690380
26	企業稅務籌劃法律風險管理與防範策略 ／陳曉峰	中國法律圖書公司／2009 ／7503691859
27	企業國際貿易法律風險管理與防範策略 ／陳曉峰	中國法律圖書公司／2009 ／7503691921
28	企業投資融資法律風險管理與防範策略 ／陳曉峰	中國法律圖書公司／2009 ／750369193X
29	商・戒──公司、企業刑事法律風險防範 ／（註：著者不詳）	人民日報出版社／2009 ／7802164354

（續前表）

編號	書名／作者	出版社／出版年／分類號ISBN
30	中國福布斯落馬榜 ／陳曉峰	中國經濟出版社／2009 ／7501788804
31	企業生產管理法律風險與防範策略 ／包慶華	中國法律圖書公司／2009 ／7503689692
32	企業營銷法律風險與防範策略 ／包慶華	中國法律圖書公司／2009 ／7503689722
33	台商投資大陸法律風險解析及應對 ／鄧建國	中國法律圖書公司／2009 ／7503689978
34	企業家刑事法律風險防範 ／唐吉林	北京大學出版社／2008 ／7301140991
35	中小企業創業經營法律風險與防範策略 ／吳家曦	中國法律圖書公司／2008 ／7503686405
36	建設工程專項法律實務 ／周吉高	中國法律圖書公司／2008 ／7503686987
37	國際貨運代理業務中的法律風險防範 ／張嘉生	中國法律圖書公司／2008 ／7503686812
38	白領禁區 ／蔣昊	百家出版社／2008 ／7807038365
39	企業家如何阻止大敗局 ／趙曾海	中國法律圖書公司／2008 ／7503685344
40	駕馭風雲——企業家法律風險防範指南 ／汲斌昌	中國法律圖書公司／2008 ／7503686081
41	企業高級管理人員法律風險防範 ／陳曉峰	中國檢察出版社／2008 ／7801859316
42	警惕！溫水煮青蛙：職場法律風險警示讀本 ／包慶華	中國法律圖書公司／2008 ／750368299X
43	企業法律風險防範與管理叢書，合同時代的生存——合同簽訂、履約與糾紛預防／王冰	武漢大學出版社／2008 ／7307060825

（續前表）

編號	書名／作者	出版社／出版年／分類號ISBN
44	企業法律風險防範與管理叢書，完美的商業秘密管理——商業秘密保護與糾紛預防／王冰	武漢大學出版社／2008／7307061252
45	民營企業法律風險：識別與控制／李旭	中國經濟出版社／2008／7501755183
46	公司企業管理人員刑事法律風險與防範／婁秋琴	中國法律圖書公司／2008／7503681683
47	法律風險可以防範：一名會計人的執業感懷／張國峰	中國財政經濟出版社／2008／7509504848
48	《中華人民共和國勞動合同法》解讀與應用——法律風險防禦全攻略／熊春景	上海人民出版社／2007／7208074305
49	公司債權債務管理／田美玉	中國法律圖書公司／2007／7503677562
50	銀行消費信貸業務與風險防控／李愛東	中國金融出版社／2007／750494470X
51	電力企業法律風險防範與管理／呂振勇、劉洪林	中國電力出版社／2007／7508361520
52	公司法律風險防範與管理／王正志	中國法律圖書公司／2007／7503677392
53	公司法人治理及中小股東權益保護法律風險防範／陳曉峰	中國檢察出版社／2007／7801857992
54	企業知識產權法律風險防範／陳曉峰	出版社／年（不詳）／7801858220
55	企業併購的法律風險控制／肖金泉	中國民主法制出版社／2007／780219279X
56	UCP600適用與信用證法律風險防控／李金澤	中國法律圖書公司／2007／7503674865
57	企業對外投資中的法律風險及防範／馮楊勇	中國法制出版社／2007／7509300037
58	企業境內外上市的法律風險及防範／潘峰	中國法制出版社／2007／7509300061

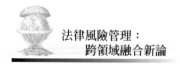
（續前表）

編號	書名／作者	出版社／出版年／分類號ISBN
59	企業併購的法律風險及防範／陳戈	中國法制出版社／2007／7509300096
60	企業信貸的法律風險及防範／蔡衛忠	中國法制出版社／2007／750930010X
61	企業簽約的法律風險及防範／黃金華	中國法制出版社／2007／7509300118
62	企業訴訟的法律風險及防範／唐曉春	中國法制出版社／2007／7509300126
63	企業破產的法律風險及防範／唐曉春	中國法制出版社／2007／7509300134
64	企業電子商務中的法律風險及防範／張樊	中國法制出版社／2007／7509300142
65	大眾——九益法律館：建設施工合同法律風險及防範／（作者不詳）	中國商業出版社／2007／7504458996
66	供電員工常見法律風險與防範／天津市電力	北京三聯書店／2007／7508352874
67	整合進行時——企業全面風險管理路線圖／華小寧、梁文昭、陳昊	復旦大學出版社／2007／7309054105
68	物流企業法律風險與管理對策／包慶華	中國紡織出版社／2007／7506441551
69	商貿企業法律風險與管理對策／包慶華	中國紡織出版社／2007／750644187X
70	總裁的陷阱／王榮利	浙江人民出版社／2006／721303376X
71	企業法律風險評估／向飛、陳友春	中國法律圖書公司／2006／7503662077
72	企業E化——電子商務與法律風險／馮震	北京大學出版社／2006／7301097255
73	現代企業法律風險與防範技巧解析／包慶華	中國紡織出版社／2006／7506436094

（續前表）

編號	書名 / 作者	出版社 / 出版年 / 分類號ISBN
74	商業秘密、商業賄賂：法律風險與對策 / 張玉瑞	中國法律圖書公司 / 2005 / 7503654279
75	銀行法律風險控制典型案例探析 / 張煒	中國法律圖書公司 / 2004 / 7503651245
76	個人金融業務與法律風險控制 / 張煒	中國法律圖書公司 / 2004 / 7503647515
77	電子商務安全風險管理與控制 / 才書訓	東北大學出版社 / 2004 / 7811020645
78	銀行國際業務與法律風險控制 / 王麗麗	中國法律圖書公司 / 2004 / 7503647736
79	企業併購重組法律風險防範 / 陳曉峰	中國檢察出版社 / 2007 / 7801857968
80	買賣合同簽訂技巧 / 欒兆安	中國法律圖書公司 / 2006 / 7503667117
81	房屋買賣合同簽訂技巧 / 欒兆安	中國法律圖書公司 / 2006 / 7503667125
82	不懂法律就當不好經理 / 趙濤	北京工業大學出版社 / 2008 / 7563918728
83	金融服務法評論——第一卷 / 郭峰	中國法律圖書公司 / 2010 / 751180635X
84	中國信託法律操作實務 / 關景欣	中國法律圖書公司 / 2008 / 7503682418
85	金融法苑 / 北京大學金融法研究中心	中國金融出版社 / 7504947946
86	最新企業勞動合同風險應對全攻勢 / 余薇	中國法制出版社 / 2008 / 7509308496
87	2008全國企業法律顧問執業資格考試複習指南：企業法律顧問實務分冊 / 本書編寫組	經濟科學出版社 / 2008 / 750587067X
88	2008全國企業法律顧問執業資格考試複習指南：綜合法律知識分冊 / 本書編寫組	經濟科學出版社 / 2008 / 7505870726

（續前表）

編號	書名／作者	出版社／出版年／分類號ISBN
89	公司投資管理 ／劉瑛	中國法律圖書公司／2007 ／750367640X
90	技術轉讓法律實務 ／歐陽光	中國法律圖書公司／2007 ／7503674571
91	招標投標法律實務 ／歐陽光	中國法律圖書公司／2007 ／7503674873
92	企業改制重組法律實務 ／鐘亮	中國法律圖書公司／2007 ／7503674083
93	企業特許經營法律實務 ／歐陽光	中國法律圖書公司／2007 ／7503674164
94	企業產權交易法律實務 ／張杰斌	中國法律圖書公司／2007 ／7503674997

備註：1.上述索引資料取材自三民網路書局截至2010年6月之簡體字資料。
2.轉錄之資料如有疑義，請以三民網路書局之資料為準。

註 釋

* 方國輝，現為東吳大學、世新大學二校法律學系、中央警察大學法研所、雲林科大科法所兼任副教授。

1 請參閱民法第247之1條前段及消費者保護法第2條第9款。

2 唐淑美主編，《法律風險管理》，財經法律系叢書，亞洲大學，2011年7月，頁4。

3 方國輝，《企業法律責任及法律控管之研究》，同前註2，頁167。

4 有關大陸學者出版之法律風險著作，可參閱三民網路書局簡體字書目。

5 李小海，《企業法律風險控制》，法律出版社，2009年7月，頁43以下。

6 中華法律風險管理學會之設立宗旨與活動情形，請參閱該學會網頁。

7 陳猷龍，《保險法論》，瑞興圖書股份有限公司，2010年2月，頁39。

8 同前註3。

9 消保法第13條規定如下：「定型化契約條款未經記載於定型化契約中者，企業經營者應向消費者明示內容；明示其內容顯有困難者，應以顯著之方式，公告其內容，並經消費者同意受其拘束者，該條款即為契約之內容。前項情形，企業經營者經消費者請求，應給與定型化契約條款之影本或將該影本附為該契約之附件。」

10 請參閱民法第98條。

11 請參閱保險法第54條第2項。

12 請參閱消保法第11條第2項。

13 同前註5，頁45。

14 上述統計資料係取自前行政院消費者保護委員會網站。

15 同前註14。

16 消費者權益為各國消費者保護之核心。除我國消保法第二章明文規定消費者權益外，美國已故甘乃迪總統提出消費者四大權益後，聯合國、歐盟及世界性之消保團體都對消費者權益有不同範圍之陳述，相關可供參考之文獻甚多。

17 請參閱方國輝在財團法人金融研訓院之「消費者信用法制授課講義」。

18 該等條款在範本中業經中央主管機關協調相關業者修正。

19 有關不公正定型化契約條款第2至第10之例，請參閱楊淑文，《新型契約與消費者保護法》，元照出版，2006年4月，頁79-80。

20 劉春堂，《民法債編通則(一)契約法總論》，三民書局總經銷，2001年初版，頁101-102。

21 台灣板橋地方法院95年度小上字第58號民事判決。

22 台灣台北地方法院96年度簡上字第635號民事判決。

23 台灣台中地方法院96年度訴字第2331號民事判決。

24 訴訟外制度包括和解、調解、仲裁等機制，在國外稱此為Alternative Dispute Resolution （簡稱ADR）。

參考文獻

1. 劉春堂，《民法債編通則(一) 契約法總論》，三民書局總經銷，2001年初版。

2. 陳猷龍，《保險法論》，瑞興圖書股份有限公司，2010年2月。

3. 詹森林，〈消費者保護法〉，學林文化事業有限公司《學林分科六法》，2000年12月。

4. 楊淑文，《新型契約與消費者保護》，元照出版社，2006年4月，二版。

5. 《消費者保護法判決函釋彙編（1-7）》，台北，行政院消費者保護委員會，1998-2006年。

6. 馮震宇等四人合著，《消費者保護法解讀》，元照出版社，2005年5月。

7. 劉靜怡、黃宏全、李冠志，〈定型化契約及不公平條款〉（收錄於參加第十屆國際消費者法會議報告），行政院消費者保護委員會，2005年11月。

8. 劉宗榮，《定型化契約論文專輯》，三民書局，1993年9月，再版。

9. 《銀行定型化契約之研究》，財政部金融局，金融人員研究訓練中心，1999年7月。

10. 羅昌發、黃鈺華、蔡佩芳、李世祺，《企業法律風險之管理手冊》，元照出版社，2001年1月，初版2刷。

11. 唐淑美主編，《法律風險管理》，亞洲大學財經法學叢書，自行出版，2011年7月。

12. 李昌麒、許明月，《消費者保護法》，司法部法學教材編輯部，中國，法律出版社，1997年5月。

13. 徐瀾波，《消費者和消費者保護法律研究》，中國，上海遠東出版社，1995年6月。

14. 陳長文等著，《財經法律與企業經營——兼述兩岸相關財經法律問題》，元照出版社，2002年5月。

15. 李小海，《企業法律風險控制》，法律出版社，2009年7月。

16. 李旭，《民營企業法律風險識別與控制》，中國經濟出版社，2008年3月。

17. 唐青林等著，《企業家刑事法律風險防範》，北京大學出版社，2008年11月。

18. 劉宗榮，〈論免責約款之訂入定型化契約〉，《台大法學論叢》，第11卷2期，1982年。

19. 劉宗榮，〈定型化契約條款之研究〉，《台大法學論叢》，第4卷2期，1975年。

20. 范建得，〈初探我國消費者保護法定型化契約規定之體系〉，《律師通訊》4月號，第199期，1996年。

21. 邱惠美，〈定型化契約範本之檢討〉，《消費者保護研究》，第10輯，行政院消費者保護委員會，2004年12月。

22. 邱惠美，〈日本消費者法簡介——以消費者契約法為中心〉，《消費者保護研究》，行政院消費者保護委員會編印，2003年。

23. 張麗方，《消費者保護法研究》，中國，法律出版社，2003年。

Chapter *3*

企業公司治理應防範之法律風險

李禮仲[*]

企業公司治理應防範之法律風險

摘　要

　　企業經營的管理過程中存在許多風險，有自然風險、市場風險、社會風險、政策風險、金融風險及法律風險等。又以法律風險尤爲突出，其具體表現像是企業家對法律了解甚少及其依法保護自己合法權益的手段和能力的欠缺。此一問題若長期不獲解決，不但影響企業持續、健全與穩定發展，更會增加企業和個人觸犯法律的風險。

　　企業若存有透過政商勾結、人際關係、甚至暴力的方式來解決問題的想法，將僅能一時奏效，甚至適得其反而可能觸犯法律。對於一個成功的企業家而言，必須合理看待法律這一把「雙刃劍」，以法律防範問題和解決問題，才是唯一經營企業正規途徑，才能合理規避經營、管理的法律風險。

　　企業的經營管理越來越需要建立一套完整系統的法律風險防範機制，對於存在潛在法律風險的事項，應採取事先預防、事中控制及事後補救的方法，以減少法律風險的發生，避免造成不必要的損失，從而使企業得以健全、穩定、快速的發展。

　　本文首先就企業經營之法律風險定義加以明確化，並探討企業經營之法律風險之成因與種類，與分析企業經營之法律風險之樣態，並就企業經營之法律風險的評估與防範予以探討，以爲結論。

關鍵字：企業經營風險、法律風險、法律風險定義、法律風險之成因、法律風險之樣態、法律風險防範機制。

第一節　前言

　　企業經營的管理過程中存在許多風險，有自然風險、市場風險、社

會風險、政策風險、金融風險及法律風險等。又以法律風險尤為突出，其具體表現像是企業家對法律了解甚少，及使用法令保護自己合法權益的能力欠缺。此一問題若長期不獲解決，不但影響企業持續、健全與穩定發展，更會增加企業和個人觸犯法律的風險。

職是，企業只有對法律風險有充分的認識和防範，才能夠得到平穩、健全地發展和壯大。企業若存有透過政商勾結、人際關係、甚至暴力的方式來解決問題的想法，將僅能一時奏效，甚至適得其反而可能觸犯法律。對於一個成功的企業家而言，必須合理看待法律這一把「雙刃劍」，以法律防範問題和解決問題，才是唯一經營企業正規途徑，才能合理規避經營、管理的法律風險。

本文首先就企業經營之法律風險定義加以明確化，並探討企業經營之法律風險之成因與種類，與分析企業經營之法律風險之樣態，並就企業經營之法律風險的評估與防範予以探討，以為結論。

第二節　企業經營之法律風險定義

企業經營法律風險係指依法律規定，於企業經營過程中，因法律之規定或違法之行為而影響企業經營成本、獲利及損害公司形象。

企業經營法律風險分為以下二種情況：

1. 法律本身產生的風險

包括法律制定和廢止對企業的影響。例如土地稅提高，必將對企業的經營成本產生影響。這就是法律規定本身產生的經營風險，對於法律規定本身產生的風險，企業是無法抗拒的。

2. 企業經營行為違反法律產生的風險

例如，由於對法律關注程度較低，某些企業投機取巧，仿造知名品牌，因而觸犯法律，而需面對法律制裁。

第三節　企業經營之法律風險之成因與種類

企業經營法律風險主要來自兩個方面：(一)法律環境因素，包括立法不完備，執法不公正，契約相對人失信、違約、欺詐等等；(二)企業自身法律意識淡薄，對法律環境認知不夠，經營決策不考慮法律因素，甚至故意違法經營等。

相比之下，後者企業自身引起的法律風險比例較高，主要原因是企業法律意識和依法治理的能力與法律環境變化存在差距。

企業自身法律風險成因，主要有三方面：一、是相當一部分企業內部法制基礎工作比較薄弱，沒有充分意識到加強企業法制建設，對防範企業經營風險的重要性，以及企業法制建設不自覺、不主動；二、是部分企業防範法律風險的意識仍然不強。主要表現在一些重大投資決策、重大經營活動或企業改造工作等，前期工作缺少法律工作人員的參與。有的企業雖設立了法律事務機構，但在其使用上仍侷限於事後補救，以處理企業法律糾紛為主，企業法律事務機構沒有發揮應有的作用；三、有一些企業依法經營的意識不夠，或因法律意識淡漠不自覺地違法經營，或認為只要是公司的利益就可以不顧法律約束，或存在鑽法律漏洞的僥倖心理。

一般而言，企業經營之法律風險可以分為三種類：

一、企業經營人對內之法律責任

企業經營人對內之法律責任，主要探討企業經營人（董事、經理人）與公司間存在著「委任」契約關係，在委任契約關係下，董事若受有報酬者，應負有善良管理人注意義務（民法第535條），經理人在執行職務時，若未善盡其注意義務，致公司受有損失時，應對公司負債務不履行之損害賠償責任。

在公司法中，就經理人方面，則具體規定：(1)經理人因違反法令章程或股東會決議或董事會決議，或逾越其權限，致公司受有損害時，對於公司負賠償之責（第34條）；(2)除非經董事或執行業務股東過半數同意，經理人不得兼任其他營利事業之經理人，並不得自營或為他人經營同類之業務（第32條）。

就公司負責人方面，若其使公司從事違反公司法所禁止之行為，例如違反轉投資比例限制、以短期債款支應增加固定資產所需資金、將公司資金貸與股東或任何他人、違反公司不得保證（除非章程許可）之規定等，負責人須對公司所受損害負賠償責任（第13至16條）。

就董事會方面，董事會執行業務若未依法令、章程及股東會決議，致公司受有損害時，參與決議之董事，除非有書面得證明其表示異議，應對於公司負賠償之責（第193條）。此外，與經理人相同，除非經股東會決議許可，董事亦不得為與公司競業之行為，否則公司在一年內得行使歸入權，將董事競業行為之所得，視為公司之所得（第209條）。

二、企業經營人對外之法律責任

企業經營人對外之法律責任主要探討公司負責人，在業務執行上，如有違反法令致他人受有損害時，對他人應與公司負連帶賠償之責（公司法第23條）。公司負責人，在有限公司及股份有限公司，係指公司之董事（不限於董事長）；經理人在執行業務範圍內，亦為公司負責人（第8條）。所以，企業經營人除董事外，公司經理人在執行業務範圍內，如有違反法令致他人受有損害時，對他人應與公司負連帶賠償之責。

在關係企業方面，控制公司（母公司）直接或間接使從屬公司為不合營業常規或其他不利益之經營，而未於營業年度終了時為適當補償，

致從屬公司受有損害者，應負賠償責任。此時，若控制公司負責人使從屬公司為前述經營者，則應與控制公司負連帶賠償責任（第369條之4）。

三、企業經營人對行政法規下之責任

企業經營人在行政法規下之責任，則是就企業經營人所需遵守之行政法規，如稅法、環保、勞動安全、公平交易等，加以探討。對於違反強制規定者，或處罰公司負責人，或採取二罰規定（即同時處罰公司與公司負責人），使企業經營人極有可能因下屬之違法疏失，致受到鉅額行政罰鍰，甚至刑事處罰[1]。

第四節　企業經營之法律風險樣態

企業法律風險主要表現於九個法律風險樣態。概括說來，企業經營管理過程中的法律風險主要包括以下幾方面：(一)企業設立時，營運中的法律風險；(二)契約訂立、履行過程中之法律風險；(三)企業併購法律風險；(四)智慧財產權法律風險；(五)人力資源管理法律風險；(六)企業財務稅收法律風險；(七)消費者保護法之風險；(八)公平交易法在契約關係中適用之風險；(九)企業融資風險；(十)國際私法，以及(十一)仲裁法。分別詳述如下：

一、企業設立時，營運中的法律風險

企業在設立過程中，企業的發起人是否對擬設立的企業進行充分的法律設計，是否對企業設立過程有充分的認識和計劃，是否有能力完全履行設立企業的義務，以及發起人本人是否具有相當的法定資格，這些都直接關係到擬設立企業，能否具有一個合法與良好的設立過程。

換言之，一個具有專業的法律設計及規範的企業，在設立過程中就成功了一半。如果在企業設立之初，企業就存在著法律上的瑕疵，那麼必然會在企業日後的運作過程中，埋下深遠的法律風險隱憂。

企業設立過程中的法律瑕疵，雖然並不一定在短期內會引發企業之法律危機，但只要不排除，必然會以一種法律風險存在著；一旦發生，對企業來說，很可能就是一個致命打擊。

另外，企業的股權結構是否合理、公司治理結構是否完備、監督控制機制是否健全、高階經理人員之間的權力如何制衡等，如果這些問題在企業運營過程中無法妥當安排，很可能會「禍起蕭牆」，企業內部出現爭端，將直接影響到企業的健全發展。

 ## 二、契約訂立、履行過程中之法律風險

契約是市場經濟中企業從事商務活動時，所採取最為常見的基本法律形式。亦即，契約是貫穿於企業經營的過程，只要有商務活動的存在，將必然會產生契約。

契約當事人在訂立契約同時，考慮多是契約利益而非契約風險。契約在避免交易行為不確定性的同時，也可能由於契約約定的缺陷，而為當事人埋下法律風險。所有的企業都是在與各類不同的主體不斷地商業交易中獲取利益，且契約在企業經營中的廣泛應用，而從決定訂立契約、履行契約過程時，法律風險便無時不在。

近年來，隨著法律意識的增強，很多企業已經重視契約的訂立；在要約、承諾過程中，都聘請律師參與，甚至請律師起草契約文本。對於很多商務契約而言，簽訂好契約只是一個良好的開端，契約的履行才是真正重要的環節。

契約履行過程中雙方的來往函件、備忘錄、會談紀要、傳真、電子數據等都是寶貴的證據，都要注意整理和保存。相對於契約文本的法律

風險，契約履行的法律風險類型更多，範圍更廣，管理和防範的難度更大。

 ## 三、企業併購法律風險

在全球化的催化下，企業併購逐漸成為現代投資的一種主流形式，而這一複雜的資產運作行為，必須置於健全的法律控制之下，才可充分發揮企業併購的積極效果。

從法律風險的角度看，企業併購並沒有改變原企業的資產狀態；對收購方而言，法律風險並沒有變化[2]。因此，企業併購的法律風險主要表現在企業兼併中。

企業兼併法繁多，其涉及公司法、企業併購法、公平交易法、稅法及智慧財產權法等法律法規，且操作複雜，對社會影響較大，潛在的法律風險較高[3]。

 ## 四、智慧財產權之法律風險

目前，我國很多企業對智慧財產權保護意識很強，大多站在企業生存之根來認識智慧財產權的市場價值和經濟價值。智慧財產權包括商標權、專利權、著作權、營業秘密法等權利，是蘊涵創造力和智慧結晶的成果，其客體是一種非物質形態的特殊財產（權利），要求相關法律給予特別規定。

在智慧財產權領域裡，保護和侵權是一對孿生兄弟，企業稍有疏忽，自己的智慧財產權將輕易地被別人侵犯，稍有不慎，亦可能自己侵犯了別人的智慧財產權。無論是侵權還是被侵權，都將面臨著巨大的法律風險。「阿里山」、「梨山」等台灣知名農特產品在大陸被搶註為商標即是最好的例子。如果從企業自身找原因的話，決策層和顧問律師風險防範意識欠缺可能是最重要的因素之一。

五、人力資源管理法律風險

在我國，與人力資源有關的法律法規主要是勞動基準法和相關行政法規及部門規章。在企業人力資源管理過程的各個環節中，從招聘開始，面試、錄用、聘用、簽訂勞動合同、員工的待遇問題直至員工離職，都受相關的勞動法律規範。

企業任何不遵守勞動法律的行為，都有可能給企業帶來勞動糾紛，亦可能會造成企業的不良影響。

另一方面，企業為了長遠發展，往往會花費很大代價來培養主要幹部、技術幹部，這些幹部大多掌握著企業大量的客戶資料、商業秘密及技術秘密等核心機密。而隨著企業的發展壯大，主要幹部的期望值也會水漲船高，一旦企業不能滿足忠誠度不高之幹部要求，多以跳槽相威脅。

員工的高跳槽率與對企業的低忠誠度，是目前困擾很多企業最為嚴重的人事問題。跳槽幹部往往會帶走企業寶貴的客戶資源、商業機密、技術機密，這些幹部有的流向競爭公司，或者選擇自己創業，抑或選擇同行業的其他企業，並很快就會成為企業新的競爭對手，逐步蠶食企業的資源和市場。

六、企業財務稅收法律風險

近些年來，企業涉財涉稅案件大量湧現，從一定側面可以看出，企業在財務稅收方面的法律風險日益增高。在我國目前的財稅政策環境下，雖可分清楚合理避稅與漏稅的界限，但如果處理不當，企業很可能要蒙受不必要的經濟損失，甚至負責人要負起刑事責任，蒙受牢獄之災。

七、消費者保護法之風險

我國消費者保護法通過生效於1994年。由於這部法律制定的目的是在保護消費者，所以它不適用於商人之間或商人與政府機關間之交易行為；消費者保護法主要規範的是事業與消費者間關於商品或服務的交易行為。

我國消費者保護法提供了消費者高度的保護。依照消費者保護法的規定，即使事業沒有任何過失，消費者仍然可以請求該事業賠償，理由是因為使用其產品或接受其服務所肇致的損失或損害。而設計者、製造者與服務提供者，都必須負擔無過失責任；即使設計者、製造者或服務提供者，可以證明它們已經盡了應盡的注意義務，甚至於最高的注意責任，也無法免除法律責任（消費者保護法第7條）。

假設事業是商品或服務的銷售者，但並非製造者，除非可以證明已盡相當的注意義務，否則就必須對消費者所受的損失負責。也就是說，假如企業可以證明沒有過失，那麼將可以不負任何責任。否則，就必須與製造者或服務提供者負連帶賠償責任。

當有事實顯示企業有回收商品的必要時，企業就有責回收已出售的商品，以避免危害到消費者的安全與健康（見消費者保護法第10條）。政府當局亦可能會要求回收。

如果商品是自國外輸入的，那麼輸入者將被要求負擔和設計者、製造者及服務提供者一樣的無過失責任（消費者保護法第8條）。

另消費者保護法針對事業所訂定的契約條款，在消費者之保護上有一些特別的設計[4]。因為在事業使用預先擬訂的契約和消費者訂約時，契約中的條款可能對消費者不利；對於這種契約，我們通常稱之為「定型化契約」，以表示消費者對契約中的條款通常沒有談判能力，無法要求變更契約內容。

 法律風險管理：
跨領域融合新論

八、公平交易法在契約關係中適用之風險

公平交易法的規範可以分為兩大部分：限制競爭行為及不公平競爭行為。任何想要在台灣從事商務活動的事業，都必須對這部法律的規定有所了解，以避免不小心觸犯其規定。

公平交易法在規範限制競爭行為主要有四種，茲將分別臚列如下：

1. 獨占事業市場力量的濫用

公平交易法並不禁止獨占的存在，其僅禁止獨占的濫用。

2. 水平聯合

在台灣，我們稱之為「聯合行為」。舉例來說，假設兩個公司共同決定價格，或約定銷售區域，或甚至從事共同銷售或共同購買，都會被認為違反公平交易法的規定。（公平交易法第14條）。

3. 合併及併購行為

合併與併購行為雖然不被禁止，但是如果合併或併購的結果將會形成獨占或寡占，就會產生競爭政策的考量。當事業的營業規模超過某個門檻時，其必須向公平交易委員會申請核准結合；而公平交易委員會在決定一個申請案是不是應該核准時，則是依照公平交易法第12條所規定的標準，依據結合對於整體經濟的利益是不是超過限制競爭的不利益作決定。

4. 垂直限制

如果供應商採取一些銷售策略，諸如約定維持轉售價格、搭售、限制交易對象或交易地區，在某些情況下將會被認為違反公平交易法。

如果一個具有某種程度市場力量的事業強迫交易相對人接受某些不公平的交易條件，那麼其將構成公平交易法第19條「以不正當限制交易

相對人的事業活動爲條件，而與交易相對人交易，致有妨礙公平競爭之虞的行爲」。

公平交易法涵蓋了相當廣泛的不公平競爭行爲，並禁止事業採取這些不正行爲。諸如第20條關於仿冒行爲的禁止、第21條虛僞不實的記載或廣告、第22條妨害商譽的禁止、第23條多層次傳銷的管理，以及第24條有關其他不正行爲的禁止。

九、企業融資風險

資金是企業的命脈，是企業生存與發展的基石，而融資則是獲得資金快捷且有效的方式。不同的企業，從不同的角度，在不同的階段所遇到的困難和需求均不相同，在此只能作簡單概述，具體方法只能根據具體問題來做詳實分析。以下主要是從易產生法律風險的非金融機構融資方式作簡單闡述：

1. 注意防範無效借貸契約

自然人與非金融企業之間的借貸屬於民間借貸。只要雙方當事人意思表示眞實就是有效的，但是企業之間的借款契約是無效的。基於此行爲而產生的抵押、質押、保證契約亦是無效的，放款企業不僅不能獲得利息，且若沒有擔保，回收借款還具有一定的難度。

2. 勿非法融資

非法融資是國家法律嚴格禁止的行爲，我國刑法規定以非法佔有爲目的，使用詐騙方法非法集資，數額較大的，應追究融資人相對應的刑事責任。另外，企業以借貸名義向職工非法集資、企業以借貸名義非法向社會集資也是無效行爲。

3. 保證契約中的法律問題

企業在融資時，債權人一般會要求債務人提供擔保。在提供保證時要注意以下兩個方面：(1)注意保證人資格之法律限制。法律規定國家機關不得為保證人，企業法人的分支機構、職能部門不得為保證人。企業法人的分支機構有法人書面授權的可以在授權範圍內提供保證；(2)注意區分連帶保證與一般保證人。當事人在保證契約中約定債務人不能履行債務時，由保證人承擔保證責任的，即謂為一般保證[5]；連帶保證指的是：保證人與主債務人負同一債務，對於債權人各自負有全部給付的責任。

十、國際私法（即「涉外民事法律適用法」）

與其他國家的規定相似，都允許契約當事人決定應適用的法律。因此，如果契約內容含有涉外因素，當事人就可以在契約中約定準據法。當契約當事人一方是一個外國公司或自然人、或契約標的物在國外、或相關行為是在國外完成時，通常契約會被認為含有涉外因素。約定準據法的條文，例如：「本契約應適用中華民國法」。

如果當事人約定準據法的適用，這時候法院就必須依照「涉外民事法律適用法」第6條第2項的規定決定準據法：當事人的意思不明時，當事人如果是同國籍人，就適用當事人的本國法。假如當事人不同國籍時，適用行為地為行為地；如果相對人不知道發要約通知地在何處時，則以要約人的住所地視為行為地。

十一、仲裁法

契約當事人可能會約定如果有爭議產生，必須經由法院程序或仲裁程序解決爭端。

假設當事人決定以仲裁方式解決爭議，必須明白表達其意，及設定

仲裁機構，否則當事人其中一方可能會對他方，向任何仲裁機構提付仲裁。以下有三個關於仲裁條款的範例：

「任何與本契約有關的爭議，如果無法和平解決應由依國際商會的仲裁規則所指定的仲裁人，依照該仲裁規則作最終的裁決，並應在台北進行仲裁。」

「任何與本契約有關，或因本契約而生的爭執或爭議，當事人雙方應和平解決之。如果爭議無法和平解決，當事人應依中華民國仲裁法在台北提交仲裁。」

「與本契約有關或因本契約所生的爭執，雙方同意以台灣台北地方法院為第一審管轄法院。」

當訂定契約的時候，必須在契約中同時約定仲裁條款與管轄條款。當事人把仲裁條款及管轄條款沒有同時約定在一份契約內的情形，這將導致在解釋契約條款時，對於當事人雙方是不是有意將爭議提付仲裁，產生認定上困難。

第五節　企業經營之法律風險之評估與防範

由上述可知，法律風險變成實際損害的原因至少包括：(一)企業經營人對於本身法律義務之誤認、輕忽、缺乏意識；(二)蓄意違反法律之投機心態；(三)對於下屬員工的管理與訓練不確實。因此，欲避免法律風險變成企業損害或減低企業損害，建議企業至少採取以下措施：(一)加強法律風險意識與認識；(二)建立評估與控管機制；(三)分散風險以降低損失（例如投保經營人責任保險）[6]。

建立健全法律風險防範機制，首先必須強化風險意識。企業必須要認識到，法律風險一旦發生，會給企業帶來嚴重的後果，但法律風險事前是可防範的。

其次，必須完善工作體系。建立健全法律風險防範機制，要與加快

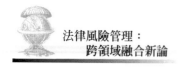

建立現代企業制度、完善法人治理結構有機結合起來，使法律風險防範成爲企業內部控制體系的重要組成部分。

另外，必須加快以企業總法律顧問制度爲核心的企業法律顧問制度建設。我國企業法律顧問制度建設與國外，特別是歐、美等國家相比還存在較大的差距。儘管目前全國企業法律顧問已超過千人，但大多數企業法律顧問專業人才相對短缺，有的企業甚至連一名專職的法律專員都沒有。

第三，企業必須重視契約管理、智慧財產權管理和授權管理。加強契約管理是防範企業法律風險的基礎性工作，要建立以事前防範、事中控制爲主及事後補救爲輔的契約管理制度。

最後，強化公司治理（corporate governance）制度與踐履企業社會責任（corporate social responsibility）[7]，亦可防範法律風險的產生。

第六節　結論

法律風險之產生乃因法律有不足之處，或雖有法律但政府執行不力，導致鑽營法律漏洞者乘虛而入，造成了法律正義外表之挫傷，更重要的是司法之威信喪失。就經濟層面而言，法律可爲經濟發展創造出一個公平競爭的環境並保護消費者的市場機制，倘若因法律之不周延而造成法律風險，則因經濟是一體的，受害者可能不只是大眾，亦恐包括自認得利鑽營法律漏洞者。

企業的經營管理中越來越需要建立一套完整系統的法律風險防範機制，對於存在潛在法律風險的事項，應採取事先預防、事中控制、事後補救的方法，減少法律風險的發生，避免造成不必要的損失，從而使企業得以健康、穩定、快速的發展。

另一方面，爲避免企業鑽營法律漏洞而引發法律風險，政府應教育人民建立正確的法律觀，提升人民的法治觀念，才能建立一個有秩序的

市場經濟，使投資者有信心投入資金，有創造力的人則能確信其創造物的經濟效益受法律之保障。因此，法律風險降得愈低，則愈有利企業之發展。

註 釋

* 李禮仲，世新大學法律學院兼任副教授，美國威斯康辛州立大學法學博士（S.J.D.），曾任行政院公平交易委員會委員。

1 例如：企業於給付授權金予國外法人或自然人時，應辦理扣繳，若未扣繳，則扣繳義務人即負責人，應補繳稅款甚至被課罰鍰；水污染防治法第36條：「事業不遵行主管機關依本法所為停工或停業之命令者，處負責人一年以下有期徒刑。」

2 企業併購之原因有：一、有效資源整合；二、強化企業國際競爭力；三、彰顯企業潛在價值；四、國際化佈局；五、企業集團瘦身；和六、產業秩序重新洗牌。

3 企業購併所涉及之法律問題有：內線交易之禁止（證交法第175條之1）、債權人之保障（公司法第73-75條；企併法第23條）、少數股東之保護（股份收買請求權）（公司法第186及317條、企併法第12及19條）、及下市規定（台灣證券交易所股份有限公司營業細則第51條第1項）。

4 有關定型化契約的解釋，有兩個規定是特別值得一提的：1.定型化契約條款內容如果有疑義時，應該做有利於消費者的解釋；2.定型化契約中的條款如果違反誠信原則，或者對消費者顯失公平，該條款將被認為無效。而在下列情形，法律將推定定型化契約條款顯失公平：(1)契約條款違反平等互惠原則；(2)條款與其所排除不適用的任意規定的立法意旨顯失互相矛盾；(3)契約的主要權利或義務因為受該條款的限制，導致契約的目的難以達成。

5 民法第739條：（保證之定義）稱保證者，謂當事人約定，一方於他方之債務人不履行債務時，由其代負履行責任之契約。

6 張炳煌，《企業經營之法律風險與管理(四)》，2007年1月17日。

7 公司治理的主要議題：(一)獨立董事（independent directors）或外部董事的問題；(二)併購與公司治理績效的問題；(三)國際之間有關公司治理體系的「匯合」（convergence）問題，包括在東亞金融危機之後的相關調整；(四)公司融資法制與公司控制之間的關係；(五)從公司治理角度探討國營事業、民營化以及金融制度等較具體制度面的問題；(六)從債券發行、企業破產與重整、改組等角度探討公司治理的問題；(七)從市場競爭的角度觀察競爭機制如何迫使公司加強內部的組織與運作的健全性，如何加強公司治理與公司績效，以及如果市場競爭程度不足，因為享有獨占利益以致腐化公司治理的機制的情形。

Chapter 4

公司負責人之公司治理義務與法律責任風險

朱從龍[*]

摘　要

　　本文首先探討公司負責人所面對公司法第23條有關公司治理之民事法律義務與責任之風險。此種法律風險一方面源自於公司治理原則範圍之不確定性，例如公司治理之範疇，常因應各國家或地區之法制需求，而產生不同之內涵與原則。

　　法律風險另方面的來源則係我國在引進公司治理原則或移植外國之公司治理法制時，常增刪修正公司法及證券交易法令，但有時法令並未對自國外移植而來之法律名詞詳加定義，以致於行政機關與司法機關對法律之解釋適用產生差異。而且在重視公司治理之現實環境影響下，行政機關執行法令之強度、執法機關執法之重點、甚至司法機關之判決，恐皆難免存有變數。公司負責人所需負擔新增法令義務與責任之程度與範疇，即有因前述不確定性、差異性及變數所帶來之風險。

　　其次，本文將介紹企業併購法第5條之類似規定，及證券交易法課與公司負責人之民事義務與責任。公司治理係針對上市櫃公司之重要監管法則，故本文亦略述公司負責人所面對證券交易法之民事法律責任風險。

　　本文之結構分為三部分：第一部分為前言，敘述本文緣起、探討主題及研究方法；第二部分則探討公司負責人於公司治理原則下，依法所負之法律義務及責任之風險，除介紹公司治理之理論外，並擷取我國司法實務有關公司負責人民事責任之類型，俾供公司負責人了解其所面臨之法律風險，期能予以預防，或妥善處理已經發生之法律責任案件；第三部分則為結論。

關鍵字：公司治理、公司法第23條、受託人義務、忠實義務

第一節　前言

　　企業所有人亦即股東，若未全部參與企業之經營，而由部分股東或董事掌控經營權時，稱之為「企業所有與企業經營分離」，有時會產生掌控經營權者徇私自己之現象[1]，因此，如何建立讓股東能控管經營者之機制，即成為早期公司治理（corporate governance）討論的課題[2]。爾後，隨著區域性和全球性的經濟或金融風暴的爆發，世界主要國家及地區對於公司治理的討論，除了改善股東控管經營者之機制外，尚注重保護股資大眾、以及維護證券市場之穩定性及公平性等議題，故公司治理之範疇常因應各國家或地區之法制需求，而有不同之內涵與原則[3]。例如國際組織所公佈之公司治理原則，內容就已擴張及於公開發行公司之透明性[4]。因此，公司治理原則之意義及範圍，存有不確定性，對於掌控經營權而需負擔法令義務與責任之公司負責人而言，自存有一定之風險。

　　其次，我國在引進公司治理原則或移植外國之公司治理法制時，常進行公司法及證券交易法令之增刪修正，如果法令並未對所移植之法律名詞詳加定義，則行政機關如何界定依法行政之標準、司法機關又如何解釋適用該新修正之法律？二者間容或存有若干差異。何況在重視公司治理之現實環境影響下，行政機關執行法令之強度、執法機關執法之重點、甚至司法機關之判決[5]，恐皆難免存有變數。因此，公司負責人所需負擔新增法令義務與責任之程度與範疇，即有因前述不確定性、差異性及變數所帶來之風險。舉例言之，我國為加強公司治理，引進英、美法之「受託人義務」（fiduciary duty），而在公司法第23條有關公司負責人之義務責任之條款中，增訂第1項有關「忠實義務」（duty of loyalty）之規定，但公司法並未定義「忠實義務」之意義及範圍，如能自實務中歸納探討上開義務及責任之內涵，以及其案例類型，自有助於預

防與控制法律風險。

　　本文之內容主要即在探討公司負責人──通常指董事[6]，依現行公司法第23條，有關公司治理之規定，面對何種民事法律義務與責任之風險？此外，本文並兼論企業併購法第5條之類似規定及證券交易法之民事法律責任風險，以彰顯公司治理對上市櫃公司之重要性。本文之研究方法除擷取學者之研究理論外，並採取實證研究方法，自我國司法實務案例中，歸納出公司負責人所面臨被追究民事責任之類型，俾供公司負責人了解其所面臨之法律風險，期能予以預防，或妥善處理已經發生之法律責任案件。本文分為三部分：第一部分為前言，敘述本文緣起、探討主題及研究方法；第二部分則探討公司負責人於公司治理原則下依法所負義務及責任之風險；第三部分為結論。

第二節　公司負責人於公司治理原則下依法所負義務及責任之風險

一、我國修法引進英美公司治理制度對公司負責人之法律風險

1. 公司治理備受重視之緣由

　　我國學者有認為公司治理係於1997年亞洲風暴以後，國際組織及學者有鑑於經營者之不當行為導致投資人、債權人或利害關係人權益遭受損害，故提出應強化經營者責任之公司治理紀律與效能訴求。公司治理經過國際組織之宣導及各國學者之討論，不再侷限於檢討問題企業或特定國家而已，已產生改造各國公司法制及公司經營管理體系之動力。特別在美國發生安隆（Enron）公司之事件後，各國警覺即使在法制先進之美國，亦會發生大型上市公司治理不彰之情事，因而更加重視公司治理[7]。

2. 公司治理的意義

「公司治理」乙詞之意義，眾說紛紜，有學者認為一言以蔽之，即「公司權利之制衡，利潤之均霑」[8]。另有學者從英美法制之比較法觀點，析論其意義：「乃指透過制度之設計與執行，期能提升公司策略管理效能與監督管理者之行為，藉以確保外在投資者（小股東與債權人）應得之報酬，並兼顧其他利害關係人之利益。」從公司角度而言，公司治理之終極目標，是在法律規範下建立最適機制，以促成公司價值之最大化。因此，公司治理應包括「管理」與「監控」兩個面向，前者係指企業透過自治方式來「統管」或「經營」公司，例如設置股東會作為最高意思機構；後者係指採取適當監控機制來「監督」或「控制」，例如設置董事會來監督公司業務經營，並課以各種業務或責任以防止違法濫權。職是，公司治理之課題是：如何建立一個合理之監督機構，使股東得受到合理之對待，且經營者能善用其經營權限，以謀求股東全體和公司本身之利益[9]。

3. 我國修法引進英美法公司治理制度將增加公司負責人之風險

學者認為我國之公司內部結構，與英美之公司內部結構，有著本質上之差異。易言之，就我國公司法有關股份有限公司機關之權責規劃與設計而言，設有董事會、監察人與股東會等三個機關[10]。而董事會於我國公司法之定位下，乃是公司業務執行機關。若將其作一角色劃分，身為所有者之股東組成股東會、董事會由經營者所組成、而監察人則是監督者，但是，英美公司則是由董事會來監督公司業務經營。其次，我國公司法制與公司實務上，在區分釐清究竟是董事會或是經理人，才屬於或相當於英美公司體制中之經營階層之問題上，乃至經理人在個案中應否負公司負責人之義務與責任，仍會有爭議。詳言之，雖然董事會依公司法第29條或章程之規定得透過決議選任經理人，但經理人並不必然就是經營階層之一員，經理人之角色於我國公司法下多於被定性成輔助業

務執行機關。該學者並認為我國企業界存在著經營與所有不分之情況，可比喻「大股東」「董事（長）與董事會」「經營階層（含總經理）」之「三位一體」，而謂治理機關僅係陪襯而已。職是之故，學者建議：為提高公司治理之實效性，制度改革之方向應當是「經營職權」與「檢查監督職權」之分離，並架設與其職權對應之責任追訴制度，以求權責相符。另一方面，應加速落實股東權利之保護，例如忠實義務之貫徹、追訴機制之健全等[11]。由上開學者之見解可知，公司負責人面臨在公司治理原則下所衍生之被追訴風險，恐有增無減。

4. 英美法上對公司或負責人之訴訟類型及我國法上公司負責人之法律責任

英美法將股東對公司所提起之訴訟，依其是否直接以股東身分起訴，可大略分為兩種，第一種為直接訴訟（direct suits），第二種則是代表訴訟（derivative suits）。第一種所謂的直接訴訟是：股東基於其個人之股東地位，於其契約上權利或法定權利受侵害時，對公司或董事所提出之訴訟，若受害之股東眾多，可提起團體訴訟（class action）。至於第二種所謂的代表訴訟則是：股東以公司代表之身分，為了糾正或防免公司之錯誤行為，對公司之經營階層（如董事或經理人）所提出之訴訟。一般而言，公司負責人顯然僅對公司負有責任，而不會直接對公司之其他股東負責，但若其與特定股東直接交易或其行為損及特定股東之經濟利益，該公司負責人即須對特定股東負起損害賠償之責，此時公司負責人所涉及者即是直接訴訟之問題。但在實務上言，兩者之分界可能並非涇渭分明。因此學者將直接訴訟與代表訴訟之案件類型略作區別，而將直接訴訟視為對於股東權之直接侵害：例如不讓股東行使表決權、大股東董事濫權壓低股價使少數股東之股票以不合理之低價售出，但個案中仍應有解釋之空間。至於代表訴訟則是牽涉到公司之整體利益，特別是公司之決策將使公司蒙受重大不利之際，使個別股東得以藉由訴訟

程序強制公司遂行其法定義務，並且可能侵擾董事會之經營權限：代表
訴訟最典型之例子，係對公司董事或經理人訴追處置公司資產不當之責
任、或是追索其所爲不當之股利分派[12]。

反觀我國公司法課與公司負責人之一般義務與責任，涵蓋刑事、
民事及行政責任[13]，而其中與公司治理最息息相關者，當屬公司法第23
條，亦爲本文以下討論之重點。

二、公司負責人依公司法第23條負擔義務及責任之風險

1. 公司法第23條所定公司負責人應負擔之義務及責任

公司法第23條規定：「（第1項）公司負責人應忠實執行業務並盡
善良管理人之注意義務，如有違反致公司受有損害者，負損害賠償責
任。（第2項）公司負責人對於公司業務之執行，如有違反法令致他人
受有損害時，對他人應與公司負連帶賠償之責。（第3項）公司負責人
對於違反第1項之規定，爲自己或他人爲該行爲時，股東會得以決議，
將該行爲之所得視爲公司之所得。但自所得產生後逾一年者，不在此
限。」公司法第23條第1項係參考英美法之「受託人義務」（fiduciary
duty）[14]，而增訂公司負責人之「忠實義務」（duty of loyalty）[15]及「注
意義務」（duty of care），並規定公司負責人違反義務致公司受有損害
時之損害賠償責任。

2. 英美法忠實義務及注意義務與我國公司法第23條第1項義務之比較

英美法上之「受託人義務」（fiduciary duty），一般包括「忠實義
務」（duty of loyalty）及「注意義務」（duty of care），亦有另外認爲
尚包括善意或誠信義務者（duty of good faith）[16]。有學者謂我國公司法
第23條第1項所引進英美法上公司負責人之「忠實義務」（duty of loy-
alty），係指公司負責人在處理公司事務時，必須全心爲公司之利益行

事，不得圖謀個人私利，將公司之利益置於自己之利益之上[17]。但有學者認爲該項忠實義務之請求主體，依文義似乎僅限於公司，析言之，公司負責人僅對公司（股東全體）負有忠實義務，而非針對股東個人。是以，該條無法作爲直接訴訟之依據。

至於英美法之「注意義務」（duty of care），係指公司負責人在處理公司事務時，必須要負之注意義務，相當於我國民法之善良管理人之注意義務，但不等於善良管理人之注意義務，二者仍有差異[18]。我國公司法第23條第1項所謂善良管理人之注意，係指社會一般的誠實、勤勉而有相當經驗之人，所應具備之注意。第23條第1項規定：「公司負責人……並盡善良管理人之注意義務，……。」準此，公司負責人，不論與公司間之關係是否爲委任，是否受有報酬，於執行業（職）務時，均應盡善良管理人之注意義務（善管義務），如有違反，致公司受有損害者，負損害賠償責任，以提高公司負責人之注意義務，而維護公司之權益。然而上開條文之賠償責任，在有多數賠償義務人時，法律並未規定應負連帶賠償責任，故有學者認爲：惜此處亦未令公司負責人負連帶賠償責任，有待將來修法補救[19]。

有關公司法第23條第2項之適用，有學者認爲該條項乃屬公司侵權能力之規定。若依循通說之看法，認爲其乃侵權能力之明文，條文中所言之「他人」是否包括股東在內，亦有疑義。有學者認爲該條項之「他人」應解爲「公司以外之人」，自然應包括股東在內。然而，肯定股東得依據該條項主張身權利，但囿於其乃侵權能力之規定，必然須回到民法第184條有關侵權行爲之基本規定，檢視是否合於侵權之要件。在諸多要件中，有關因果關係之認定及損害之有無，往往無法證明，敗訴可能性偏高，股東根本無法藉以維護自身權益。並且，依公司法23條第2項之規定，違法董事與公司應負連帶責任之規定，似乎模糊了責任歸屬之分界，雖然表面上對受害人較有保障，但理論上還有商榷空間。綜上所述，於公司整體利益受損之情形，我國公司法制目前就此由公司對董

事等追究責任之管道，諸如公司法第212條至第213條，不論是由公司本身對違法董事起訴，抑或是由股東提起代表訴訟，皆有規範。雖然學者認為尚有缺陷可以修正，但畢竟提供了一個明確之解決方式，然而，就股東個人權益受損之情形，學者認為我國現行之公司法並未設有相對應之獨立機制，卻必須迂迴地套用侵權行為之規範。

而至於公司法第23條第3項之規定，則為此次公司法新修正之一環，可謂係「歸入權」之總則性規定。在修法前，只有在公司負責人違反「競業禁止」義務時，方有歸入權規定之適用。然而，公司負責人違反「忠實義務」與「注意義務」之態樣非僅限於競業禁止，其僅為其中之一種類型而已，修法前的公司法實有掛一漏萬之情形。而此次公司法大修正，即將此一「歸入權」之規範，納入至「忠實義務」與「注意義務」之規定[20]，凡是該當公司法第23條第1項之情形，皆有「歸入權」之適用，目的即為全面的保護公司，使其得向違反「忠實義務」與「注意義務」之公司負責人請求其所得利益。

3. 公司法第23條之案例類型及其權利屬性之實務見解

(1)實務上有認為並非侵權行為責任，亦不適用侵權行為之短期時效。

最高法院95年度台上字第1953號民事判決：「按公司法第23條規定，公司負責人對於公司業務之執行，如有違反法令致他人受有損害時，對他人應與公司負連帶賠償責任。此所定連帶賠償責任，乃係基於法律之特別規定，並非侵權行為上之責任，故其請求權之消滅時效，應適用民法第125條之規定。」

(2)公司負責人之連帶賠償責任

最高法院98年度台上字第2038號民事判決：「又公司法第23條第2項之規定，係有關公司負責人應與公司連帶負侵權行為損害賠償之規

定，尚非公司應負侵權行爲責任之規定。」

(3)經理人亦爲公司負責人，不因其意見或建議須經上級核可，而認定其爲受僱人。

最高法院97年度台上字第2351號民事判決：「按稱經理人者，謂由商號之授權，爲其管理事務及簽名之人；又經理人在公司章程或契約規定授權範圍內，有爲公司管理事務及簽名之權，爲民法第553條第1項、公司法第31條第2項所明定。而90年11月12日公司法修正雖刪除該法第39條『第29條至第37條之規定，於副總經理、協理或副經理準用之。』之規定，惟是否具有公司之經理人資格，仍應依公司章程或契約規定授權範圍爲實質之審認。公司設置協理，乃受公司之任命，以輔佐總經理或經理。協理既在輔佐總經理或經理，其執行職務自應受總經理或經理之指揮監督，爲公司處理一定事務之人，非僅爲公司服勞務之人，故公司與協理間爲委任關係，而非僱傭關係。原審既認定被上訴人於91年間擔任上訴人公司之經理人，至94年升任協理，且所謂證券投資顧問係指直接或間接自委任人或第三人取得報酬，對有價證券、證券相關商品或其他經主管機關核准項目之投資或交易有關事項，提供分析意見或推介建議，此觀證券投資信託及顧問法第4條第1項之規定甚明。查卷附兩造所不爭之被上訴人回報上訴人公司之投資顧問訪談紀錄表記載內容觀之（見1審卷第2宗第33頁），無非係代表上訴人公司對客戶投資理財直接提供分析意見或建議，且上訴人公司係從事證券投資顧問事業，則能否僅憑被上訴人製作之投資規畫，須經上級核可，即認其非上訴人公司之經理人？尚非無疑。而被上訴人擔任上訴人公司協理權限之範圍如何？其是否在公司章程或契約規定授權範圍內，有爲上訴人公司管理事務及簽名之權？有待澄清。原審疏未查明，遽以上開理由，爲不利於上訴人之認定，自嫌速斷。」

(4)實務上採取學者對於忠實義務之見解，並採用美國法律實務之
「經營判斷法則」。

台灣高等法院98年度重上字第1307號民事判決：「上訴人所爲處理
委任事務是否有過失或逾越權限，造成被上訴人損害而應依民法第535
條、第544條之規定負賠償責任？上訴人所爲是否未盡忠實執行業務或
未盡善良管理人義務而應依公司法第23條第1項規定負損害賠償責任？
(一)按股份有限公司與董事間之關係，除公司法另有規定外，依民法關
於委任之規定。而董事之報酬，未經章程訂明者，應由股東會議定。又
受任人處理委任事務，應依委任人之指示，其受有報酬者，應以善良管
理人之注意爲之。分別爲公司法第192條第4項、第196條及民法第535條
定有明文。董事與公司間之關係既屬有償委任，則就處理委任事務有過
失或因逾越權限之行爲對公司發生損害，應適用民法第544條之規定，
對公司負賠償之責。又董事長爲股份有限公司之負責人，公司負責人應
忠實執行業務並盡善良管理人之注意義務，如有違反致公司受有損害
者，負損害賠償責任，公司法第8條及第23條第1項定有明文。且查公司
法第23條第1項係於90年修正增訂，立法理由載明：『本次修法參考英
美法之規定，增訂公司負責人之忠實義務及注意義務，明確規定公司負
責人對於公司應踐行忠實義務和注意義務，以及違反義務時之損害賠償
責任，以補充現行法之缺漏，具體規範公司負責人忠實義務及注意義務
之要件和效果。』所謂善良管理人義務即依交易上一般觀念，認爲有相
當知識經驗及誠意之人應盡之注意。而所謂忠實義務，即公司負責人因
受公司股東信賴而委以特殊優越之地位，故於執行業務時，自應本於善
意之目的，著重公司之利益，依公司規定之程序做出適當之經營判斷，
避免自身利益與公司利益相衝突。忠實義務大致可歸納爲二種類型，一
爲禁止利益衝突之規範理念，一爲禁止奪取公司利益之理念。而關於注
意義務，美國法院於經營者注意義務違反的審查上，採用所謂『經營判
斷法則』，可供參考。依美國法律協會所編寫的《公司治理原則》規

定，當董事之行爲符合下列各款規定，而基於善意作出經營判斷時，即認其已滿足應負之注意義務：『(一)與該當經營判斷事項無利害關係。(二)在該當情況下，董事等有合理理由相信渠等已於適當程度上，取得該當經營判斷事項所需之相關資訊。(三)董事等合理地相信其之經營判斷符合公司最佳利益。』在此規範理念下，『公司治理原則』要求，董事等負有『一般審愼之人於同樣地位及類似情況下，被合理期待行使之注意』義務，類似於我國善良管理人之注意義務。」

(5) 民法第28條與公司法第23條所定請求權之性質類似

台灣高等法院97年度重上字第139號民事判決：「1.按法院裁判適用法規或解釋法律，係依職權爲之，原無待當事人提出其他判決以爲證據。又法院可不受當事人法律上主張之拘束（最高法院64年台聲字第58號、43年台上第607號判例要旨參照）。查，被上訴人雖依民法第28條（法人對於其董事或其他有代表權之人因執行職務所加於他人之損害，與該行爲人連帶負賠償之責任。）之規定，請求上訴人與○○○負連帶賠償責任。然民法第28條所謂法人對於董事或職員，因執行職務所加於他人之損害，與該行爲人連帶負賠償之責任，係專以保護私權爲目的（最高法院62年台上第2號判例要旨參照）。而公司法第23條第2項規定：公司負責人對於公司業務之執行，如有違反法令致他人受有損害時，對他人應與公司負連帶賠償之責。按公司法第23條規定，公司負責人對於公司業務之執行，如有違反法令致他人受有損害時，對他人應與公司負連帶賠償責任（最高法院95年度台上第1953號判決要旨參照）。2.○○○於與被上訴人之獲利保證約定時係在其擔任上訴人公司董事長期間，此有○○股份有限公司變更登記表可稽（見原審卷第43頁、第44頁之變更登記表），而依公司法第23條第2項規定：公司負責人對於公司業務之執行，如有違反法令致他人受有損害時，對他人應與公司負連帶賠償之責。故上訴人公司董事長○○○就上訴人公司所出售之『嚴選

基金』之事務與被上訴人爲獲利保證約定，既屬違反保護他人法令之行
爲，致被上訴人受有損害，揆諸上開說明，依公司法第23條第2項之規
定，上訴人公司自須負連帶賠償之責。就被上訴人主張之訴訟標的及其
原因事實所爲法律上之判斷，自不受其法律上意見之拘束，故被上訴人
雖僅援引民法第28條，本院不受其拘束。」

三、公司負責人依企業併購法第5條負擔義務及責任之風險

我國於民國91年制定企業併購法，特別於第5條規定董事會之義
務，以及參與決議董事之民事損害賠償責任與免責規定，茲謹分別摘錄
法律之規定及實務見解如次：

1. 企業併購法第5條規定

「（第1項）公司依本法爲併購決議時，董事會應爲全體股東之最
大利益行之，並應以善良管理人之注意，處理併購事宜。（第2項）公
司董事會違反法令、章程或股東會決議處理併購事宜，致公司受有損害
時，參與決議之董事，對公司應負賠償之責。但經表示異議之董事，有
紀錄或書面聲明可證者，免其責任。」

2. 有關企業併購法第5條之案例

(1) 股東主張換股比例不當使其減少應得之股數而請求法人代表
之董事○○○與丙政府，主管機關，負連帶賠償責任之個案判
決。

台灣高等法院96年度重上字第145號民事判決：本案之上訴人主張
董事○○○就甲銀行與乙銀行之系爭合併案未盡善良管理人注意義務，
致上訴人因系爭換股比例不當而減少應得股數，受有至少150,000,000元
之財產上損害，故主張董事○○○應與丙政府主管機關連帶負損害賠償
責任。

　　本件法院判決認為：公司法關於公司負責人之忠實義務及注意義務，於第23條第1項規定：「公司負責人應忠實執行業務並盡善良管理人之注意義務，如有違反致公司受有損害者，負損害賠償責任。」以為具體規範，此規定於董事自亦有其適用。準此，董事除應具備相當能力以履行注意義務外，仍應具有忠實執行職務之操守，此為公司賦予董事執行業務權力相對之基本要求。**注意義務係指公司董事在處理公司事務時，所應注意之事項和程度之客觀要求；至於忠實義務係指公司董事於執行業務時，應盡力為公司謀取最大利益並禁止有損害公司利益行為之主觀要求。**而企業併購法有關董事於企業併購時應盡之義務則於第5條第1項：「公司依本法為併購決議時，董事會應為全體股東之最大利益行之，並應以善良管理人之注意，處理併購事宜。」，依此文義，董事會關於企業併購之決議時，除應盡「善良管理人之注意義務」外，其忠實義務應以「全體股東之最大利益」為考量。惟查：依企業併購法第5條第1項之立法理由「股份有限公司之董事係由股東會選出，董事執行業務自應以全體股東之最大利益為之，故第1項明定董事於進行併購決議時，應為全體股東最大利益行之，不得為董事本人之利益或公司之大股東或指派其擔任董事之法人股東等其他人之利益作為決議併購行為之考量，且董事受公司有償委任，執行公司業務，參照民法第535條及公司法第23條之規定，應以善良管理人之注意處理公司併購事宜。」以觀，堪認該條所規定「善良管理人之注意義務」與公司法第23條相同。至所謂「應為全體股東之最大利益行之」，則重在強調不得僅考量部分董事或股東之利益，而應考量股東整體之利益以為併購之決策。而公司之經營運作，涉及各種不同利害關係人之利益衝突，例如：大股東與小股東、股東與債權人、股東與員工、股東與經營者等，而負責經營決策者，其任務即在合理調和此等利害衝突，使符合公司整體利益之最大化，此即公司法第23條第1項忠實義務之規範意旨所在。在企業併購之情形，上述各項利害對立、衝突亦復存在，例如：涉及股東利益之換股

比例、併購後公司員工是否留任之生計問題、公司向來建立之傳統延續等，考量並調和此等對立、衝突，始能使併購程序順利進行，以實現發揮企業經營效率、提升公司整體價值之併購目的。準此以觀，實難認董事會於企業併購之決策時，得無視於其他利害關係人之利益而僅慮及股東之利益，應認董事所負忠實義務之對象實係針對公司整體而言，董事於處理併購事項時，全體股東之最大利益固為其考量之重要依據，仍須顧及並調和其他利害關係人之利益衝突，以追求公司整體利益之最大化。易言之，毋寧謂公司整體利益之最大化即為全體股東之最大利益，**董事會關於企業併購之決議時，應盡之忠實義務乃以追求「公司之最大利益」考量依據。**

(2)上開判決並經最高法院之判決予以維持而確定

詳言之，<u>最高法院99年度台上字第261號民事判決</u>：「另本件○○○以丙政府主管機關法人股東代表之身分擔任甲銀行之負責人，係為甲銀行執行有關系爭合併案之業務，○○○執行系爭合併案之業務並無違反法令，上訴人復未主張甲銀行有何賠償責任之情事，其依公司法第23條第2項規定，請求○○○與丙政府主管機關應負連帶賠償責任，亦屬無據等語。並說明其餘攻擊防禦方法不予審酌之理由，爰維持第1審所為上訴人敗訴之判決，駁回其上訴，經核於法並無違誤。」

四、公司負責人依證券交易法所負之民事責任

公司治理原則對於股權結構中有一般投資人之上市或上櫃公司而言，特別重要，例如OECD之公司治理原則即適用於公開交易之公司[21]，因此茲就我國證券交易法對公司負責人應負民事責任之規定，摘錄如次：

1. 證券交易法第20條規定

「（第1項）有價證券之募集、發行、私募或買賣，不得有虛偽、

詐欺或其他足致他人誤信之行為。（第3項）違反第一項規定者，對於該有價證券之善意取得人或出賣人因而所受之損害，應負賠償責任。」

2. 證券交易法第20條之1第1項及第2項規定

「（第1項）前條第2項之財務報告及財務業務文件或依第36條第1項公告申報之財務報告，其主要內容有虛偽或隱匿之情事，下列各款之人，對於發行人所發行有價證券之善意取得人、出賣人或持有人因而所受之損害，應負賠償責任：

一、發行人及其負責人。

二、發行人之職員，曾在財務報告或財務業務文件上簽名或蓋章者。前項各款之人，除發行人、發行人之董事長、總經理外，如能證明已盡相當注意，且有正當理由可合理確信其內容無虛偽或隱匿之情事者，免負賠償責任。

（第2項）會計師辦理第1項財務報告或財務業務文件之簽證，有不正當行為或違反或廢弛其業務上應盡之義務，致第1項之損害發生者，負賠償責任。」

3. 證券交易法第32條第1項及第2項規定

「（第1項）前條之公開說明書，其應記載之主要內容有虛偽或隱匿之情事者，左列各款之人，對於善意之相對人，因而所受之損害，應就其所應負責部分與公司負連帶賠償責任：

一、發行人及其負責人。

二、發行人之職員，曾在公開說明書上簽章，以證實其所載內容之全部或一部者。

三、該有價證券之證券承銷商。

四、會計師、律師、工程師或其他專門職業或技術人員，曾在公開說明書上簽章，以證實其所載內容之全部或一部，或陳述意見者。

（第2項）前項第1款至第3款之人，除發行人外，對於未經前項第4款之人簽證部分，如能證明已盡相當之注意，並有正當理由確信其主要內容無虛偽、隱匿情事或對於簽證之意見有正當理由確信其為真實者，免負賠償責任；前項第4款之人，如能證明已經合理調查，並有正當理由確信其簽證或意見為真實者，亦同。」

4. 證券交易法第157條第1規定

「（第1項）下列各款之人，實際知悉發行股票公司有重大影響其股票價格之消息時，在該消息明確後，未公開前或公開後十八小時內，不得對該公司之上市或在證券商營業處所買賣之股票或其他具有股權性質之有價證券，自行或以他人名義買入或賣出：

一、該公司之董事、監察人、經理人及依公司法第27條第1項規定受指定代表行使職務之自然人。

二、持有該公司之股份超過百分之十之股東。

三、基於職業或控制關係獲悉消息之人。

四、喪失前三款身分後，未滿六個月者。

五、從前四款所列之人獲悉消息之人。

（第2項）前項各款所定之人，實際知悉發行股票公司有重大影響其支付本息能力之消息時，在該消息明確後，未公開前或公開後十八小時內，不得對該公司之上市或在證券商營業處所買賣之非股權性質之公司債，自行或以他人名義賣出。

（第3項）違反第1項或前項規定者，對於當日善意從事相反買賣之人買入或賣出該證券之價格，與消息公開後十個營業日收盤平均價格之差額，負損害賠償責任；其情節重大者，法院得依善意從事相反買賣之人之請求，將賠償額提高至三倍；其情節輕微者，法院得減輕賠償金額。

（第4項）第1項第5款之人，對於前項損害賠償，應與第1項第1款

至第4款提供消息之人，負連帶賠償責任。但第1項第1款至第4款提供消息之人有正當理由相信消息已公開者，不負賠償責任。

（第5項）第1項所稱有重大影響其股票價格之消息，指涉及公司之財務、業務或該證券之市場供求、公開收購，其具體內容對其股票價格有重大影響，或對正當投資人之投資決定有重要影響之消息；其範圍及公開方式等相關事項之辦法，由主管機關定之。

（第6項）第2項所定有重大影響其支付本息能力之消息，其範圍及公開方式等相關事項之辦法，由主管機關定之。

（第7項）第22條之2第3項規定，於第1項第1款、第2款，準用之；其於身分喪失後未滿六個月者，亦同。第20條第4項規定，於第3項從事相反買賣之人準用之[22]。」

5. 由投資人保護機構針對內線交易所提起刑事附帶民事訴訟之案例

台灣高等法院97年度訴字第6號民事判決略謂：按因犯罪而受有損害之人，於刑事訴訟程序得附帶提起民事訟訴，對於被告及依民法負賠償責任之人，請求回復其損害，刑事訴訟法第487條定有明文；本件如附表所示之交易人等33人（下稱交易人等33人）均屬因犯罪而受有損害之人，自得於刑事訴訟程序進行中提起附帶民事訴訟，對於被告及依民法等相關規定應負賠償責任之人，請求回復其損害。又按「保護機構為維護公益，於其章程所定目的範圍內，對於造成多數證券投資人或期貨交易人受損害之同一證券、期貨事件，**得由二十人以上證券投資人或期貨交易人授與訴訟或仲裁實施權後，以自己之名義，起訴或提付仲裁。**」，**證券投資人及期貨交易人保護法（下稱投保法）第28條定有明文**。本件原告係依投保法設立之保護機構，為保障投資人權益，就本件被告等違反證券交易法（下稱證交法）等造成投資人損害之事件，已依前揭規定由附表所示因買受乙股份有限公司（下稱乙公司）有價證券

受有損害之投資人交易人等33人授與訴訟實施權，有訴訟及仲裁實施權授與同意書33份可憑（本院卷(三)第46-78頁），則原告以自己之名義起訴，合於上開規定。

(1)原告起訴主張

被告甲○○為股票上市公司乙公司之總經理兼董事，暨丙投資股份有限公司（下稱丙公司）、丁公司、戊投資有限公司（下稱戊公司）、已投資股份有限公司（下稱已公司）之經理人及股票交易受任人，其於乙公司第14屆第10次董事會前（即93年3月10日前），得知該「擬減資新臺幣（下同）791,010,000元整」將排入該次董事會討論事項後，竟於前開影響其股票價格重大消息未公開前，即在台灣證券交易所股份有限公司（下稱證交所）之「公開資訊觀測站」，公告前述消息之前二營業日（93年3月11日、12日）及公告當日（93年3月15日），分別連續委託寶來證券股份有限公司（下稱寶來公司）○○分公司之營業員壬○○、統一證券股份有限公司（統一公司）○○分公司之營業員○○○，於集中市場大量賣出丙、丁、戊及已等4家具實質控制關係公司所持有之乙公司股票，三個交易日內各賣出如計算式一所示賣出股數欄所示之股數，合計賣出該公司股票共17,201張計17,201,000股，違反證交法第157條之1之規定，自應對善意對從事相反買賣之受損投資人即交易人等33人負損害賠償責任。依證交法第157條之1第2項「於消息未公開前其買入或賣出該股票之價格」減去「消息公開後十個營業日收盤平均價格」所得之差額，乘上被告各賣出之股數即為被告之法定賠償額，交易人等33人之個別請求金額為其各該特定日賣出乙公司股數占當日市場成效股數之比率計算，各如附表損失金額欄所示。爰依證交法第157條之1、民法第184條、第185條、第28條、公司法第23條之規定，求為命被告連帶給付訴訟實施權授與人如附表一所示之金額，及自起訴狀繕本送達之翌日起加計法定遲延利息，並由原告代為受領之判決。

公司負責人之公司治理義務與法律責任風險

(2)本件高等法院判決原告勝訴（但金額計算有異）

按證券交易法第157條之1為95年1月11日修正公布，本件甲○○行為時為93年3月11日、12日、15日，應適用修正前證交法第157條之1之規定。被告甲○○為股票上市公司乙公司之總經理兼董事，有公司資料查詢表在卷可參（本院卷(一)第112頁），其於乙公司第14屆第10次董事會前（即93年3月10日前），得知該次董事會會討論議定「擬減資新台幣791,010,000元整」之消息後，於前開影響其股票價格重大消息未公開前，即在證交所之「公開資訊觀測站」公告前述消息之前二營業日（93年3月11日、12日）及公告當日（93年3月15日，本院卷(一)第121頁），連續委託寶來公司○○分公司之營業員壬○○、統一公司○○分公司之營業員○○○，於集中市場大量賣出丙、丁、戊及己等4家具實質控制關係公司所持有之乙股票，查：減資乃屬公司重要之財務事項，且影響投資人權益，屬證交法157條之1第4項所稱重大影響股票價格之消息，乙公司減資對公司股票價格自有重大影響，此由其後主管機關於95年5月30日發布之「證券交易法第157條之1第4項重大消息範圍及其公開方式管理辦法」第2條第2款規定：「本法第157條之1第4項所稱涉及公司之財務、業務，對其股票價格有重大影響，或對正當投資人之投資決定有重要影響之消息，指下列消息之一：二、公司辦理重大之募集發行或私募具有股權性質之有價證券、減資、合併、收購、分割⋯⋯或前開事項有重大變更者」之規定（本院卷(一)第30頁），顯然減資顯屬證券交易法第157條之1第1項、第4項規定所稱之「重大影響其股票價格」之消息，殆無疑義。乙公司固於93年2月9日即透過證交所網站公告將於93年4月29日召開股東會時討論「本公司減資彌補虧損案」，惟此僅為乙公司預備於股東會時討論之擬案，該減資彌補虧損案之內容為何，並不明確，尚待董事會中提案，若董事會並無該減資議案，自不會於股東會上提出，是有無該議案，於93年2月9日乃處於不確定之狀態。即乙公司於該年2月9日所公告者只係案由，並無具體減資之金額、消除股份、減

資比率，減資後實收資本額等重要內容，投資人無法僅憑該討論減資之案由即得作為投資之判斷，該案由尚未達到證券交易法第157條之1第1項規範之涉及公司之財務、業務或該證券之市場供求、公開收購，對其股票價格有重大影響，或對正當投資人之投資決定有重要影響之消息。至93年3月10日乙公司董事會開會通知上已載該議案討論，並有具體之減資金額，該公司財務部門復提出「乙關係企業機構（乙公司）提案報告」，是於斯時方為具有重大影響股價之消息，而得供正當投資人做投資決定之參考。……依上開證交法第157條之1於95年1月修正公布前之規定，發行股票公司之董事、經理人不得於公司重大影響股票價格之消息尚未公開前買賣股票，否則對從事相反買賣之人即須負損害賠償之責任。依同條第2項之規定，甲○○自應就消息未公開前其買入或賣出該股票之價格，與消息公開後10個營業日收盤平均價格之差額，對善意從事相反買賣之人負損害賠償之責任。至原告得請求之金額為若干？計算內線交易行為之賠償金額，其計算依修正前證交法第157條之1第2項之規定，以「於消息未公開前其買入或賣出該股票之價格」減去「消息公開後十個營業日收盤平均價格」所得之差額，乘上內部人買賣股數所得之數額，即為其應負之賠償額。查乙公司93年3月15日收盤後始公告公司減資之重大消息（本院卷(一)第121頁），則甲○○內線交易應負之損害賠償額，應以其於93年3月11日、12日、15日賣出乙公司股票之價額8.65元、9.25元、9.85元（本院卷(一)第198頁）減去前揭重大消息公告（即93年3月15日）後乙公司股票之10日平均收盤價，即93年3月16日至3月29日（其中3月20日、21日、5日、27日、28日股市休市）之平均收盤價7.375元（本院卷(一)第198頁），其差價依序為1.275元、1.875元、2.475元，承上被告於上開三個交易日依序之股數491,000股、12,716,000股、3,994,000股（本院卷(一)第10頁背面199頁）、即為被告上開三個交易日之法定應賠償額626,025元、23,842,500元、9,885,150元。又甲○○之行為破壞證券市場之公正性、健全性，<u>且其內線交易行</u>

為判處有期徒刑在案，其可責性高，且其身為乙公司內部人，對公司事務之處理本應善盡忠實義務及善良管理人注意義務，然其卻利用職務之便獲悉公司即將辦理減資情事，且於獲悉消息時不僅未將該重大消息於市場上公告，反利用此一未公開之訊息與市場上不知情之投資人從事交易，違反市場參與者應同時取得相同資訊之「平等取得資訊」原則，其行為嚴重破壞證券交易市場秩序，其情節自屬重大，應依修正前證交法第157條之1「情節重大者，法院得依善意從事相反買賣之人之請求，將賠償額提高至三倍」，則被告上開三個交易日之應賠償額為1,877,130元、71,527,500元、29,655,450元（詳如計算式一所示）。

(3)最高法院98年度台上字第1809號民事判決並維持高院之判決

91年2月6日修正公布（按本件發生於93年3月間）證券交易法第157條之1第1項所定「獲悉發行股票公司有重大影響其股票價格之消息」，該消息之判斷時點，應以公司內部人於獲悉有「在某特定時間內勢必成為事實」之重大影響其股票價格之消息時，在該消息公開前，為買賣該公司股票之行為，即足以成立本條之賠償責任，而無須待此消息在某特定時點成立或確定為事實後，方認內部人始有知悉之可能性。……次按上開第157條之1第2項規定違反同條第1項規定之行為人應就消息未公開前其買入或賣出該股票之價格，與消息公開後十個營業日收盤平均額限度內，對善意從事相反買賣之人負損害賠償之責任，其情節重大者，法院得依善意從事相反買賣之人之請求，將責任之限額提高至三倍。尋繹其立法旨意，乃為避免計算內線交易行為人賠償範圍之困擾所致，故以人為之擬制方式，計算內線交易行為人之賠償金額，藉此免除投資人所受損害程度之舉證責任。因此內線交易行為人應負之損害賠償金額之計算，即應為「於消息未公開前其買入或賣出該股票之價格」與「消息公開後十個營業日收盤平均價格」所得之差額，為其應負之賠償數額。至投資人得請求之賠償金額，乃以其相反買進（即內線交易行為人為賣

出）或賣出（即內線交易行為人為買進）之股數，占當日該股票買進或賣出之總股數之比例，再乘以前述內線交易行為人應負之損害賠償金額計算之。換言之，即於內線交易行為人之賠償定額內，依投資人於內線交易當日就該股票所作相反買賣之股數，占證券市場該股票總交易股數之比例以資求償。矧該規定既以法律擬制之方式計算內線交易行為人應負之賠償責任額，而非以善意從事相反買賣之人之損害為計算基礎，故善意從事相反買賣之人實際上是否為內部人之交易相對人，非關重要。

6. 公司負責人於證券交易法所面臨之法律風險[23]

公司負責人所面臨證券交易法之民事責任風險，可從上開實務判決中略見端倪。此外，由於我國證券交易法第20條之民事賠償規定，係參考美國證券法規中之Section 10(b)及Rule 10b-5，但我國實務及學者對於證券交易法第20條第1項之責任主體是否包括「次要行為人」或民法第185條之「幫助人」之見解並不相同[24]，且對該條是否特殊侵權行為類型，亦有相異之看法[25]。至於內線交易之民事責任部分，我國於2010年所通過證券交易法第157條之1修正案，將內線交易原來構成要件之一的「獲悉」，改為「實際知悉」；有學者認為：未來檢方須「舉證」被告知悉內線消息，不能再單憑傳聞認定，而必須明確證明其實際知悉。在該消息「明確後」，未公開前或公開後十八小時內（原為十二小時內），不得自行或以他人名義買賣股票或有價證券，故新法比舊法而言，更加對內線交易罪之要件明確化[26]，然而亦突顯上市櫃公司負責人內線交易責任，以往在法律上不確定性之風險甚高，今後是否可降低其風險，仍待觀察。

第三節　結論

　　我國公司法第23條所定之公司負責人義務與責任，除了沿襲我國法制上固有之善良管理人之注意義務及其責任以外，並且引進英美法上忠實義務之法則。上開條文未對忠實義務詳細定義，而有賴學說及實務見解予以解釋適用，因此公司負責人難免會面臨法律解釋適用不同所產生之風險，例如在實務上，原告依據公司法第23條第1項或第2項為請求權基礎之案件類型甚為廣泛，甚至包括基於僱傭關係之請求與一般侵權行為之請求。其次，在學說及實務上，對於公司法第23條是否屬於民法侵權行為之特別規定，存有爭議，更增加法律不確定性之風險。此外，在法令提倡公司治理之現實環境下，公開發行公司之負責人，更面臨證券交易法上諸多之民事義務與責任，隨著相關案例判決的增加，在證券交易法令之適用上亦有若干之法律爭議以及建議修正之意見，此自最近證券交易法第157條之1內線交易構成要件之修正，即可見一斑。有鑑於此，本文乃介紹公司治理之意義，並說明公司法第23條所定忠實義務之意義與修正沿革，另節錄司法實務之判決，俾利公司負責人了解其所面臨之公司法及證券交易法上之民事責任，期能有助於法律風險之預防、控制與爭議發生後之解決。

附表：公司負責人之法律責任（錄自曾宛如，《公司管理與資本市場法制專論
(一)》）

公司法			
條文序號	應負責之人	負責事由	責任類型
公司法§9 I、II	公司負責人	1.股款未實際繳納 2.已登記繳納股款任意發回	1.刑事責任 2.損害賠償責任（與股東連帶負責）
公司法§13 V	公司負責人	違反轉投資之限制	損害賠償責任
公司法§15 II	公司負責人	違反貸款之限制	損害賠償責任（與借用人連帶負責）
公司法§16 II	公司負責人	違反保證之限制	自負保證責任
公司法§23	公司負責人	1.執行業務違反忠實及善良管理人注意義務 2.違反法令致他人受有損害	損害賠償責任（對公司） 損害賠償責任（對他人負責之情形與公司連帶負責）
公司法§108 III 準用§52 II	董事	未依法令、章程及股東之決定執行業務	損害賠償責任
公司法§108 III 準用§53	董事	挪用公款	1.加算利息一併償還 2.損害賠償責任
公司法§108 III 準用§54 II	董事	違反競業禁止	公司得行使歸入權
公司法§167 V	公司負責人	1.違法將股份收回、收買或設為質物 2.抬高價格抵債或抑低價格出售	損害賠償責任
公司法§193 II	參與決議之董事	董事會執行業務之決議違反法令章程（或股事會決議致公司受有損害）	損害賠償責任（但經表示異議，有記錄或書面聲明可證者，免其責任）
公司法§209 V	董事	違反競業禁止	股東會得以決議將該行為所得視為公司之所得
公司法§215 II	被訴之董事	代表訴訟所依據之事實顯屬實在	損害賠償責任（對股東）

（續前表）

條文序號	應負責之人	負責事由	責任類型
公司法§251 II、III準用§	公司負責人	經核准後，發現申請發行公司債事項有違反法令或虛偽情形	1.損害賠償責任（對公司及應募人負連帶責任） 2.行政責任
公司法§276 II	有行為之董事	認股人撤回認股	損害賠償責任（對公司連帶負責）
公司法§369-4 II	控制公司負責人	直接或間接使從屬公司為不合營業常規或其他不利益之經營	損害賠償責任（與控制公司連帶對從屬公司負責）

民　法			
條文序號	應負責之人	負責事由	責任類型
民法§35 II	有過失之董事	未依法為破產之聲請	損害賠償責任（連帶負責）（對債權人）
民法§538 I	受任人	未得委任人同意或具其他法定事由而使第三人代為處理委任事務	就該第三人之行為與就自己之行為負同一責任
民法§542	受任人	為自己之利益而使用： 1.應交付委任人之金錢 2.應為委任人利益而使用之金錢	1.自使用之日起支付利息 2.損害賠償責任
民法§544	受任人	1.處理委任事務有過失 2.逾越權限	損害賠償責任

註　釋

* 朱從龍，哲明律師事務所主持律師、台中科技大學兼任助理教授、美國威斯康辛大學麥迪森分校法學博士。

1 公司法第2條第4款之「股份有限公司」，為企業所有與企業分離之典型代表，學理上稱此種較著重公司財產數額，而不注重股東個人條件之公司為「資合公司」。柯芳枝，《公司法論（上）》，台北，三民書局，2003年1月，頁12-13。

2 美國學者有將公司治理定義為：股東控管公司經營者之機制（corporate governance-the mechanismsthrough which shareholder control over corporate managers.）Jeffrey D. Bauman, Elliott J. Weiss, Alan R. Palmiter, Corporations Law and Policy-Materials and Problems 6, West Group, 2003.

3 有關美國、德國、日本及大陸等地之公司治理制度，參閱楊敏華，《企業與法律──公司治理之監事制度研究》，台北，社團法人中華公司治理協會，2004年，頁16。

4 例如經濟合作暨發展組織（Organisation for Economic Co-operation and Development）之公司治理原則（Principles of Corporate Governance,2004）第五項即揭櫫「公開及透明」（V. Disclosure and Transparency）。
<http://www.oecd.org/dataoecd/32/18/31557724.pdf> (last visited June 10, 2010).

5 以證券內線交易之判決為例，近來之個案判刑較以前為重，參閱賴源河，〈內線交易之陷阱〉，《公司治理會訊》，創刊號，台北，2007年9月1日，頁11。

6 本文以股份有限公司為探討對象，依公司法第8條規定：「（第1

項）本法所稱公司負責人：在無限公司、兩合公司為執行業務或代表公司之股東；在有限公司、股份有限公司為董事。（第2項）公司之經理人或清算人，股份有限公司之發起人、監察人、檢查人、重整人或重整監督人，在執行職務範圍內，亦為公司負責人。（第3項）公開發行股票之公司之非董事，而實質上執行董事業務或實質控制公司之人事、財務或業務經營而實質指揮董事執行業務者，與本法董事同負民事、刑事及行政罰之責任。但政府為發展經濟、促進社會安定或其他增進公共利益等情形，對政府指派之董事所為之指揮，不適用之」。股份有限公司之公司負責人主要為董事。有關股份有限公司屬資合公司性質，參閱前註1。

7 陳春山，《公司治理法制及實務前瞻》，台北，學林文化事業有限公司，2004年5月，頁17-18。

8 參閱楊敏華，同前註3，頁9-13。另有關公司治理名詞及意義，參閱官欣榮，《獨立董事制度與公司治理》，北京，中國檢察出版社，2003年9月第1次印刷，頁30-48。

9 王文宇，《公司法論》，台北，元照出版有限公司，2003年10月初版第1刷，頁53。

10 如係上市上櫃公司或公開發行公司，因現行證券交易法第14條之4，已修正條文內容：得由公司擇一設置審計委員會或監察人（第1項），故可在已設置審計委員會時，不另設監察人。

11 王文宇，同前註9，頁57-58。

12 王文宇，同前註9，頁197-198。

13 有關公司負責人之法律責任，參見附表，曾宛如，《公司管理與資本市場法制專論(一)》，台北，學林文化事業有限公司，2002年，頁38-41。

14 有學者認為，受託人義務之法則在補充公司股東與經營者之間所締結繼續性契約之不足，受託人義務之法則包含忠實義務（duty

of loyalty）及注意義務（duty of care），該法則內容包括防制非法取得權利、避免利害衝突及限制經營者侵害股東之利益。Frank H. Easterbrook and Daniel R. Fischel, *The EconomicStructure of Corporate Law*, 90-92 Harvard University Press 1996.有關英美法董事之義務與責任，參閱張民安，《現代英美董事法律地位研究》，北京，法律出版社，2000年7月第1版。

15 Frank H. Easterbrook and Daniel R. Fischel, 同前註14。

16 美國德拉瓦州最高法院大法官Hon. Randy Holland，〈董事會的責任與經營判斷法則〉，《公司治理會訊》，創刊號，同前註5，頁12-13。並參閱前註14。此外加拿大之公司法（CBCA）則規定：「每位董事及高級職員於行使權力或履行義務時，應該以誠實及善意履行，以促成公司之最佳利益」（Every director and officer ofa corporation in exercising his powers and discharging his duties shall...act honestly and in good faith with a view to the best interests of the corporation…（s.122(1)(a)），參閱 J. Anthony Van Duzer, *Essentials of CanadianLaw-the Law of partnerships and Corporations*, 75 Irwin Law Inc., 1997.

17 王泰銓等多人合著，《新修正公司法解析》，台北，元照出版有限公司，2003年3月，頁75。

18 同前註17。

19 柯芳枝，同前註1，頁51-52。

20 一般認為，忠實義務為競業禁止之上位概念。

21 參見前註4。

22 證券交易法第31條規定：「（第1項）募集有價證券，應先向認股人或應募人交付公開說明書。（第2項）違反前項之規定者，對於善意之相對人因而所受之損害，應負賠償責任。」

23 有關公司負責人所負不實資訊之民事責任，參閱廖大穎，《證券

交易法導論》，台北，三民書局股份有限公司，初版第1刷，2005年，頁116-13。

24 邵慶平，〈論證券交易法第二十條的民事責任主體〉，《2010兩岸四地財產法學術研討會論文集》，2010年5月15日，頁249-270。

25 同前註25。

26 陳彥良，〈由歐盟、德國內線交易法制發展看台灣之內線交易規範〉，《2010兩岸四地財產法學術研討會論文集》，2010年5月15日，頁217-245。

參考文獻

1. 柯芳枝，《公司法論（上）》，台北，三民書局，2003年1月。

2. 楊敏華，《企業與法律——公司治理之監事制度研究》，台北，
   社團法人中華公司治理協會，初版，2004年。

3. 陳春山，《董事責任及獨立董事》，台北，學林文化事業有限公
   司，2002年。

4.. 陳春山，《公司治理法制及實務前瞻》，台北，學林文化事業有
   限公司，第1版，2004年。

5. 曾宛如，《公司管理與資本市場法制專論(一)》，台北，學林文化
   事業有限公司，2002年。

6. 王文宇，《公司法論》，台北，元照出版有限公司，初版第1刷，
   2003年。

7. 廖大穎，《證券交易法導論》，台北，三民書局股份有限公司，
   初版第1刷，2005年。

8. 張民安，《現代英美董事法律地位研究》，北京，法律出版社，
   2000年7月第1版，2000年。

9. 官欣榮，《獨立董事制度與公司治理》，北京，中國檢察出版
   社，2003年9月第1次印刷，2003。

10. 美國德拉瓦州最高法院大法官Hon. Randy Holland，〈董事會的責
    任與經營判斷法則〉，《公司治理會訊》，創刊號，台北，2007
    年9月1日，頁12-13。

11. 賴源河，〈內線交易之陷阱〉，《公司治理會訊》，創刊號，台
    北，2007年9月1日，頁11。

12. 邵慶平，〈論證券交易法第二十條的民事責任主體〉，《2010兩
    岸四地財產法學術研討會論文集》，國立中正大學，2010年5月15

日，頁249-270。

13.陳彥良，〈由歐盟、德國內線交易法制發展看台灣之內線交易規範〉，《2010兩岸四地財產法學術研討會論文集》，國立中正大學，2010年5月15日，頁217-245。

14.經濟合作暨發展組織（Organisation for Economic Co-operation and Development）之公司治理原則（Principles of Corporate Governance, 2004）。

15.Frank H. Easterbrook and Daniel R. Fischel, *The Economic Structure of Corporate Law*, Harvard University Press 1996.

16.J. Anthony Van Duzer, *Essentials of Canadian Law-the Law of partnerships and Corporations*, 75Irwin Law Inc., 1997.

17.Jeffrey D. Bauman, Elliott J. Weiss, Alan R. Palmiter, Corporation Law and Policy-Materials and Problems, West Group, 2003.

Chapter *5*

證券化商品風險之法律制度檢討——以次貸風暴後對台灣資產證券化發展為例

陳彥良[*]

第一節　前言

　　資產證券化係為解決金融市場中部分資產持有者無法從傳統籌資管道將資產變現之問題[1]。資產證券化簡單而言，就是指各種具備現金流量之資產，透過轉換成證券型態使其具有流動性及市場性並藉由信用增強來引導投資人之過程。金融機構可透過此架構擴大籌資管道並達到分散風險的目的。在不動產證券化之部分就是將實體存在之不動產之產權轉化證券，投資者與不動產之間，乃由直接支配關係變為持有表彰權利之證券[2]。台灣目前已完成不動產與金融資產證券化相關法令架構之相關立法，所發行之受益證券或資產基礎證券也屬證券交易法所稱之有價證券。

　　台灣資產證券化法制起源於2002年7月公布實施金融資產證券化條例[3]以及2003年7月公布實施不動產證券化條例[4]，也就是說台灣資產證券化市場可大致區別為金融資產證券化市場以及不動產證券化市場（型態分佈參見表5-1、5-2）。依據金融資產證券化條例之規定，所謂金融資產包括：汽車貸款債權或其他動產擔保貸款債權及其擔保物權、房屋貸款證券化或其他不動產擔保貸款債權及其擔保物權、租賃債權、信用卡債權、應收帳款債權、其他金錢債權及其他經主管機關核定之債權。再者依據台灣不動產證券化條例之規定，所謂不動產則包括土地、建築改良物、道路、橋樑、隧道、軌道、碼頭、停車場及其他具經濟價值之土地定著物等。而不動產證券化則另可依信託目的之不同成立不動產投資信託與不動產資產信託，向投資大眾公募或私募並交付受益證券，以取得資金。其中不動產投資信託係以投資不動產、不動產相關權利、不動產相關有價證券及其他經主管機關核准投資標的而成立之信託；不動產資產信託係委託人（不動產持有人）移轉其不動產或不動產相關權利與受託機構，並由受託機構發行受益憑證以表彰受益人對該信

託之不動產、不動產相關權利或其所生之利益、孳息及其他收益之權利而成立之信託。而近來由美國次貸風暴所引致之金融危機也對台灣產生影響，首先將就次貸風暴與資產證券化相關議題加以說明，再對台灣不動產證券化條例之影響和修法加以說明。

第二節　次級房貸風暴問題與金融資產證券化

一、金融資產證券化

　　金融資產證券化（Financial Assets Securitization；FAS）於西元1970年代起源於美國。當時美國聯邦政府為振興住宅金融市場與改善儲蓄金融機構流動性不足，而發行證券化商品[5]。美國於1930年代因經濟不景氣而許多人無力購屋置產，為協助解決此問題，乃由美國儲貸協會（Saving and Loan Association;S&L），即S&L等儲貸金融機構，提供民眾長期、固定、低利之貸款。但是在1970年以後，由於布列敦森林協定（Bretton Woods Agreement）瓦解及石油危機之發生，匯率及利率呈現劇烈波動，導致許多資金來源主要為短期定期存款之金融機構其資金運用為因承作長期固定低利房屋貸款，面臨資金短缺及流動性不足問題，而陷入經營困境。美國政府為協助其解決困境及振興住宅金融市場，乃由美國三大政府機構：政府全國抵押協會（Government National Mortgage Association;GNMA）、聯邦全國抵押協會（Federal Nation Mortgage Association;FNMA）及聯邦住宅貸款抵押公司（Federal Home Loan Mortgage Corporation;FHLMC）出面將 S&L 所承做的住宅貸款，彙集成組群並加以保證，再發行證券銷售給投資大眾。此為不動產抵押貸款債權證券（Mortgage-Backed Securities，簡稱為MBS），即金融資產證券化之開端[6]。儲貸金融機構藉此取得了資金，也增加了資產流動性，並且可再融資給新的住宅貸款客戶[7]，而發行之不動產抵押貸款債

權證券則公開賣給投資大眾[8]。

　　如前述證券化之定義，泛指將資產或負債轉換為證券型態加以銷售，使其具流動性、市場性的一種金融創新現象。而金融資產證券化，於台灣金融資產證券化條例，第4條第1項第3款規定，明確其定義為，「創始機構依本條例之規定，將資產信託與受託機構或讓與特殊目的公司，由受託機構或特殊目的公司以該資產為基礎，發行受益證券或資產基礎證券，以獲取資金之行為」。

　　金融資產證券化，乃指金融機構透過特殊目的機構之創設，以其所持有可產生現金流量、資產型態具有標準特性或信用品質易於評估之汽車貸款債權或其他動產擔保債權及其擔保物權、房屋貸款債權或其他不動產擔保貸款債權及其擔保物權、租賃物權、信用卡債權、應收帳款債權或其他金錢債權等各種金融資產，移轉或設定信託與特殊目的機構，作為基礎或擔保，乃至於經由信用評等或信用增強機制之搭配，而將上開金融資產重新群組包裝成小額化或單位化之有價證券形式，向投資人銷售以調度資金之過程[9]。

 二、次貸危機

　　有關次貸危機問題必須先了解美國主要的住房抵押貸款，其大可分為三類：一是優質抵押貸款（Prime Loan），二是Alt-A抵押貸款，三是次級抵押貸款（Subprime Loan）。他們的分類主要是按照借款主體信用條件的評等好壞來區分。美國聯邦國民住宅抵押貸款協會（Fannie Mae；又稱房利美）以及美國政府國民抵押貸款協會（Ginnie Mae；又稱吉利美）和聯邦住宅貸款抵押公司（Freddie Mac；又稱房地美）根據借款者的評級劃分，將抵押貸款市場也分為三個層次：優質貸款市場、Alt-A貸款市場和次級貸款市場[10]。

　　所謂次級房貸，是指銀行針對信用紀錄較低、還款能力較差的客戶

所承作的房屋貸款，以承擔風險，多半採浮動利率，且比一般房貸利率高出二至三個百分點，美國次級房貸業務從2004年起快速成長，剛好碰上全球利率偏低，市場出現過剩資金，這些龐大資金為了追逐高獲利，開始投資由次級房貸轉化的證券化商品。而且美國房貸核貸模式與標準過於寬鬆，其一直放鬆購屋信貸標準（不用付首期，不用入息證明，也不計較抵押單位的質素等）而形成的次級房貸市場，許多房貸業者為保持客戶流量而調降承貸標準，業務不斷地伸向不良記錄及低收入戶，甚至百分之百借貸，所推出的各種名目貸款中，包括無需收入證明或存款證明的「無文件房貸（no-doc loan）」，獨立房貸承銷掮客為了賺取更多佣金，向無力付出房貸的人誘騙推銷，讓無固定收入及沒有收入來源的人取得貸款資格。次級房屋信貸經過貸款機構及華爾街券商從次級房貸業者買進資產抵押債券（asset-backed securities，ABS），接著再發售以房貸作擔保的不動產抵押擔保證券（mortgage-backed securities，MBS）」，在結構性衍生信貸市場中，因為資訊不對稱，投資者大量且必須依賴信用評等公司的報告來做出投資的決策，但是信用評等公司大量使用AAA與AA級來評價該等債券商品，根據美國債券市場的統計，在所有的次級貸款MBS債券中，大約有75%得到了AAA的評級，10%得了AA，另8%得了A，僅有7%被評為BBB級或更低，事後證實其價值都被高估而誤導投資者[11]，再者衍生性金融商品的發展趨向使用越來越高的槓桿倍數以提供更高的報酬，將原來的衍生性金融商品再加以切割與組合來創造新的衍生性商品，以滿足市場的需求，衍生性金融商品的日異複雜的發展，使得風險與規模難以掌控。當美國次級房貸風暴發生時，全世界多家大型金融機構如保險公司、資產管理公司、投資銀行等，面臨投資虧損的壓力，也促使全球金融類股表現不佳，加上結構型商品資訊的不透明，其他國家的投資者不知道所投資的外國金融品中究竟是否包括次級房貸在內，因而對於手中的外國金融商品採取不理性的賣出，引發投資人趨避風險心理，進一步加深各國金融市場跌幅，造

成全球之金融危機。

 三、對台灣的影響

　　美國次級房貸不管在利率、相關衍生性金融品、股市及匯率都對台灣造成了不小的衝擊,依據金管會統計,台灣金融體系投資美國次貸相關商品的金額高達新台幣750億元,包括銀行業新台幣404億元、壽險業新台幣300億元。國內投信則是有2檔基金投資次貸商品,境外基金也有25檔踩到地雷。目前,國內投信已認列950萬美元損失(約新台幣3.13億元)。根據雷曼兄弟以95年底台灣海外證券淨投資890億美元(約新台幣2.93兆元)估算,若全球股市下挫20%,意味台灣投資者的潛在損失高達180億美元(約新台幣5,925億元),相當於台灣GDP的5%。同時,這次風暴也引爆銀行財富管理連結次級房貸商品的贖回潮,讓購買相關商品的投資人損失新台幣3.9到5.2億元。在台灣實質經濟面的影響方面,由於台灣主要的出口產品是科技產品以及其他消費性產品,與美國消費者支出的相關性高,次級房貸風暴若造成美國經濟成長趨緩或是全球的經濟衰退,將對台灣的出口經濟造成極大的壓力,出口疲軟將直接影響企業的獲利,企業經營困難會造成失業率升高,消費者緊縮消費,形成惡性循環而影響國內的經濟成長。次貸商品資訊透明度不足所衍生投資人信心不足及損失,本已相當嚴重,基於新金融商品具有高度的蔓延性與擴散性,意即所謂外部性,所造成的相關影響是全球化、國際化的。以我國來看,首當其衝的即是部分保險業大量持有房地美、房利美相關之債務商品,一般而言,二房相關債務商品和次貸商品之信用風險層度不同,但由於欠缺相關資訊及市場信心,仍造成金融市場不小的震盪。

　　從次級風暴發生以來,已有許多國家及機構提出檢討報告,其中評價及揭露等資訊透明度議題為重點項目之一。茲以金融穩定論壇(Fi-

nancial Stability Forum，FSF）於2008年4月公布之報告[12]為主，說明其所提出之相關改進建議。FSF主要係由已開發國家金融監理機關及國際性機構為會員所組成，其中包含國際性會計準則委員會（IASB）。其報告第三章即針對資訊透明度及評價議題，提出下列部分建議事項[13]：

金融機構應加強風險揭露，且金融監理機關應Basel II第三支柱之風險揭露要求，FSF強烈鼓勵金融機構在其半年報中，參考本報告所列示之揭露範例，提出足夠之風險揭露。且投資人、金融業及會計師應一起合作提供當時與市場狀況最相關之風險揭露，為達此目的而採取下列措施：發展有用的風險揭露原則；每半年一起討論金融業所面臨之主要風險，辨認與投資人最有關且有用之風險揭露型態。

另外證券市場主管機關應與市場參與者合作，以擴大提供證券化商品及其標的資產之透明度，創始機構、安排機構（arrangers）、配銷商（distributors）、管理機構（managers）及信評機構應加強證券化環節每一階段之透明度，包括提升及標準化有關資產池內標的結構型信用商品之初始及持續性資訊。證券化商品之創始機構及發行人，應對其標的資產之承作標準予以透明化，且應可提供投資人及信評機構有關期審查評鑑之結果。投資人及其資產管理人應從結構型信用商品之承銷商，取得有關信用風險特性之較佳資訊，包括標的資產池之初始及持續性資訊。

證券市場主管機關將與市場參與者合作，研究設立較完整之資訊系統範圍，以涵蓋信用商品次級市場交易價量之盤後資訊透明度。

由以上FSF報告所提出之部分建議事項可知，其涵蓋對象及範圍甚廣，包括主管機關、準則制定單位、金融業者，投資人及信評機構等，顯見金融監理機構對解決此一議題之迫切程度。台灣目前已積極強化金融監理作為。

在金融資產證券化中，推動金融機構加強公司治理係為首要挑戰，很重要之部分在於將風險管理納入董事會應負之責任當中。換言

之，監理市場之機構應要求金融機構，定期公布該機構交易所涉風險，發表專業評估風險報告書，使市場投資人得以了解所涉風險，彌補資訊不對稱下所造成資訊落後而影響正確判斷之闕失[14]。再看台灣不動產證券化條例第26條（第36條準用本條），皆明白表示受託機構依信託業法第21條規定設置之信託財產評審委員會，應至少每三個月評審不動產投資信託基金之信託財產一次，並於報告董事會後，於本機構所在地之日報或依主管機關規定方式公告之。亦即持續性揭露對於風險管理而言是極有助益之方式。

資訊之揭露及透明度是使資本市場運作有功能及有效率不可或缺之前提要件。只有在市場參與者（Marktbeteiliger）能夠獲得迅速及廣泛有關重大影響證券行情之所有資訊，才有可能公平的對證券加以評價及作出正確處置資產之決定。若以資訊揭露的增加，想要達到揭露強化之目的，也可能會適得其反，在加強資訊透明度時，除了揭露的實質內容外，有關於揭露之範圍也必須注意，因為除了不足的資訊會造成資訊傾斜向企業經營者一方外，過多的資訊也有可能使得市場參與者反而忽略了重要之資訊。也就是說對市場參與者之決定有重要性之資訊過少的狀況，有可能是因為提供在過多而龐雜的資訊量的情形下所造成[15]。所以企業有提供具有實質意義的資訊之義務，而非只是將所有之資訊全部提出。即在資訊揭露時只有透過積極的資訊政策（Informationspolitik）以及重要資訊必須公開之拘束，投資人得以了解該企業之政策以及其在資本市場中競爭力，最後投資人才可能作出對該企業正確之評價。亦即從不同角度探討，無論是金融資產證券化或不動產證券化，資訊透明度在交易商品和風險評價上占有極重要之角色，尤其台灣於2009年初對不動產證券化條例修法中加入了開發型不動產之類型做為證券化標的，或許加入管制固然是最容易想像之手段，但同時也可能是副作用最大的管制手段。因此資訊揭露的質與量，站在投資大眾以及市場角度觀之，資訊之實質內容與範圍是同等重要。

第三節　台灣不動產證券化進展

一、概述

　　不動產證券化，係指將實體在之不動產權化爲私法上表彰權利之證券，不動產基本之概念上依台灣民法第66條第1項規定，「稱不動產者，謂土地及其定著物。不動產之出產物，尚未分離者，爲該不動產之部分。」而依台灣不動產證券化條例4條第1項第1款「不動產：指土地、建築改良物、道路、橋樑、隧道、軌道、碼頭、停車場與其他具經濟價值之土地定著物及所依附之設施，但以該設施與土地及其定著物分離即無法單獨創造價值，土地及其定著物之價值亦因而減損者爲限。」而此處所謂的「證券化」係指，受託機構依不動產證券化條例之規定成立不動產投資信託或不動產資產信託，向不特定人募集發行或向特定人私募交付受益證券，以獲取資金之行爲。而台灣在資產證券化法制中分別制定了金融資產證券化條例以及不動產證券化條例，故在許多與不動產相關之債權和擔保物權等之證券化，係由金融資產證券化條例來規範，而非屬於不動產證券化條例規範範圍[16]。

　　台灣不動產證券化之法源及規範依據的不動產證券化條例，在2003年7月立法院通過，並於7月23日公佈施行。條例共7章計68條。第一章總則，除說明本條例之宗旨，在藉由證券化以提高不動產之流動性，增加投資管道等外，並規定依照本條例募集之受益證券爲有價證券。第二章不動產投資信託，第三章不動產資產信託，做爲證券化之兩種型態。第四章受益證券之發行交付及轉讓、受益人會議，詳細規範受託機構管理、處分信託財產，發行證券應遵守之事項，藉以爲保障投資人。第五章稅捐及相關事項。第六章行政監督，第七章罰則，以刑事處罰，加強本法之規制性。第八章附則。

台灣不動產證券化條例中其主要內容為不動產投資信託以及不動產資產信託二種。而「不動產投資信託」，係指由受託機構向不特定人募集發行或向特定人私募交付不動產投資信託受益證券，以發行證券所得投資於不動產、不動產相關權利、不動產相關有價證券及其他經主管機關核准投資之標的，而成立之信託[17]。

因此不動產投資信託就是受託機構先募集資金再投資不動產，受託機構募集資金的方式，可以採用公開募集，或採用私募，募集所發行之證券稱做不動產投資信託受益證券，這些受益證券不論是公開募集或私募，都屬於證券交易法所規定的有價證券[18]。受託機構發行受益證券取得資金後，將該資金投資於不動產。取得的不動產成立信託財產，以受益證券持有人為受益人，享有信託財產及所生之利益、孳息及其他收益[19]。

受託機構在募集資金以前必須檢具一定的書件，如果是公開募集，主管機關採取較高度的管制，必須先經財政部聲請核准，如果是私募，不影響大眾投資人，只須向財政部申報生效。所檢具的書件依條例第六條主要為不動產投資計畫、不動產投資信託契約、公開說明書（私募則為投資說明書）、信託基金經營與管理人員符合法定資格之證明文件、設有信託監察人者其名單及資格文件、受託機構董事會議事錄、信託財產管理處分方法說明書、律師或會計師複核之案件檢查表、律師之法律意見書等等。

投資信託計畫為受託機構日後經營不動產投資信託業務的依據，為投資人評估是否購買受益證券的主要參考，更是主管機關核准與否的重要根據。因此，條例第8條詳細規定計畫書應記載之事項，除了載明計劃購買、管理或處分之不動產或其他投資標的之種類、地點、預定持有之期間、資金來源運用及控管方法、成本回收、財務預測及預估收益等等細節之投資計畫外，更包括受託機構之名稱、地址，信託基金之名稱及存續期間，基金募集或私募之總額及單位數，受益證券之發行方式及

內容等。而受託機構也應依照主管機關核准或申報生效之計畫書來經營所投資之不動產。

　　台灣不動產證券化商品在2003年7月不動產證券化條例通過後，由嘉新水泥於2004年6月首先推出信託標的為IBM商業大樓之不動產資產信託，金額達44.1億元，其中21.3億元上櫃交易，存續期間七年，而其他部分即採私募方式募集；隨後於富泰建設與全億建設於2004年12月亦推出國內第二檔公募之不動產資產信託商品。而特力公司與遠雄人壽在此期間亦推出賣斷型不動產投資信託，其與其他融資型不動產投資信託最大之差異在於賣斷型商品在信託期間結束後，不動產不會返還給委託人（創始機構），而是進行處分，並將利益分配與受益人。而富邦集團於2005年3月推出國內第一檔不動產投資信託基金（REITs），募集總金額達58.3億元，其初始之投資標的為富邦集團旗下之三棟商業大樓。在2005年3月時，台灣不動產證券化商品之規模已達184.6億元之規模，其後因金融危機之發生，於2008年成長便較為緩慢，至2009年4月時不動產證券化商品之規模已達716.1億元[20]，但是由表6-2可得知，台灣不動產證券化在這幾年並未有顯著之成長，而呈現停滯。

　　由上可知，雖然台灣不動產證券化相關條例推出較晚，但台灣資產證券化之市場已逐漸朝多元化發展，惟目前發展之限制在於商品推出之規模相對較小，故次級市場之建立尚未臻成熟，未來相關商品規模若能朝大型化發展，台灣之資產證券化市場當能建立更為成熟且健全之效率市場。

表5-1　資產證券化核准量統計

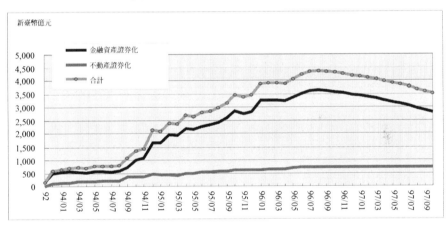

（圖表呈現到2008.10，而目前統計至2009.05皆無新核准之不動產證券化案件[21]）

表5-2　資產證券化發行餘額統計

二、台灣不動產證券化條例之修法

1. 舊法之批評

　　在台灣不動產證券化條例於2009年1月21日修正，係因為原條例在台灣受到不少之批評[22]，其批評大致可分為以下數點：

(1)原則上投資信託基金之發行僅限於以「封閉型基金」爲主並不
符合市場潮流

條例所規範之不動產投資信託基金之發行型式，原則上以「封閉型
基金」爲主，例外情形須經主管機關專案核定者，始得募集「開放型基
金」。立法目的乃基於因不動產投資信託基金主要投資標的爲不動產，
其流動性低、單位投資成本高、市場價值不易評定，且不動產開發初期
仍需大量資金，無法供投資人隨時贖回；爲維持該基金之穩定性，明定
其基金型態以封閉型基金爲限；而開放型基金則具有一定限制條件[23]。
但有鑑於目前台灣之證券投資信託基金，現在幾乎皆採開放型基金，封
閉型基金已屬少見，故應減低政府管制之程度，而交由市場機制自由決
定其發行型式[24]。

(2) 條例中未引進特殊目的公司制度

台灣不動產證券化條例僅採用信託型之架構，而未納入公司型之設
計，依據不動產證券化條例草案之總說明，其立法目的乃顧及特殊目的
公司與一般公司法制契合性較低，以及觀金融資產證券化條例，亦僅採
信託型之架構。惟在美國及日本不動產證券化之立法及實務上，亦有採
用公司型之架構，甚至以此爲重，故不動產證券化條例未採納之，將來
似可考量納入之可能[25]。

(3) 估價制度與信用評等仍有許多缺陷

不動產估價結果爲不動產證券商品化之成功與否之關鍵。定價問
題，我國雖已有不動產估價及專業估價師制度，然估價制度之文字與估
價標準均不明確，估價師之專業性令人質疑，均使投資人易對估價結果
難以信賴。此外，信用評等爲不動產證券透明度之關鍵所在[26]，然而其
專業與公正性亦備受質疑，最顯著之例子爲美國次貸風暴下，受評價爲
AAA之企業均多傳出倒閉與破產消息。

(4)單單以信託業為受託機構，有實際上之困難。

首先，信託業之專業知識、經驗不足。欲就不動產之受益證券建立流通性，前提乃在不動產開發要成功，然不動產開發與管理，當不動產業者較為閑熟，也較了解市場狀況[27]，而信託業乃金融機構，非不動產之專業機構，由其擔任不動產證券化之推手，有可能即因知識經驗之不足，導致失敗之結果。再者也對不動產業者不利，因不動產業者乃真正具有專業且應成為開發主導者[28]，然在條例規定下，則須靠行未具專業之信託業，此外，規定下不動產業者更立於不平等之契約地位，無主導性卻有重大責任，更影響不動產業者之管理意願[29]。再者也會減少一般投資誘因，由於受託機構限於信託業，而信託業最低資本額高達二十億，又須信用評等達一定等級以上者，則推動不動產證券化之信託業家數有限，缺少競爭，無法降低發行成本，投資人可能因無利可圖，較不願投資[30]。

(5)原條例中並未許可開發型不動產，使得無法發揮最大效益。

當初有部分見解認為開發型不動產風險過大，不確定性過高，故於以往台灣不動產投資證券化之條文中並不容許開發型不動產，但外國立法已實施多年，成效卓著，且不動產證券化之主要目的，即為為不動產開發案籌措資金，若無開發型不動產類型，其實是有悖於其立法之原意和不動產證券化之發展。

2. 2009年修法及開放陸資投資

不動產證券化條例於92年7月23日公布，同年月25日生效，當時因開發型不動產或不動產相關權利之風險較高，於不動產證券化市場發展初期不宜納入，爰限定已有穩定收入之不動產或不動產相關權利始得成為不動產證券化之標的。鑑於該條例施行已逾四年，不動產證券化市場已穩定發展中並漸趨成熟，為使不動產證券化商品更多元化，以活絡不動產證券化市場，提升資金運用效能，並為房地產市場注入新的動能，

促進整體不動產市場之發展，將開發型之不動產或不動產相關權利，納為不動產證券化之標的，有其必要，爰併同其他有增修必要之條文，故台灣擬具「不動產證券化條例」部分條文修正草案，其修正要點如次：

(1)將開發型之不動產或不動產相關權利納為不動產證券化標的，並訂定相關配套措施。

(一) 就開發型之不動產或不動產相關權利予以定義，並允許其得成為證券化標的，惟為避免開發型不動產廠商利用本條例籌措大部分資金，本身僅出具少量資金，致造成道德風險，規定不動產投資信託基金投資於開發型不動產或不動產相關權利，不得超過該基金信託財產價值之一定比率，且以政府、公股占百分之二十以上事業、政府直接或間接控制之基金或法人參與投資比率合計未超過百分之十、政府未承諾承擔其債務或保證其營運收益之標的為限，且募集之不動產投資信託基金投資於開發型之不動產或不動產相關權利，僅限於都市更新案件、促進民間參與公共建設法所稱公共建設及經中央目的事業主管機關核准參與之公共建設；至於不動產資產信託受益證券部分，則限於私募者始得將開發型之不動產或不動產相關權利納為證券化標的。（修正條文第4條、第17條及第30條）

(二) 增列不動產或不動產相關權利之取得及開發，為不動產投資信託基金借入款項之目的之一。（修正條文第19條）

(三) 不動產投資信託基金若投資於開發型之不動產或不動產相關權利，則受託機構書面控管報告應包括開發階段，且其按季向董事會所提出之各階段之檢討報告，亦應將開發階段納入。（修正條文第23條）

(2)強化投資人權益之保障

(一) 增訂發起人、安排機構之定義與受託機構應盡之義務及其行政處罰。（修正條文第4條、第6條、第15條及第63條）

(二) 修正不動產管理機構之定義與增訂安排機構之資格條件及不動

產管理機構與受託機構簽訂委任契約書之應記載事項。（修正條文第4條）

(三) 增訂受託機構應於營業年度終了及信託計畫執行完成後，向信託監察人報告及通知受益人之規定。（修正條文第44條之1）

(四) 由於不動產受益證券發行過程中分工複雜，若於公開說明書或投資說明書應記載之主要內容有虛偽或隱匿情事致善意相對人受有損害，投資人恐不易求償，爰增訂發起人及其負責人等之連帶賠償責任。（修正條文第46條之1）

(五) 增訂受益人向受託機構請求閱覽、抄錄或影印相關書表之規定及受託機構拒絕請求之處罰。（修正條文第47條及第63條）

(六) 增訂發起人不得為信託監察人。（修正條文第48條）

(3) 為符國際實務，修正封閉型基金及開放型基金之定義，並增訂其追加募集或私募之程序。（修正條文第4條及第9條）

(4) 因應主管機關與證券主管機關已合而為一，受益證券屬募集者，應由主管機關核准即可。（修正條文第6條、第29條及第61條）

(5) 為促進不動產證券化市場之發展，修正有關不動產資產信託之信託財產，其租賃期限不得超過信託契約存續期間之規定。（修正條文第34條之1及第36條）。

而該修正條例於2009年1月6日由立法院三讀通過，同年1月21日公佈，綜上觀之，此次台灣不動產證券化條例修正草案，最主要之部分仍在於將開發型之不動產或不動產相關權利納為不動產證券化標的，不動產證券化修正條文已將開發型不動產證券化的定義、運作、基金限制、追加限制作明確之規範。將開發型之不動產或不動產相關權利定義為，正進行或規劃進行開發、建築、重建、整建之不動產或不動產相關權

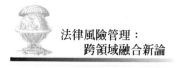
利。開發型不動產納入不動產投資信託（REITs），做為證券化標的，投資人可享更高收益，為都市更新計畫、愛台十二項建設[31]等公共建設闢新財源。新法定義，開發型不動產包括都市更新計畫的土地、建築物、不動產相關權利；促進民間參與公共建設法所稱的公共建設，就是BOT案；經中央主管機關核准參與的公共建設，如愛台十二項建設。新法規定，REITs若採取公開募集，不能超過其信託財產價值的30%，七成必須是商業大樓；不動產資產信託（REAT）也可以納入開發型不動產，但僅以私募者為限。但該法設置把台灣高鐵排除在外的「高鐵條款」，限制公募的REITs不得投資高鐵；但公股持股比率逾2%，政府基金投資逾10%的土地開發案，也不能投資。

也就是說各項公共建設，例如愛台十二項建設等都可包裝為證券化商品，供民眾投資，開啟政府籌措資金的新管道。另外大陸資金也可以到台灣投資不動產商品。該法修正的效果就是可讓大陸資金來投資台灣的不動產。依台灣2009年4月29日公布之大陸地區投資人來台從事證券投資及期貨交易管理辦法[32]第12條之規定[33]，大陸合格機構投資人（QDII）得來台投資有價證券，而不動產證券化標的（REITs）屬於有價證券之一，因此大陸QDII可以參與投資，但在投資限額上有所限制，金管會並將會商中央銀行，依據管理辦法第13條規定，以發布令方式訂定陸資投資我國證券之限額。

3. 修法後之其他問題

開發型不動產證券化條文通過後，仍有許多問題，例如禁止公募方式的開發型不動產資產信託，開發型不動產證券化的運作方面，私募方式的REIT及REAT均不予限制。此因私募乃向特定對象募集資金，表示募集對象對於此開發型不動產有一定的風險認知，然而對於公募的不動產投資信託則限制於都市更新及公共建設，卻完全禁止不動產資產信託之公募。此因公募乃向投資大眾募集資金，且未開發完成的不動產收益

若加以評估並不適當，所以限制公募之比率及項目。

　　然而修正條文將不動產投資信託限制於都市更新，由於我國實務都市更新制度上的問題已不勝枚舉，此限制之善意可能不見成效，更應強調的是在未多方面思考草案通過決策依據下，貿然透過中央的法令鬆綁通過該制度，可能會產生地方政府肩負社會成本的情形[34]。

　　再者限制不動產開發型基金之使用也是值得思考的問題，不動產開發最有迫切資金需求的期間為投資開發初期，原因在於清除地上物、整地、購地等作業，占了大部分的資金需求，惟新法中規定基金的使用須於領得建造執照後方能動用基金款項，此規範似乎扭曲了開發型不動產證券化的本意[35]。

　　特別是此次修正主要係對於開發型不動產證券化投資之開放，故對於其他問題較少加以著墨，例如是否應交予市場機制決定為封閉型或開放型基金、信託業者是否為唯一之受託機構、估價制度與信用評等之問題均未著墨，為此次修法之遺珠。特別是此次金融風暴後，信用評等機制之問題已被重視。

第四節　對證券化過程信評制度再思考

一、信評失靈

　　於證券化之過程當中，信用評等占了一個非常重要之地位，台灣有關資產證券化信用評等之法源在於不動產證券化條例第44條[36]以及金融資產證券化條例第104條[37]，信用評等機構係指對資產提供信用評等服務之機構[38]，即負責評估相關有價證券於交易過程中給付遲延或不完全給付的風險，而給予某種信用評等之機構[39]。目的在藉由信用評等制度將資訊公開，使投資人對於其所投資之商品充分了解，以提高參與及持有之意願。各種信用增強機構對本息之保障程度非外部人所能主觀判

斷，故恆由信用評等機構針對產品給予專業審查，並授予信用等級[40]。隨之而來如何確保信用評等機構提供資訊之眞實與實用，並課以相當之義務與責任，爲另一重要之問題，亦爲美國次貸風暴發生之成因之一[41]。

因爲資訊不對稱的情形大量存在於結構性衍生信貸市場中，所以許多的投資者必須依賴信用評等公司的報告來做出投資的決策，但是信用評等公司評價該等債券商品時，大量給予AAA與AA等級之評價，根據美國債券市場的統計，在所有的次級貸款MBS債券中，大約有75%得到了AAA的評級，10%得了AA，亦有8%得了A，至於被評爲BBB級或更低等者只有7%，事後證實其價值都被高估而誤導投資者[42]。

從2007年8月開始全世界的金融市場遭逢了嚴重的信心危機。這場危機源自於美國的次級房貸隨後擴散至金融市場的其他部分。此次金融風暴是由許多原因所形成的複雜現象。次級房貸使得信用不佳的購屋者得以購屋（因此也有高度債務不履行的風險）並且審核的標準較爲寬鬆。這些次級房貸有許多都被組合在資產池中並且透過證券化的過程成爲在全世界銷售的創新金融工具（結構性商品）。這些金融工具常常會經過再一次複雜的金融創新重新組合並賣給像銀行、投資基金、退休基金、保險公司、或是其他專業的投資人。這些次級的結構性商品有超過80%被信評機構給予最高等級的評等。

這場風暴也重創了歐洲。特別是在透過三種不同之途徑，首先，一些歐洲的金融機構因爲接觸美國次級市場持有的美國次級證券而面臨虧損。再者次貸問題已經嚴重減緩美國對經濟成長的預期。因爲全球貿易的相互連結也同樣影響了歐洲的經濟發展。第三，全球市場上的不確定性也侵蝕了歐洲資產的價格並且降低了消費者與企業的信心。

信評機構之作爲不稱職係引發次級房貸風暴危機的主要原因之一，諸多信評機構給予許多複雜的金融商品優良的評等並認爲是值得大衆投資的。一般投資大衆多會信賴信評機構的專業知識，而對於這些金

融工具的風險特性、基礎資產的績效多半並不關心，只要信評機構給予優良的評等便認爲値得投資，風險不大。

根據據計在2008年第一季，美國有超過六兆歐元的證券化商品尚未到期故仍未清償，在歐洲則有總額大約一兆二千億歐元未到期。這些金融工具特別是結構債，而竟有75%的金融商品被信評機構給予了最高等級的評等。

因爲近來景氣變壞，信評機構爲回應幾近所有人對市場前景的情況都不予看好，故其也對於次級結構性商品之品質有所疑慮，所以信評機構內部也對各金融商品之評價加以修正，信評機構已經決定要對這些金融工具進行大規模的降級。與傳統的評等業務相較，例如企業評等、亦或主權評等等之業務，信評機構發生嚴重誤判且對結構性金融產品做出系統性的整體錯誤的評等。因此由2007年7月1日到2008年6月24日這段期間的統計可看出，信評機構總共調降了十四萬五千八百九十九個結構性金融商品的評等，相較於企業評等部分，僅有一千四百四十五個企業，於這段期間其企業評等被調降。由此可看出信評失誤這一問題已經對於結構性金融商品造成非常嚴重的影響，使得投資人陷於投資危機當中。

信評機構無法及早透過評等反映市場正逐漸惡化的情形。要解釋爲何信評機構表現如此不佳，原因大致如下：信評機構無法適當處理利益衝突，它們發佈的評等欠缺一定品質，信評機構透明度不佳以及內部治理欠缺。次級房貸帶來的災難證明了現行的信評機構管理制度需要大大的改進[43]，不論是在金融資產證券化之過程或是不動產證券化的過程中，信評機構在證券化過程中扮演的角色並無不同，相關爭議問題形成原因亦具有相似性。差別僅在於問題嚴重程度而已。

二、當前應解決之信評問題

次貸風暴之後美國及歐盟分別就信用評等機構的內部運作提出檢討，在美國方面，主要是針對利益衝突的控制與透明度問題提出討論；而在歐洲方面，歐盟執委會的提案除了利益衝突與透明度問題外，還提及信用評等品質問題以及信評機構應以何種規範密度加以管制。美國法與歐盟法的規範模式並非南轅北轍，而是有部分的類似，美國在安隆事件之前，對於信評機構即有所管制，美國證券主管機關SEC發展出國家級統計評等組織（NRSRO），要求信用評等報告必須是出自於NRSRO成員的信評機構始為官方所承認。然而，NRSRO的概念不明確，申請過程亦不透明，除此之外，美國法上對NRSRO會員的法律責任也付之闕如，甚至直接將NRSRO排除於責任訴追體系之外，問責機制欠缺成為信評機構管制的障礙，直到安隆事件爆發後，美國制定了信評機構改革法，對於NRSRO有了明確的定義，然而該法通過尚未施行，就發生了次貸風暴，該法對於信評機構的管制成效如何目前仍有待觀察。在歐盟方面，以往歐盟對於信評機構並無直接具體的規範，設立信評機構也不需要向主管機關登記，相較之下歐盟對於信評機構的監管比美國更為寬鬆，在安隆事件後，歐盟曾研議是否應對信評機構採取進一步的管制措施，而結論是認為當時的規範已經足夠處理信評機構可能會發生的問題，因此並未進行相關立法。美國次級房貸問題爆發蔓延全球成為金融海嘯，歐洲地區也遭受嚴重的衝擊，歐盟決定以立法規範處理信評機構的相關問題，歐盟執委會的立法提案主要參考對象為IOSCO行為準則以及美國信評機構改革法。

2008年12月歐盟針對信用評等機構提出一系列的改革方案，以避免類似事件再度重演，相關證據顯示信評機構在評等結構性商品時表現明顯比傳統的評等業務來的差勁。必須注意的是，隨著金融創新的進行，

未來類似的問題也可能會發生在其他信評機構受到限制或全無經驗的領域。歐盟理事會認為信評機構的主要有三大問題：

第一，評等業務上的利益衝突（failures in the integrity of the CRAs）。

第二，評等方法與評等等級品質不良（unsatisfactory quality of methodologies and ratings）。

第三，信評機構的作業欠缺透明度（lack of transparency of the CRAs）。

1. 利益衝突及購買評等問題

在評等業務上的利益衝突方面，經過許多的諮詢與調查後發現，在評估結構性產品時，信評機構並沒有進行利益迴避或是適當處理利益衝突。信評機構欠缺獨立性，薪資層面對於分析人員獨立性的影響，利益衝突的產生來自於評等業務外其他服務的提供，分析人員與將來潛在的雇主的關係以及「購買」評等是最需要受到關注的議題。

第一種利益衝突可能性，來自於「發行人付費」模式的利益衝突，信評機構對即將發行的商品進行信用評估的工作，費用是由被評等的發行人或是其創始人支付。這種情形為信評機構製造了利益衝突。當評等費用成為一項支出的成本時，發行人或創始人就會拼命的把所發行的商品塑造成符合最高等級的評等。另一方面，當信評機構想要獲得更多業積與最大利益時，評等客觀正確性會受到扭曲。另一個利益衝突的原因是信評機構在評估關於發行人或發起人的金融產品時欠缺獨立性。在2008年6月CFA學會[44]曾完成一份問卷調查整理，其以問卷方式詢問學會中世界各地的專業投資者，是否有信評機構受到來自投資人、發行人或認購人之壓力或關切後，進而有所改變評等之結果。其中在一千九百五十六份的問卷當中，其中有二百十一份表示，確有信評機構遇到相關之外界壓力後改變調整評等之評分。至於具體的施壓模式以

及如何進行時，51%的問卷表示發行機構會以將來的評等業務交由其他信評機構執行，據此來形成對信評機構之業務壓力，另有17%之問卷表示，利用將來利益，也就是告知將來可能會提供更多評等業務，信評機構著眼於將來之好處而屈服。當信評機構無法做到獨立客觀的評等時，它的評等意見有很大的可能並不準確。發行人或創始人與信評機構間經濟上的連結，是非常值得重視的議題，也就是說商業利益或是其他的連結都應儘可能做制度性之避免與調整，以免危及信評機構的獨立性，進而造成信評制度之失靈。

另一種利益衝突是來自信評機構其他相關的營運活動所暴露的利益衝突[45]，例如信評機構同時提供顧問服務與相關服務所生的利益衝突。換言之，利益衝突的其中一個原因是信評機構對發行人／創始人提供非評等的服務，由此能獲得巨大之利益，例如顧問諮詢服務。隨著信評機構之擴大，信評機構也會提供一些相關之服務，並不單單僅做評等之業務，這些非評等的服務對於公司的重要性逐漸增加，許多高額的收益來自於被評等的委託人，此與前述之利益衝突並不相同，但是信評機構也有明確的動機去維持這種對自己其他業務有利的關係並且在評等上有可能更加善待必須被評等的委託人。故信評機構提供意見諮詢服務也為信評機構製造了另一種利益衝突，信評機構裡的分析師提供或推薦關於結構性金融商品的設計公式。在這種情況下，信評機構的公正性與獨立性都將令人質疑：它同時提供發行人／發起人如何組合產品的建議以及評估該產品的違約可能性。

所謂相關附隨的服務是指評等過程中的其他業務行為，例如為缺乏流動性的結構性金融證券進行估價服務或是做價格分析，信評機構有可能提供發行人在某尚未實現的特定事件中對評等可能造成的影響意見，例如對於二家公司因併購或是其他方式合併對於評等或相關證券價格，可能會發生影響進行評估並提出報告，或是提供數種關於結構性產品的組合方式（例如如何將各種債務包裝，或是信用加強）。提供附隨的服

務也會產生與前述提供顧問服務相似問題。也就是說，當附隨業務的獲利關係對於評等公司之重要性大於提供嚴格且獨立的評等過程時，信評機構將欠缺公正性與獨立性[46]，而可能用較寬鬆的標準給予較高之評等。

故信評機構對於不同部門之人員應嚴格的區分，信評機構應該適當地在技術上及法律上將它們的分析人員與信用評等業務與可能會對信用評等產生利益衝突的其他業務分離。但另一方面而言，關於附隨業務與諮詢服務信評機構並無精確且共通的定義，有時是難以區分。

分析人員（分析師）與被評等主體的內部人員過度親密交流也可能造成利益衝突，主要是在信評機構參與證券化產品的形成的過程中，信評機構與發行人在進行過程中的交流是過從甚密並且從未間斷。這種情形會造成信評機構與結構性金融商品的發行人過於親近，且信評機構會成為實質上的諮詢顧問，進而形成利益衝突，特別是信評機構主要收益是要靠證券化過程時提供評等。除此之外，也常有分析師參與評等費用的磋商的案件。特別是在複雜的結構性金融業務分析人員參與討論工作的費用總額，如此也有可能形成嚴重利益衝突。

另外實務上也常發生「購買評等」的問題，購買評等的做法時常發生在當結構性商品的發行者在最後決定發行之前，都會先諮詢好幾個信評機構的並做的初步評等，在為了能獲得最佳評等的基礎上，發行人將會在正式發行前選擇對自己友好的信評機構。這有可能造成評等誇大以及評等的方法不嚴謹。

2. 評等方式和品質不完善以及評等作業透明度欠缺

於金融風暴發生後，有人認為信評公司應負一部分責任，信評機構被指控時，竟然有某公司說：「我們只依賴公開資訊做信評，如果公司的公開資訊有錯，我們不是會計師，也不是檢察官，自然會做出不正確的信評。」[47]也有信評公司人員說：「我們講的話就像電影評論一樣，

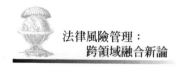
可以聽，也可以不聽。」此種說法也使得社會大眾和監理機關更體認到對信評機構監控以及信評機構自我改善之重要性。

此即意味信用評等機構必須對評等方式以及評分的品質加以嚴格把關，如同前述，相較於2007年的前半年，在2007年後半與2008年第一季，對於許多之金融商品都有重大的評等調降。因為這些評等無法反映受評的金融、基礎資產正確的市場價值。信評機構表現如此差勁且不值得信賴的原因主要在於評等方法欠缺一定的品質。至於為何評等方式不佳，可能主要有以下幾種原因：

1. 未對評等方法與標準加以定期的檢驗和修正。
2. 評等僅注重個體價關係而對總體經濟分析有所不足。
3. 評等資訊來源不充分、資料不足，但仍給予評等意見。
4. 未用統計學加以慎重的檢查。
5. 對於複雜的金融商品的評估工作人員的能力不足亦或未有足夠之人員。

在金融危機發生時，信評機構使用的方法與模型並不能適時地反映基礎資產市場正在逐漸惡化時，其缺乏適當的評等方法與評等標準，信評機構並未有高度意願去檢驗他們的評等方法，因為它們習慣於原有之方法，其希望評等結果儘量是穩定的。除此之外，評等方法的缺陷也可能導致評等運作的危機。這些評等方法的缺陷包括了所有的影響因素都僅限於次級貸款的歷史資料，而這些資料並無法評估資產池會對經濟情況造成何種影響。信評機構錯估違約的關連性將會造成廣泛的市場衰退。

CESR（The Committee of European Securities Regulators）認為信評機構評等方法都是把過去的歷史資料放在一個相對較新的市場中來評定，以及評等監控程序失靈都是造成次級房貸資產所引發的結構性金融商品評等調降遲延的主因。最近出版的金融時報指出，信評機構使用的

模型出現技術性錯誤將會造成評等結果嚴重扭曲。

再者信評機構對於評等結果缺乏定期的經常性的檢驗，對受評商品週期的監控是維持良好評等過程的關鍵部分。信評機構透過監控將決定評等等級的調升、調降或維持。信評機構不僅為了確保投資人的次級商品具有最好的信用品質而發佈大量的評等，而當情況逐漸變糟的訊息出現時也不夠警覺而沒有即時調降那些評等。

因信評公司家數不多，每一家信評公司都有許多之案件，各信評機構之監控部門一方面常有人手不足且監控品質不良的問題，評等是否有定期的確實監控查核也是令人質疑，另一方面而言，很多查核過程只是做表面功夫，未確實執行，此對評等的品質都造成不良的影響[48]。

信評機構必須有足夠、高素質且具高能力之專業評等分析人員，方有可能去處理複雜的結構性商品的評等，正是因為前述能力和人員之不足之問題，多數人認為這或許可以解釋為何信評機構失敗的原因。如同前述，這個問題可能已嚴重影響監控機制。CESR也嘗試透過諮詢利害關係人去收集相關證據去證明這說法之正確性。

信評機構在處理過去所發佈的評等時，有採用前後不一致標準的情形，假如信評機構改變了評等方法和標準或者是對市場關鍵議題的假設。信評機構因為改變評等方法而調整某一項發佈的評等時，它們並不會同時檢驗或調整其他的類似商品。這麼一來，投資人在閱讀評等資料時，將會無法分辨，如果是維持同樣的評等，究竟是按照新的評等方法加以檢驗還是單純的未被檢驗。

另一個重要之問題在於資訊不足以及信評機構常會使用缺乏品質的資訊加以評等。依一般的認知，市場參與者對於特定結構性商品的基礎資產的變化（發展）所能利用的資訊其實是相當不足。在相當成熟的市場，歐盟公開說明書指令與透明度指令都會要求發行人在發行人的運作、金融商品的交易或是公開發行方面定期與持續的資訊公開。因為如果投資人難以找到結構性金融商品基礎資產的營運或是發展演進的相關

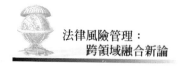

資訊，將會得投資人無法進行風險評估。

　　另一個重要的議題就是信評機構用來做成評等決定的資訊是否真實，例如，關於某些結構性金融商品是否已有重大的詐欺。這種情形主要出現在一些給債權人非常廉價或者評估錯誤的債款並誇大基礎的資產的價值的金融商品，儘管發行人負有提供信評機構真實資訊的義務，但是信評機構常常沒有適時地檢視那些從發行人取得的資訊品質。

　　信評機構缺乏紀律的對證券化商品加以背書，無疑是縱容使用不正確的資料的導因。在一份高違約貸款樣本分析的報告中，顯示出一些令人注意的不正常情況。有66%的抵押貸款資料有內容不實之情形，51%關於資產價值、其他貸款情況有不正常的情形，44%顯示工作或收入不確定，16%顯示當事人有竊盜而10%標示有詐欺。在2002年以前不動產貸款詐欺案件少於5000件，而在2004年和2005年，分別有18391件與25989件詐欺案。考量到關於次級不動產抵押擔保證券的課題中，不動產的影響、標準浮濫的背書與資料不實問題，一再出現，投資人需要一份完整關於貸款真實品質的真實分析，以保障其權益。

　　信評機構在關於市場發展的影響報告中，也大多都缺乏真實資訊分析以及宏觀的經濟預期。對於結構性商品的監控不能經常地僅限於資料數據的監控，而必須包括對將來總體經濟的分析對評等之影響。有鑑於將來總體經濟對評等影響的分析仍不被重視，投資人仍然不能確定可以依照評等作出投資決定，就如同各種市場的發展情況作為建立模型的參數可能會影響評等的變化。此外，目前信評機構也並未在評等意見中指出評等變動的因素[49]，這些都是值得將來改進之處。

　　在透明度加強方面也是信評機構必須再努力的方向之一，為了保障信評機構內部作業和程序有足夠之透明度，其必須揭露特定的重要資訊，例如利益衝突、評等方法、評等分類基準、以及信評機構給予職員薪酬之通常標準，只有透過這些資訊的公開，投資人在使用評等報告時方能對於評等機構所提供之報告有正確的評價，不致於僅能盲目的信任

該信評機構。

　　總而言之，只有經由信用評等制度將基礎資產的真實評價的資訊公開，方能使投資人對於其所投資之商品充分了解，而能做出正確之投資判斷，且能提高投資人參與及持有資產證券化後之有價證券之意願。而且信用增強機構對本息之保障程度也並非外部人所能簡單的判斷，所以都需要信用評等機構針對產品給予專業評斷，並授予信用等級[50]。所以如何確保信用評等機構提供資訊之真實和正確便格外重要，此次金融危機很大之原因亦在於評等之不確實，這些也是台灣應注意改進之處，應課以信評機構一定之義務與責任。

第五節　結論

　　台灣資產證券化法制起源於2002年7月公佈實施金融資產證券化條例以及2003年7月公佈實施不動產證券化條例，也就是說台灣資產證券化市場可大致區別為金融資產證券化市場以及不動產證券化市場。而各類具備現金流量之資產，可透過轉換成證券型態使其具有流動性及市場性。金融機構也可透過此架構擴大籌資管道並達到分散風險的目的。美國次級房貸危機不管在利率、相關衍生性金融品、股市及匯率都對台灣造成了不小的衝擊，當對資產證券化法制亦有影響，特別是在美國次貸危機後，台灣的資產證券化的發行也有趨緩之趨勢，主要原因也是在投資人對於此型態的有價證券因為此一事件而慢慢的漸生不信任感，而信用評等的失靈也使得投資人難以用評等公司提出之評等報告對經由資產證券化所發行的證券做出適當的投資策略。而台灣不動產證券化之發行，這二年也呈現了停滯之情形。

　　台灣不動產證券化條例立法之初，因立法院認為開發型不動產或不動產相關權利之風險較高，於不動產證券化市場發展初期不宜納入，現今為使不動產證券化商品更多元化，以活絡不動產證券化市場，提升資

金運用效能，故在今年1月的修法中將開發型之不動產或不動產相關權利，納為不動產證券化之標的，且台灣政府也將開放陸資投資台灣資產證券化之證券。

　　而信評制度的檢討也是全球性之議題，金融風暴之成因也有很大一部分在於信評制度之失靈，只有在投資人能得到正確而值得信賴的評等報告，方有可能做出正確的投資判斷，和願意參與市場，如前所述以往歐盟並不對信評機構做直接具體的規範，設立信評機構也不需要向主管機關登記，其對於信評機構的監管比美國更為寬鬆，在安隆事件後，歐盟曾研議是否應對信評機構採取進一步的管制措施，而結論是認為當時的規範已經足夠處理信評機構可能會發生的問題，因此並未進行相關立法，現在業已立法完成規範，台灣似應在此部分做出法規上之回應和修正，依台灣證交法第18條所制定之信用評等事業管理規則[51]於1997年頒布，2002年修正，其中根據該規則第10條所頒布之信用評等事業業務章則重點規範內容[52]係於1997年公佈，內容已不符合現今的需求，故應修正以加強信評機構之透明度，規範解決利益衝突問題，以利進一步發展資產證券化之市場。

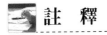 **註　釋**

* 陳彥良，國立台北大學法律學系副教授兼比較法資料中心主任，德國Mainz大學法學博士。

1 王文宇，〈資產證券化之基本問題研析〉，收錄於《新金融法》，元照出版，2004年，頁11。

2 Vgl. Helio/Wiesbrock (Hrsg.), Reit -gesetz (Gesetz uber deutsche Immobilien-Aktiengesellschaften mit borsennotierten Anteile), 2008, § 1 Rn. 1 ff.

3 參見 http://www.selaw.com.tw/Scripts/NewsDetail.asp?no=G0060267 （last visited 2010.05.15）

4 參見 http://www.selaw.com.tw/Scripts/NewsDetail.asp?no=G0061301 （last visited 2010.05.15）

5 賴源河，〈金融資產證券化條例簡介〉，《台灣本土法學》，第41期，2002年12月，頁185。

6 王文宇，〈台灣不動產證券化法制評析〉，發表於：2009.08「大陸、台灣、澳門、香港產權趨同性研討會」，香港大學房地產暨建築系主辦，頁2以下。

7 陸景玉，〈金融資產證券化之研究〉，《產業金融》，第93期，1996年12月，頁100。

8 王文宇，〈資產證券化的意義、基本型態與相關法律問題〉，收錄於《新金融法》，元照出版，2004年，頁158。

9 王志誠，《金融資產證券化——立法原理與比較法制》，五南出版，2005年3月，2版，頁1。

10 辛喬利、孫兆東，《次貸風暴》，梅林文化，初版，2008年8月，頁146-148。

11 張孟惠，《美國次級房貸危機對共同基金報酬率之影響》，朝陽
科大財經碩士，2008年7月，頁7-16。

12 Financial Stability Forum，Report of the Financial Stability Forum on
Enhancing Market and Institutional Resilience，2008.4。

13 黃金澤，〈從近期金融風暴談金融商品交易資訊揭露〉，《存款
保險資訊》，第21卷第4期，2008年12月，頁8-10。

14 謝易宏，〈潰敗金融與管制迷思〉，《月旦法學》雜誌，第164
期，2009年1月，頁209。

15 Vgl. Pfitzer/Oser (Hrsg.), Deutscher Corporate Governance Kodex,
2003, S. 181.

16 謝哲勝、陳亭蘭，《不動產證券化》，修訂二版，翰蘆出版，
2006年5月，頁20。

17 台灣不動產證券化條例第4條第1項第5款。

18 台灣不動產證券化條例第5條。

19 台灣不動產證券化條例第4條第1項第5款第1目及第7款。

20 參見：2009-05-22/經濟日報/A16版。

21 http://www.fscey.gov.tw/public/Attachment/96239432471.pdf (last vis-
ited 2009.06.14)

22 謝哲勝、陳亭蘭，〈不動產證券化條例簡介與評釋〉，《法學叢
刊》，第192期，2003年10月，頁59以下。

23 王文宇，〈不動產證券化法制評析〉，《法令月刊》，第53卷第5
期，2002年5月，頁31。

24 黃勃叡，《不動產證券化條例之解析與面臨問題之探討》，台北
大學法學系碩士論文，2004年7月，頁126。

25 楊育純、游千慧，《不動產證券化條例草案之探討(二)》，現代地
政，2002年8月，頁41。

26 許君薇，《不動產證券化條例實施後之立法因應》，東吳大學法

學碩士論文，2004年，頁194。

27 王文宇，〈不動產證券化法制評析〉，《法令月刊》，第53卷第5期，2002年5月，頁37。

28 許君薇，《不動產證券化條例實施後之立法因應》，東吳大學法學碩士論文，2004年，頁194。

29 李昇鑫，《我國實施不動產證券化之探討》，台灣大學財金所碩士論文，2002年6月，頁34。

30 王文宇，〈不動產證券化法制評析〉，《法令月刊》，第53卷第5期，2002年5月，頁37。

31 所謂愛台十二建設係當初國民黨總統參選人馬英九所發表台灣經濟新藍圖，首波提出「愛台十二建設」政見，預定在執政後八年內投入近四兆元，打造全島便捷交通網等十二項基礎建設。參見：http://www.libertytimes.com.tw/2007/new/nov/30/today-p3.htm（last visited 2010. 05.15）

32 http://law.moj.gov.tw/LawClass/LawContent.aspx?PCODE=G0400147（last visited 2010.05.15）

33 大陸地區投資人來台從事證券投資及期貨交易管理辦法第12條：「大陸地區投資人投資台灣地區證券，其投資範圍，以下列為限：一、上市或上櫃公司之有價證券。二、證券投資或期貨信託基金受益憑證。三、政府債券、金融債券或公開發行公司發行之公司債。四、依金融資產證券化條例或不動產證券化條例規定發行之受益證券或資產基礎證券。五、認購（售）權證。六、其他經主管機關核定之有價證券。

大陸地區投資人匯入資金尚未投資於台灣地區證券者，主管機關得視台灣地區經濟、金融情形或證券市場狀況，對其資金之運用予以限制；其限制比率，由主管機關會商外匯業務主管機關後定之。

大陸地區投資人投資台灣地區證券數額與華僑及外國人投資數額之合計數，不得逾其他法令所定華僑及外國人投資比率上限之數額。大陸地區投資人單次或累計投資取得上市或上櫃公司百分之十以上之股份者，應依相關機關所定辦法申請核准。」

34 張凱棻，《台灣開發型不動產證券化制度決策因素之研究》，國立高雄大學，都市發展與建築研究所碩士論文，2007年7月，頁3-53。

35 台灣不動產證券化條例第8條。

36 「受託機構依本條例規定發行或交付之受益證券，有經信用評等機構評定其等級或增強其信用之情形者，應於公開說明書、投資說明書或主管機關規定之其他文件，說明其信用評等之結果及信用增強之方式，不得有虛偽不實或隱匿之情事。」

37 「受託機構或特殊目的公司依本條例發行之受益證券或資產基礎證券，有經信用評等機構評定其等級或增強其信用之情形者，應於公開說明書、投資說明書或主管機關規定之其他文件，說明其信用評等之結果及信用增強之方式，不得有虛偽或隱匿之情事。」

38 以台灣之中華信評公司為例，其評等標準等可參見：http://www.taiwanratings.com/tw/D/issue_issuer_definition.asp （last visitede 2010.05.15）

39 陳郁庭，《金融資產證券化法制之檢討》，輔仁大學法研所碩士論文，2003年，頁21。

40 王文宇等，《金融資產證券化之理論與實務》，元照出版，2006年8月2版，頁5-14。

41 葉守傑，〈信用評等機構的透明度〉，《證券暨期貨月刊》，第27卷第7期，2009年7月16日，頁20。

42 參閱張孟惠，《美國次級房貸危機對共同基金報酬率之影響》，

朝陽科大財經碩士，2008年7月，頁7-16。

43 參見：Commission of the European Communities, Commission staff working document accompanying the proposal for the regulation of the European Parliament and of the Council on credit rating agency impact assessment, P. 2-6, http://ec.europa.eu/internal_market/securities/agencies/index_en.htm （last visited: 2009.06.15）

44 http://www.cfainstitute.org/

45 李曜崇，〈美國信用評等機構法制構之研究〉，《法學新論》，第2期，2008年9月，頁137以下。

46 李曜崇，〈美國信用評等機構法制構之研究〉，《法學新論》，第2期，2008年9月，頁136以下。

47 聶建中，〈信用評等參考而已不必當真〉，《理財周刊》，第458期，2009年6月3日。http://mag.chinayes.com/MagazineBase/M59/2365/20090603133313362.shtml (last visited: 2010.05.14)

48 Paragraphs 159 and 160 of CESR's Second Report to the European Commission on the compliance of credit rating agencies with the IOSCO Code and the role of credit rating agencies in structured finance. May 2008. （CESR/08-277）

49 Commission of the European Communities, Commission staff working document accompanying the proposal for the regulation of the European Parliament and of the Council on credit rating agency impact assessment, P. 10-17, http://ec.europa.eu/internal_market/securities/agencies/index_en.htm (last visited: 2009.06. 15)

50 王文宇等，《金融資產證券化之理論與實務》，元照出版，2006年8月2版，頁5-14。

51 http://www.selaw.com.tw/Scripts/Query4A.asp?FullDoc=all&Fcode=G0100011 (last visited: 2010.5.15)

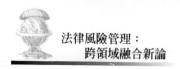
52 http://www.selaw.com.tw/Scripts/Query4A.asp?FullDoc=all&Fcode=G
0100055 (last visited: 2010.05.15)

Chapter *6*

美國2010年華爾街改革與消費者保護法的啟示：金融自由化時代的結束與新金融管制時代的來臨

楊君毅[*]

第一節　美國2010年金融改革法案簡介

一、立法背景

　　2008年的秋天，美國本土爆發了一場金融風暴；之後，這場風暴接著向世界上其他國家蔓延。爲了穩定金融市場，美國政府不惜動用納稅人所繳的稅金，拯救（bailout）包括「貝爾斯登」（Bear Stearns）、「高盛」（Goldman）、「摩根大通」（J.P. Morgan Chase）、「美國銀行」（Bank of America）、「花旗集團」（Citigroup）「房利美」（Fannie Mae）、「房地美」（Freddie Mac）、「美國國際集團」（AIG）在內的大型金融機構。因爲引發這場風暴的根源是金融機構，但最後卻動用社會資源來替他們善後，社會輿論紛紛要求對現行金融管理法制做徹底的改革，提高對金融市場的管制。回應民意的要求，新任美國總統歐巴馬（Barack Obama）遂在2009年透過財政部（Department of Treasury）提出一份白皮書，名爲《金融法制改革：新的基礎》（*Financial Regulatory Reform: A New Foundation*）（之後簡稱爲《金融法制改革白皮書》）主張對美國金融法制做自從1930年代以來最大的全面性改革[1]。

　　由民主黨占多數的眾議院（the House of Representatives）也之後在2009年12月依據此白皮書通過一份由民主黨所支持的法案，稱之爲「華爾街改造和消費者保護法案」（the Wall Street Reform and Consumer Protection Act of 2009）（之後簡稱爲WSRCP法案）[2]。但此法案在送交參議院（the Senate）審議時卻在兩黨協商時遭遇困境，遲遲無法產生一個兩黨都能接受的版本。最後，民主黨只好另外在參議院中提出另一類似的法案，稱之爲「恢復美國經濟穩定法案」（Restoring American

Financial Stability Act of 2010）（之後簡稱爲PAFS法案）[3]。美國參、眾兩院法案雖然在技術面上有許多不同處，但在目的和基本架構上是一致的。之後，因來自共和黨的強力反對，PAFS法案曾在參議院審議中陷入僵局；共和黨對PAFS法案某些改革，如在聯邦準備理事會（the Federal Reserves）中成立一個獨立的「消費者保護局」（Consumer Protection Bureau）、擴大受規範衍生性金融商品的範圍、聯邦政府得以接管和解散金融機構的方式等，都與主張改革的民主黨有重大歧見。最後，美國參議院終於在2010年5月在幾乎全部民主黨參議員同意和四名共和黨參議員倒戈下通過PAFS法案。雖然於參議院和眾議院各自通過的法案在精神上大致相同，但在落實面上仍存有不少差異。因此，參議院和眾議院必須透過一個共同的「會議委員會」（Conference Committee）來解協調解決當中的差異。經過一個多月的努力，「會議委員會」終於以眾議院所通過的WSRCP法案爲藍本，向眾議院和參議院提出一個「最終法案」（enrolled bill），定名爲「達德、法蘭克華爾街改革和消費者保護法案」（Dodd-Frank Wall Street Reform and Consumer Protection Act）（以下簡稱「2010年金融改革法案」），並請求眾議院和參議院通過此最終法案。眾議院最後在共和黨眾議員（除了三名倒戈議員外）全部反對下，以237票贊成對192票反對通過此最終法案；在另一方面，參議院最後也在共和黨議員（除三名倒戈議員外）全部反對下，以60票贊成對39票反對通過此最終法案。

　　綜觀2010年金融改革法案的立法過程中美國眾議院和參議院中民主黨和共和黨逐渭分明的立場，這顯示面對美國金融法制即將出現思想上革命性的變化，兩種截然不同的經濟意識形態在立法過程的角力和激盪。美國傳統上（在政治光譜上傾向共和黨）信奉「小政府」（small government）的意識形態者，對於金融市場主張盡量減少政府管制，認爲過多金融管制措施會減低市場的效率和金融創新（financial innovation）。但在另一方面，尤其是經歷2008年金融危機的洗禮後，在政治

上傾向加強聯邦政府權力的「聯邦主義」（Federalism）支持者（在政治光譜上傾向民主黨）則主張應該對金融市場做更高度的管制，認為過度自由的金融市場最後終將走向失控的局面。

2010年金融改革法案已於2010年7月21日經美國總統歐巴馬簽署並成為法律，宣告美國金融市場近三十年來的自由化和管制鬆綁思想已告一段落；取而代之的是一種對金融市場自律能力的懷疑態度，和對美國華爾街更強的金融管制措施。在景氣看似蒸蒸日上時，任何有關提升金融管制的論調都不會成為主流意見；甚至對金融危機的警告，大部分金融市場參與者仍舊抱持者懷疑的態度，認為一個自由化的市場必定會靠著一隻「看不見的手」，達成「自律」的目標。美國2008年爆發了自1930年以來最大的金融危機，使許多人開始對之前被奉為圭臬的「金融自由化」思想重新省思；對那些始終懷疑「金融自由化」的人而言，則更加堅定他們的信仰，確信「金融管制」乃是確保金融市場能順利運作的最好方法。更重要的，金融管制思想的抬頭，也意味政府角色在管理金融市場上的擴大；對廣大的金融市場消費者而言，這代表政府有更大的責任，必須透過金融管制，抑制金融機構經營者的自私行為，來保障消費者的權益。

 二、法案簡介

1. 法案之原始架構：以眾議院通過的法案為例

之前美國眾議院通過的WSRCP法案，事實上是由許多子法案所組成的，包括：「金融穩定改進法案」（Financial Stability Improvement Act）、「公司和金融機構公平補償法案」（Corporate and Financial Institution Compensation Fairness Act）、「店頭市場衍生性金融商品法案」（Over-the-Counter Derivatives Markets Act）、「消費者金融保護署法案」（Consumer Financial Protection Agency Act）、「私募基金投

資顧問登記法案」（Private Fund Investment Advisor Registration Act）、
「信用評等機構責任和透明性法案」（Accountability and Transparency
of Rating Agencies Act）、「投資人保護法案」（Investor Protection
Act）、「2009年聯邦保險辦公室法案」（Federal Insurance Office Act of
2009）。其中「投資人保護法案」，除了設置「投資顧問委員會」以加
強對投資人的保護和資訊揭露外，也對既存的「有價證券投資人法案」
（Securities Investor Protection Act）和「沙氏法案」（Sarbanes-Oxley
Act）做出修正[4]。

在另一方面，目前在參議院中審議的PAFS法案也是由許多子法
案所組成的，包括：「2010年金融穩定法案」（Financial Stability Act
of 2010）、「循序清算主管機關」（Orderly Liquidation Authority）、
「2010年加強金融安全和健全法案」（Enhancing Financial Safety and
Soundness Act of 2010）、「2010年私募基金投資顧問登記法案」
（Private Fund Investment Advisor Registration Act of 2010）、「2010年
國家保險辦公室法案」（Office of National Insurance Act of 2010）、
「2010年銀行和儲蓄貸款機構控股公司和放貸機構法制改進法案」
（Banks and Savings Association Holding Company and Depository Institu-
tion Regulatory Improvements Act of 2010）、「20101年店頭市場衍生性
金融商品法案」（Over-the-Counter Derivative Markets Act of 2010）、
「2010年付款、結算和交割監理法案」（Payments, Clearing and Settle-
ment Supervision Act of 2010）、「消費者金融保護法案」（Consumer
Financial Protection Act）、「聯邦準備理事會條款」（Federal Reserve
System Provisions）。此外，法案中有一章名為「投資人保護和有價
證券法規改進」（Investor Protections and Improvements to the Regula-
tion of Securities），其中包括「加強投資人保護」（Increasing Investor
Protection）、「加強執法和救濟」（Increasing Regulatory Enforcement
and Remedies）、「改進對信用評等機構之規範」（Improvement to the

Regulation of Credit Rating Agencies）、「對資產證券化過程之改進」（Improvements to the Asset-Backed Securitization Process）、「加強公司治理」（Strengthening Corporate Governance）、「政府債券」（Municipal Securities）和「公眾公司會計查核委員會、投資組合負債和其他事項」（Public Company Accounting Oversight Board, Portfolio Margining, and Other Matters）等。其中「加強投資人保護」此章主要為針對美國1933證券法和1934年證券交易法提出諸多增修之建議。

一般而言，眾議院通過的WSRCP法案較參議院審議中的PAFS法案在對金融市場的管制程度上較強。但值得一提的是，參議院審議中的PAFS法案，其中「聯邦準備理事會條款」一章如能立法通過，與眾議院的WSRCP法案相較，則會對聯邦準備理事會的權利造成較大負面衝擊[5]。

2. 眾議院和參議院法案之內容：比較兩法案之差別

由於參議院和眾議院法案的內容龐大，原始資料可達上千頁，本文限於時間和篇幅無法做詳細的敘述，只能就二法案中主要的規範議題比較二法案之差異。以下乃就「消費者金融保護」、「金融機構退場機制：避免系統性風險」、「聯邦準備理事會權限」、「金融機構監理」、「衍生性金融商品和信用評等機構之規範」、「公司治理和薪酬」、「避免大到不能倒效應：約束金融機構和避險基金」和「加強規範『資產證券化』」等金融法制改革重大議題來觀察[6]。

(1) 消費者金融保護

眾議院通過法案	參議院審議中法案
1. 整合現在分散的消費者保護主管機關，成立一個事權統一的「消費者金融保護署」（Consumer Financial Protection Agency）；其委員具有獨立性且由總統任命。	1. 在聯邦準備理事會中成立一個「消費者金融保護局」（Consumer Financial Protection Bureau），由聯邦準備理事會編列其預算；其委員具有獨立性且由總統任命。 2. 賦予消費者金融保護局在廣泛的立法授權範圍內有草擬和執行法規命令的權力，但是其規範

（續前表）

眾議院通過法案	參議院審議中法案
2.賦予消費者保護署廣泛權力，能在概括立法授權範圍內草擬和執行法規命令，去規範包括銀行、信用合作社和其他金融機構。 3.將特定企業，如零售業和汽車經銷商排除在規範對象內。 4.保留聯邦法律可以在某些情況下排除規範較嚴之州法律適用。	的對象僅限於：(1) 資產在100億美元以上的銀行和信用合作社；(2) 包括原始放貸金融和服務機構在內的「非銀行」（nonbank）金融機構；(3) 金融市場上規模龐大的非銀行金融機構（如投資銀行）。 3.賦予州檢察總長對違反相關法律者起訴之權力。 4.排除包括零售業、會計師、不動產經紀人、律師、住宅房屋建造商等在規範內。 5.保留聯邦法律可以在某些情況下排除規範較嚴之州法律適用。

(2)金融機構退場機制：避免系統性風險

眾議院通過法案	參議院審議中法案
1.設立「金融服務監督會」（Financial Services Oversight Council），以發現金融體系中的資產風險。 2.提高規範標準，要求金融服機構須具備更高的資本和流動性，以避免金融機構規模太大和互相牽連性太高而造成整體經濟風險。 3.設立一個由向大型金融機構徵收而取得財源的1500億美元基金，用以在必要時接管和解散承受過高風險的大型和互相牽連的金融機構。 4.命令「聯邦存款保險公司」（Federal Deposit Insurance Corporation）在主管機關同意下清算經營失敗的金融機構。	1.設立「金融穩定監督會」（Financial Stability Oversight Council），以發現金融體系中的資產風險。 2.設立一個隸屬於財政部（the Treasury Department）的「金融研究辦公室」，以支援「金融穩定監督會」的工作。 3.提高規範標準，要求金融服機構須具備更高的資本和流動性，以避免金融機構規模太大和互相牽連性太高而造成整體經濟風險。 4.設立一個由向大型金融機構徵收而取得財源的500億美元基金，用以在必要時接管和解散承受過高風險的大型和互相牽連的金融機構。 5.命令「聯邦存款保險公司」（Federal Deposit Insurance Corporation）清算經營失敗的金融機構，但必須經過財政部、聯邦準備理事會和自己同意，和由三位法官組成且位於德拉瓦州（Delaware）的美國破產法院（U.S. Bankruptcy Court）的簡易程序決議。

(3)聯邦準備理事會權限

眾議院通過法案	參議院審議中法案
1. 明定聯邦準備理事會為「金融服務監督會」的聯絡單位（agent），以發現和減輕對金融穩定所造成的風險。 2. 擴張聯邦準備理事會的權限，包括負責監管大型和互相牽連的金融機構（包括分銀行之金融機構）。 3. 聯邦準備理事會必須承受「政府責任辦公室」（Government Accountability Office）更大的稽核要求和監督，和來自國會的調查。	1. 在與「金融穩定監督會」的合作下，聯邦準備理事會必須要發現、評估和減輕對金融穩定所造成的風險。 2. 擴張聯邦準備理事會的權限，包括負責監管大型和互相牽連的金融機構（包括分銀行之金融機構）。 3. 指派一個由總統任命且任期4年的聯邦準備理事會「副主席」，負責監督銀行。 4. 由總統任命紐約聯邦準備銀行總裁，任期5年。〔目前紐約聯邦準備銀行總裁是由「紐約聯邦準備理事會委員」（包括會員銀行之代表）所選任。〕 5. 禁止銀行經營階層進入聯邦準備理事會下12個分行的理事會中（包括紐約聯邦準備理事會）和投票選舉每個分行的總裁。 6. 減低聯邦準備理事會對銀行的監督權力；在聯邦準備理事會內部，間接的將較多權力遷移至紐約和華盛頓之分行。

(4) 金融機構監理

眾議院通過法案	參議院審議中法案
合併負責監督由聯邦特許成立之銀行的「通貨監理辦公室」（Office of the Comptroller of the Currency）和負責監督儲蓄貸款機構的「儲貸監理辦公室」（Office of Thrift Supervision）。	1. 裁撤「儲貸監理辦公室」和由其特許成立的儲蓄貸款機構；現存的儲蓄貸款機構則轉由「通貨監理辦公室」監督。 2. 由聯邦準備理事會繼續監督現存35所資產超過500億美元的銀行控股公司。 3. 由「通貨監理辦公室」負責監督現存大約4,900所較小的銀行控股公司 4. 除了由「聯邦存款保險公司」（the Federal Deposit Insurance Corporation, FDIC）繼續監督由各州特許成立的銀行外，也監督現存850所由各州特許成立但屬於聯邦準備體系的銀行。

(5) 衍生性金融商品和信用評等機構之規範

眾議院通過法案	參議院審議中法案
1. 以要求大部分衍生性金融商品必須在交易所和清算中心交易的手段，對目前大部分不受規範的衍生性金融商品施加更嚴格的限制，以使衍生性金融商品能受到「證券交易委員會」（Securities Exchange Commission, SEC）和「商品期貨交易委員會」（Commodity Futures Trading Commission, CFTC）的監管。 2. 賦予消費者得以對提供不實金融產品評價的信用評等機構提起訴訟的權力。	1. 以要求大部分衍生性金融商品必須在交易所和清算中心交易的手段，對目前大部分不受規範的衍生性金融商品施加更嚴格的限制，以使衍生性金融商品能受到「證券交易委員會」（Securities Exchange Commission）和「商品期貨交易委員會」（Commodity Futures Trading Commission）的監管。 2. 在「證券交易委員會」中設立一個「信用評等辦公室」，以監督信用評等機構。

(6) 公司治理和薪酬

眾議院通過法案	參議院審議中法案
1. 賦予股東對薪酬和所謂「黃金降落傘」（Golden Parachute）離職金「諮詢性投票權」（Advisory Vote）。 2. 薪酬委員會（Compensation Committee）中必須有「獨立董事」。 3. 賦予主管機管禁止銀行和金融機構發給薪酬，禁止員工從事不適當和草率的高風險活動的權力。	1. 賦予股東對薪酬和所謂「黃金降落傘」（Golden Parachute）離職金「諮詢性投票權」（Advisory Vote）。 2. 薪酬委員會必須完全由「獨立董事」組成。 3. 賦予股東得利用公司委託書（company proxy ballots）提名董事的權力。〔工會支持此項修法建議，但美國商會（U.S. Chamber of Commerce）和其他商業團體則抱持反對立場。〕 4. 要求公司必須撤銷給主管的薪酬，如果此薪酬的依據乃是不實的財部報告。

(7)避免「大到不能倒」（the Volcker Rule）效應：約束金融機構和避險基金

衆議院通過法案	參議院審議中法案
1. 並未對銀行投資或擁有避險基金（hedge funds）或私募基金（private equity funds）做出限制。 2. 要求資產價值超過1500億美元的避險基金和私募基金必須向「證券交易委員會」登記，並揭露財務資訊，但創業投資公司（venture capital firms）和小型商業投資公司則可以受到豁免。	1. 要求主管機關限制銀行從事「自營交易」（proprietary trading），和投資或擁有避險基金或私募基金。 2. 要求所有操作資金超過1000億美金之避險基金必須向「證券交易委員會」登記，並提供有關於他們交易和投資組合的資訊。

(8)加強規範「資產證券化」

House Version	Senate Version
1. 要求債權人必須承受其移轉、出售或證券化的債權中至少5%的信用風險。 2. 要求放貸者必須保留一部分其所創造的風險，以將實際市場的約束力量帶入其放貸決策過程中。	1. 要求發行諸如「抵押權擔保證券」（mortgage-backed securities, MBSs）的公司必須保留其發行量至少5%的證券，以達到使其保留部分風險的目的。 2. 要求有價證券發行人提供更多有關於為其發行之有價證券提供擔保之資產的資訊。

第二節　金融自由化在歷史上的重要事件與其所造成的效果

　　美國上一次大規模加強金融管制發生於將近80年前，也就是1929年金融危機之後。為因應金融自由化所導致的失控局面，在銀行規範方面，美國國會於1933年立法通過了「銀行法案」（the Banking Act of 1933）（以下以此法案在美國國會中之主要推動者之姓名稱之為Glass-

Steagall法案），其主要內容除了包括設立「聯邦存款保險公司」（the Federal Deposit Insurance Corporation, FDIC）以減輕銀行客戶對銀行財務危機的恐懼外，當中還包括因為隔離商業和投資銀行活動而被不少金融市場參與者視為緊箍咒的 Glass-Steagall防火牆條款。在證券規範方面，同時期美國國會也通過了1933年「證券法案」（the Securities Act of 1933）和1934年「證券交易法案」（Securities Exchange Act of 1934）。前者要求證券的發行者在發行證券和嗣後出售證券時必須履行登記義務，以強化證券發行者在初級市場（primary market）的「公開揭露」責任並達到「資訊透明化」的目的；後者除了設立證券管理委員會（the Securities and Exchange Commission, SEC）之外，並將在次級市場（second markets）中交易的證券也納入規範，包括要求受規範公司必須定期向證券管理委員會繳交年報、將證券交易所（stock exchange）和店頭市場 （over-the-counter market）納入規範、得對「證券詐欺」（securities frauds）行為做出處罰等。在期貨市場方面，美國國會則於1936年立法通過「期貨交易法案」，規範期貨之交易；但直到1974年的一項修正案通過後，才據此設立「期貨交易委員會」（Commodities Futures Trading Commission）為期貨交易主管機關。在投資公司和投資信託規範方面，則有於1940年通過之「投資公司法」（Investment Company Act of 1940），透過對於投資公司和投資信託的公開揭露、排除利益衝突、限制投資行為、規範財務結構等方式，為各種基金的投資人提供保障[7]。唯一例外的是保險市場，保險業直到2010年金融改革法案通過之前，一直都是處於低度管理的狀態，並無任何聯邦法令得以規範，只有透過各州的保險委員會進行低度管理[8]。

美國目前的金融管理法制的基本架構，不論是在銀行、證券、期貨、投資公司和信託，和其他相關方面，都是在1929年金融危機爆發後之大約10年間所建構完成的。直到1980為止，美國金融管理法制除了少部分的修正外，基本上變動不大。但自1980年之後30年間，由於金融工

具的創新（如與資產證券化有關之金融衍生性商品），在既有金融管理法制綁手綁腳的效應下，金融市場參與者要求自由化，鬆綁法令的呼聲也就愈來愈高。金融管理思想由管制趨向自由化，也與美國1970年開始經歷的高失業率和通貨膨脹，即蕭條型通貨膨脹（stagflation）有關。美國保守派人士便趁此機會施加政治壓力，強調透過「貨幣政策」來刺激經濟的重要性。在當時的政治風氣下，刺激經濟成為一種受歡迎的論調；相對的，愈來愈多人認為經濟問題可以歸咎於政府的過度管制。例如，在1970年代，即使是非屬於保守派的美國前總統卡特（Jimmy Carter），也必須順應潮流，將諸如工資、油價等非金融管制措施漸漸解除。美國前總統雷根（Ronald Regan）甚至公開表示「政府沒有辦法解決問題，政府就是問題之所在」；此段話也成為流傳至今的一句「名言」。因此，自從美國總統雷根於1981年就任以來，美國金融法鬆綁趨勢，在上述銀行、證券、期貨、投資公司和信託投資方面，就一直延續下去；直到2008年金融危機爆發前，「金融自由化」、「政府管制愈少愈好」、「金融市場參與者自律」、「金融創新」等論調，似乎已成為一種許多人掛在嘴邊的顯學。

　　受限於篇幅，本文以下只針對美國最近10幾年間所發生的二則重大金融自由化事件，即「鬆綁商業銀行和投資銀行跨業經營限制」和「鬆綁店頭市場衍生性金融商品的規範」二者，並敘述他們所造成的效果和與2008年金融危機的關聯性[9]。從這二則金融自由化事件中我們可以看出，美國2010年金融改革法案在本質上乃是對最近30年間各種金融管理法令鬆綁的反撲[10]，並重新建立原來已經被拆毀的金融管理法制。

一、鬆綁商業銀行和投資銀行業跨業經營的限制

　　因為1929年美國發生股市大崩盤，之後並引發金融危機和經濟大蕭條，當時輿論將批評指向銀行，認為銀行利用客戶的存款從事投機性的

證券活動，在股市崩盤後導致銀行經營失敗，是金融危機的罪魁禍首。因此，美國國會在民氣可用的情形下立法通過「Glass Steagall法案」，對商業銀行[11]作出下列限制：(1) 禁止商業銀行從事證券業務（如承銷、自營和投資證券）[12]；(2) 禁止「非銀行」收受存款[13]；(3) 禁止商業銀行和投資銀行結盟（affiliation）[14]；(4) 禁止商業銀行和投資銀行有共同的董事、經理人和員工（interlock of management）[15]。

上述「Glass Steagall法案」之限制，其中有關「禁止商業銀行和投資銀行結盟」和「禁止商業銀行和投資銀行有共同的董事、經理人和員工」二項，已在1999年「金融服務現代化法案」（Financial Services Modernization Act of 1999）（以下以其在美國國會的主要推動者之姓名稱之為Gramm-Leach Bliley法案）立法通過後走入歷史。但事實上，在Gramm-Leach Bliley法案立法通過之前，尤其是自1980年以後，Glass Steagall法案對商業的限制，除了「禁止非銀行收受存款」外，早已因主管機關（尤其是美國聯邦準備理事會）的行政解釋和法院的司法解釋而名存實亡。美國「通貨監理局」（Office of the Comptroller of Currency）在1971年曾發布解釋令，認為受其監理的「全國性銀行」（national bank）可以承作「信託投資帳戶」（common trust fund）業務[16]。通貨監理局此舉等於是容許商業銀行將客戶資金用來投資證券，與Glass Steagall法案禁止商業銀行從事證券業務的精神不符；但囿於美國司法傳統上對於各主管機關在其專業範圍內對法律適用上解釋的尊重（judicial deference），法院基本上不會與通貨監理局唱反調[17]。關於「非全國性銀行」但因屬於「聯邦儲備系統」，而受「聯邦準備理事會」監理的「州會員銀行」（state member bank），「聯邦準備理事會」也發布解釋，認為這些銀行可以從事承銷「商業票券」（commercial paper）的業務。同樣的，此種解釋也與Glass Steagall法案禁止商業銀行從事證券業務的精神不符，但美國法院也同樣尊重聯邦準備理事會的解釋[18]。

其次，自從1956年銀行控股公司法（the Bank Holding Company Act of 1956）立法通過，容許銀行控股公司可以控制任何「與銀行業密切相關」（closely related to banking）的子公司以來，Glass Steagall法案中「禁止商業銀行與投資銀行結盟」的限制就開始崩解。此乃因爲之後法院在解釋1956年銀行控股公司法時，認爲本法在效果上容許商業銀行透過共同的銀行控股公司與投資銀行結盟，只要此投資銀行「並非主要從事證券業務」（principally engaged in securities activities）即可。銀行控股公司的主管機關「聯邦準備理事會」在嗣後也以行政命令解釋所謂「並非主要從事證券業務」乃指「並未在整體上從事證券業務」（not substantially engaged in securities activities）[19]；而此種解釋也得到法院的認同[20]。聯邦準備理事會更進一步發布解釋，認爲所謂「並未在整體上從事證券業務」乃指銀行控股公司旗下的投資銀行子公司其「大部分的營收」並非來自同一銀行控股公司旗下商業銀行子公司所不能從事的證券業務[21]；而同樣的，此種解釋也得到法院的背書[22]。根據聯邦準備理事會進一步的解釋，所謂「大部分營收」乃指銀行控股公司營收的25%；此種解釋等於使Glass Steagall法案「禁止商業銀行和投資銀行結盟」的規定名存實亡，因爲幾乎任何銀行控股公司的投資銀行子公司都能符合此25%的要求[23]。

美國銀行業者自從1980年起，尤其是在意識形態上反對政府管制的雷根總統於1981年上任後，就持續不斷的游說，希望將Glass Steagall法案廢除[24]。所有的努力終於在柯林頓（Clinton）總統執政最後一年開花結果，於1999年Gramm-Leach Bliley法案立法通過後，將Glass Steagall法案中「禁止商業銀行和投資銀行結盟」和「禁止商業銀行和投資銀行有共同的董事、經理人和員工」的限制完全解除[25]。Gramm-Leach Bliley法案在表面上的最主要目的之一雖在於容許商業銀行可透過共同的金融控股母公司，與投資銀行結盟；但事實上，本法案只是確認一個已經存在的事實罷了——Glass Steagall法案中「禁止商業銀行與投資

銀行結盟」的規定早已因1956年投資公司法、聯邦準備理事會和法院的解釋，而名存實亡。此外，更重要的，雖然商業銀行仍然不能直接從事投資銀行業務，也就是從事Glass Steagall法案所禁止的證券業務，但Gramm-Leach Bliley法案卻容許商業銀行可以透過擁有投資銀行子公司來達到「間接」從事證券業務的目的[26]。

　　進入Gram-Leach Bliley法案的時代，商業銀行便可以承銷或買賣以前所不能接觸的高風險投資工具，如造成2008年金融危機的罪魁禍首「抵押權擔保證券」（mortgage-backed securities）和「負擔保債務證券」（collateralized debt obligations）。許多商業銀行，如花旗銀行（Citigroup）即透過所謂「特殊目的機構」（special purpose vehicle, SIV）買賣這些高風險結構式債券。2008年金融危機爆發後，根據「2008年緊急經濟穩定法案」（the Emergency Economic Stabilization Act of 2008）所設立的「不良資產處理計畫」（Troubled Asset Relief Program），其監督機構「國會監理小組」（Congressional Oversight Panel）的五位外部專家中之一位，即認為由於Gramm-Leach Bliley法案的出現，將Glass Steagall法案中「禁止商業銀行和投資銀行結盟」、「禁止商業銀行和投資銀行有共同的董事、經理人和員工」的規定廢除，和「容許商業銀行設立投資銀行子公司來從事證券業務」等金融自由化措施，乃是促成2008年金融危機的原因之一[27]。

　　最後，值得一提的，美國政府之所以願意用納稅人的錢去拯救那些經營失敗的金融機構，其實乃是因為如果放任那些金融機構倒閉，最後受害的還是無辜的銀行的客戶和投資人，真正的罪魁禍首（也就是那些金融機構的高層決策者）不是早已領走高額酬勞就是已得到所謂「黃金降落傘」（golden parachute）。正因為此種「大到不能倒」（too big to fail）的現象，造成納稅人必須用自己的錢來拯救因少數人貪婪的行為之不公不義的結果。至於為什麼金融機構，尤其是商業銀行，會變成「大到不能倒」，則與1994年立法通過的「雷氏跨州銀行經營和增設

分行效率提升法案」（Riegle-Neal Interstate Banking and Branching Efficiency Act of 1994）（以後簡稱雷氏法案）有密切的關係。在傳統上，美國銀行法有限制商業銀行跨洲經營的限制，其目的在於避免商業銀行透過跨洲併購成為在全美國各州皆有業務和分行的金融巨獸（megabank），形成「大到不能倒」的現象。「雷氏法案」通過後，商業銀行不再有跨州經營和設立分行的限制，商業銀行跨州併購的速度就一直加快。例如，在1990年至1998年間，美國商業銀行的數目即因為併購減少了27%[28]。此類商業銀行併購的最明顯例子即為1998年發生的「旅行家保險集團」（Travelers Insurance Croup）與「花旗集團」（Citigroup）（即Citibank的母公司）的併購案。新聞揭露，在併購案發生之前，「旅行家保險集團」和「花旗集團」的經營高層不斷的透過私人電話與當時的聯邦準備理事會主席Greenspan、財政部部長（Treasury Secretary）Robert Rubin和總統Bill Clinton聯絡。即使併購雙方試圖將「旅行家集團」變成「花旗集團」（為一銀行控股公司）的子公司，並符合前述聯邦準備理事會所定占「花旗集團」25%營收的上限下。但此併購案事實上是有適法上的爭議，因為「旅行家集團」為一保險公司，在表面上根本與1956年投資公司法只容許銀行控股公司設立與「與銀行業密切相關」的子公司的規定不符。但當時在政府方面的決策者和併購雙方都非常肯定，認為Glass Steagall法案遲早一定會廢除，商業銀行到時就可以順理成章的與保險公司結盟，所以照樣進行此宗當時世界最大的併購案。此案反映了一個事實，金融自由化和相關的法令鬆綁，往往牽涉到錯綜複雜的利益糾葛，金融業者的遊說和政治獻金力量之大，連政府主管官員都沒有辦法堅持迴避其中的利益衝突。

二、鬆綁店頭市場衍生性金融商品的規範

交易衍生性金融商品（financial derivatives）可以讓投資人規避交易股票之「保證金成數」（margin）要求。雖然美國聯邦準備理事會

要求股票融資交易必須最少要有50%的保證金成數以避免財務槓桿過高[29]，衍生性金融商品的保證金成數卻只需要15%[30]。因此，許多投機的投資人利用「紐約證券交易所」（the New York Stock Exchange, NYSE）和「芝加哥商品期貨交易所」（the Chicago Mercantile Exchange, CME）進行套利交易（arbitrage），一方面在NYSE放空（或做多）現貨股票，另一方面在CME作多（或放空）期貨[31]。

早在1994年，美國政府責任辦公室（the Government Accountability Office）就曾發表一篇研究報告，警告衍生性金融商品欠缺管制的現象，並認為如放任不管，一但市場中主要的交易者發生財務問題，勢必會產生流動性（liquidity）危機，波及聯邦特許設立之銀行和整個金融體系。這時聯邦政府就必須介入，但可能必須動用包括聯邦貸款或其他的「救市」措施[32]。這份報告也指出，目前看不出來有任何可以避免店頭市場衍生性金融商品發生流動性危機的任何業界和聯邦法律規範[33]。

但金融市場的主管機關深信ECMH理論下市場的效率和自律性，並不將店頭市場衍生性金融商品的威脅放在眼裡。雖然在柯林頓總統任內，仍有加強對衍生性金融商品規範的建議，但此建議立刻被當時聯邦準備理事會主席Alan Greenspan、財政部長（the Treasury Secretary）Robert E. Rubin和證券交易委員會主席Arthur Levitt聯手否決[34]。

事實上，聯邦準備理事會主席Alan Greenspan認為店頭市場衍生性金融商品還需進一步自由化。當建議解除管制的「衍生性金融商品監督改進法案」（the Financial Derivatives Supervisory Improvement Act）提出時[35]，當時「商品期貨交易委員會」（Commodity Futures Trading Commission, CFTC）主席Brooksley Born在作證時表示，此法案將會大幅限制CFTC對店頭市場衍生性金融商品的管轄權，使在1982年以來禁止交易的某些衍生性金融商品合法化[36]。一如往常，聯邦準備理事會主席Alan Greenspan又以同樣的理由反駁Brooksley，認為金融市場的穩定和效率是不容質疑的[37]。雖然此法案最後並未獲得通過，但聯邦準備理

事會主席Alan Greenspan對店頭市場衍生性金融商品自由化的理想最後還是在兩年後（2000年），當美國參議院和眾議院通過「商品期貨現代化法案」（Commodities Futures Modernization Act）後得以實現[38]。根據CFMA，包括法案通過前被禁止交易的衍生性金融商品和「店頭市場」（非於交易所交易的）衍生性金融商品都一併被排除在CFTC的管轄範圍之外[39]。

市場觀察者認為「商品期貨現代化法案」剝奪CFTC對店頭市場衍生性金融商品的管轄權，終將造成金融市場的不穩定[40]。雖然之後也有試圖回覆CFTC對店頭市場衍生性金融商品管轄權的相關法案提出，但受限於當時金融自由化下鬆綁管制的風潮，類似法案最後都鎩羽而歸[41]。

能源交易公司「安隆」（Enron）在2003年因為店頭市場交易能源衍生性金融商品，遭受巨大損失而宣布倒閉，為店頭市場衍生性金融商品自由化敲下第一記警鐘。因為店頭市場衍生性金商品不受CFTC之規範，導致安隆得以將其交易損失隱藏在資產負債表外（off-balance sheet）的特殊目的公司（special purpose entity, SPE）中。安隆的破產，使無辜的股東損失了600億美金的天文數字[42]。事實上，安隆的高層主管，包括執行長（CEO）Kenneth Lay在內，都是金融自由化的忠實信徒。安隆在歷年，包括2000年「商品期貨現代化法案」立法過程中，不但都透過政治獻金或其他利益輸送方式，說服當時的布希（Georggy Bush）當局能將店頭市場衍生性金融商品交易管制解除[43]。

第三節　金融自由化與金融管制的互動關係

一、金融自由化的依據

1. 資本市場效率性假設

根據亞當史密斯的理論，自由市場乃是一個有效率的市場[44]，此即所謂「資本市場效率性假設」（Efficient Capital Market Hypothesis, ECMH）；其基本觀念乃是：與政府的經濟計畫相較，一個自由的市場會對資源作更合理的配置。但ECMH的基本前提在於凡是會影響任何金融商品價值的資訊必須完全公開透明且能被市場參與者所取得。在ECMH的模型下，任何金融商品的價值都會反映在其所有相關已揭露的資訊上；因此，任何金融商品的價值乃完全由市場參與者決定之[45]。以有價證券來說，在發行公司已公開揭露所有相關資訊的情況下，投資人可透過市場機制來決定其價格；此時，有價證券的價值也完全反映其隱含的波動性（volatility）和風險[46]。

受到ECMH理論的影響，不少人認為應該解除對金融機構的管制，因為如果金融機構真的因此陷入危機，金融機構的股東也要承受此種結果；一味的管制只會使金融機構的經營者認為任何決策只要合乎法令即可盡到其義務，而不用對股東負擔決策上的責任[47]。ECMH理論認為，政府儘量不要干涉金融市場的運作；相對的，政府的工作在於透過「鬆綁管制」（deregulation）和「貨幣政策」（monetary polciy）來幫助金融市場自由運作。

ECMH理論的信徒對此論深信不疑，甚至當現實中出現與ECMH理論互相矛盾的的金融危機事件時，一概以市場失靈乃是因為「資訊未能充分揭露」或「政府不當干涉」為理由[48]。在美國1929年股市崩盤後，ECMH理論支持者認為後來之所以會引發金融危機和經濟蕭條乃是因為政府採取緊縮貨幣供給的政策；相對的，政府應該要在金融危機爆發時

採行寬鬆的貨幣政策（如調降利息），以讓市場恢復運作[49]。

2. 法律思想的影響

(1) 事後救濟的金融法制思想

美國傳統上為「普通法」（the Common Law）國家。因為在普通法傳統下，「成文法」被視為普通法的特例，在成文法沒有規範到之處就有賴普通法規範。因此，普通法在美國乃最根本的法律依據。此外，受實證主義的影響，普通法被視為一種必須在每個具體個案中被「發現」的法律，而遵循「先例」（precedents）就是其中一種最重要的法律發現方法；只有在缺乏先例時，法官才可以在特定案例之事實基礎上作出裁判。由此可知，在性質上，普通法有一種「事後法」（after-the-fact law）的特徵，亦即必須在具體事件發生後才能依據該事件的特性來做判斷法律上關係；相對的，成文法屬於一種「事前法」（before-the-fact law），其存在不以具體事件之發生為前提。因為普通法乃是屬於一種「事後法」，它基本上也不屬於一種「規範性」（normative）的法律，而純粹只是在事後提供當事人「救濟」（remedies）的「價值中性」（value neutral）法律。相對的，成文法乃是以抽象的法律文字去試圖涵蓋外來有可能發生的具體事件，因此它的「規範性」很強，不單純只是提供當事人事後之救濟，也可以在事前約束當事人行為。當立法機關通過某個成文法時，也代表某種行為準則和價值觀的建立[50]。

受到普通法具有「事後法」、「救濟法」、「非規範性」和「價值中立」各種特性的影響，美國許多法官不認為普通法所建立起來的法律原則可以作為規範金融市場交易的準則。即使在具體個案中法院曾判決消費者有權對某個金融商品的提供者主張特定權利，大多數人也不會認為法院在此個案中有任何去建立金融法制的企圖。是受到此種風氣的影響，在傳統上，早期金融市場中的活動在美國並未受到太多規範；金融市場也被視為一種可以自行發展出「自律」（self-discipline）機制和

「良善」結果的市場，任何企圖用成文法規範金融市場的行為也被視為是一種對金融市場的「壓迫行為」[51]。

　　一直到1930年羅斯福總統的新政（the New Deal）前，上述普通法的傳統嚴格限制了包括金融法規在內的各種聯邦法規的出現。即使有少數聯邦法規和主管機關出現，如1863年設立的通貨管理局（Office of the Comptroller of Currency）也被視為是促進，而非管制金融市場中的活動[52]。

(2)功利主義的金融法制思想：法律經濟學的影響

　　自從1960年代起，法律經濟學派（Law and Economics）成為金融自由化的最忠實支持者。法律經濟學派認為，特殊利益團體成功的影響政府，透過金融管制將社會財富重新分配給低收入者，企圖將美國發展為一個「沒有效率的福利國家」（inefficient welfare state）。法律經濟學派因此大力鼓吹，政府必須要縮減它對金融市場的管理角色，讓金融市場的優越性自由運作，如此才能促進人民的利益。基於此點，政府的角色只在於透過法律去幫助人民實現他們在契約上的權利和提供可供公眾使用的基礎建設；至於金融市場，政府則最好放手讓它自行運作[53]。

　　在1970年代，法律經濟學派的發展又更上一層樓。適逢當時因1973年石油危機和之後1974年的股市崩盤，法律經濟學派將當時蕭條的經濟情況歸咎於過多的金融管制，成功的孕育一個有利於金融自由化的環境，使聯邦準備理事會、證券交易委員會和財政部在之後的年度減輕他們對金融市場的管制措施。在1970年代後期，法律經濟學派即成功的說服當時的卡特（Carter）總統將「價格」和「市場進入」等管制措施解除[54]。

　　當1981服膺市場自由化的雷根（Reagan）總統上任後，法律經濟學派更是如魚得水，因為要達到帶領美國脫離自1970年代以來的經濟蕭條的目標，金融自由化改革即是雷根總統的四項重大政策之一。在雷根總

統主政期間，聯邦準備理事會採取寬鬆的貨幣政策和減稅等措施，常被不少觀察者視作以刺激經濟手段來振興經濟的典範，縱然雷根總統的經濟政策也導致美國聯邦政府赤字居高不下。很明顯的，雷根政府也在追求金融自由化，不認爲當金融市場已回復景氣後還有採行金融管制的太大必要。

二、金融市場與金融管制之制衡關係

1. 政府與人民的關係：霍布斯的授權理論

早在17世紀時，哲學家霍布斯（Thomas Hobbes）就曾在其著作中認爲，政府是必要之惡，其之所以會存在乃是因爲人民自願捨棄部分自由，並由政府限制人民行使此部分自由，以避免會導致人民生命孤獨、貧窮、混亂和殘酷的「無政府」（anarchy）狀態存在[55]。換句話說，政府乃是因人民必須達成在同一個社會中過共同生活和分工合作之目的，而不得不存在的一種組織；如沒有政府，每個人終將離群索居。但霍布斯也承認，因爲在政府中掌權的人有擴大其權力的傾向，政府權力如沒有制衡，將會嚴重侵犯人民的自由，包括人民在金融市場中擁有、使用和處分財產的自由。霍布斯留給後代一個難題：人民要如何控制政府這隻他們自己創造出來的「怪獸」？此種對政府的矛盾情結，一方面認爲政府不得不存在，但在另一方面卻害怕政府權力不受節制，導致美國許多保守派人士對聯邦政府管制金融市場的疑慮。

2. 亞當史密斯的理論：自由市場對政府權力的制衡力量

亞當史密斯在其名著《國富論》（*the Wealth of Nations*）中認爲，制衡政府權力過分擴張的最好方法就是奉行一個「自由市場」（free market）的信念。因爲在一個自由市場當中，有一隻「看不見的手」（the Invisible Hand）會引導人民的經濟活動，使每個市場參與者都能自我克制其自由權的行使，達到每個人的利益互相平衡的狀態。也因

此，在一個自由市場當中，政府管制是不必要的；政府的權力也得以在自由市場中受到最有效的節制[56]。

3. 對亞當史密斯理論的修正：市場與政府權力的互相制衡

亞當史密斯的理論乃是建立在市場乃是「自由」的假設上。所謂「自由」乃是指所有市場的參與者都能夠「自由的」行使其是否要進行某種交易的選擇權；在此種「完美的市場」（perfect market）中，任何商品或服務的提供者都會自我節制，否則人民可以選擇不與他們交易。但在現實中，不可能有所謂完美的市場；市場參與者通常對於是否要進行某種交易，常會受限於資訊不對稱和選擇對象受限等原因，而沒有選擇的餘地。因此，就像政府如不受節制就會過分擴張其權力去侵犯人民的自由，市場如不受節制也會過分擴張其權力去侵犯政府制衡市場的功能。因此，政府不但單純的只是「必要之惡」，還是制衡市場這另外一隻「野獸」的必要制度。事實上，政府和市場必須互相制衡，以避免任何一方失控[57]。以金融市場來說，政府必須制定許多規範，以供市場參與者遵循；如此，政府才能滿足人民對政府的期待，使人民免於在金融市場中受「不公平交易」（unfair transactions）和「壓迫性交易」（oppressive transactions）所害[58]。

在政治上，人民透過民主程序，用選票表達他們期望政府制定何種金融市場規範；在金融市場上，人民則透過他們的自由意志，決定是否要進行某種金融交易。換句話說，人民可以透過同時影響制定金融法規的政府和市場，來決定政府金融管制和市場自由二者間的平衡點[59]。在此種平衡下，政府只會對金融市場做「必要」的管制，不多也不少；在另一方面，市場則會對財富的分配做最有效率的配置。

但正如之前所述，任何市場都不是完美的，民主政治也不是完美的。在現實社會中，民主的選票制度並不能絕對的反映民意，導致政府的金融政策也可能並非大多數人民所期待的。當民主的選票制度發生問

題時，政府可能會與市場中的特定利益團體互相結合，造成金融市場獨大的無政府狀態。正如政府權力過分擴大會形成政府主宰市場的「經濟社會主義」（economic socialism），市場權力過分擴大也會形成市場主宰政府的「企業至上主義」（corporatism）。以金融市場來說，在市場獨大的情況下，政府的政策會嚴重的向大型金融機構傾斜，容許私人擁有「大到不能倒」（too big to fail）的金融機構；政府會在政策上放任此種金融機構透過各種方式不斷的壯大自己和排除市場競爭。因此，當政府放任金融市場過度自由時，人民會發現市場幾乎被少數大型金融機構所主宰；在沒有選擇自由的情況下，人民只能與這些金融機構進行「不公平」或「壓迫性」的交易[60]。

三、金融市場與金融管制之制衡關係的破壞：金融市場的過度自由化

少數企業利益團體往往得以透過民意代表的立法和編列政府預算權力，影響政府的金融政策，使政府制定有利於他們的政策或排除不利於他們的金融管制。因此，當民意代表受到企業利益團體所影響時，政府的金融政策也就會偏向「金融自由化」，將限制金融機構交易自由的金融管制一一拔除。相對的，廣大的一般人民就沒有如同企業利益團體般對民意代表的影響力。此種現象在經驗上與下面所述「企業利益團體的特性」和「民主選舉制度的效率」二種因素有關[61]。

1. 企業利益團體的特性

(1) 企業利益團體通常較有組織

以人數來說，企業利益團體當然是選民（constituents）中的少數，但就是因為他們是少數，所以特別有危機意識。在這種危機意識下，企業利益團體內因為向心力非常強，所以很少有所謂別有目的的投機份子（free-riders）。因此，企業利益團體在政治上的動員力較強，往往能

在牽涉到他們利益的特定議題上引起社會輿論的注目。民意代表在此種狀況下常會被迫要向企業利益團體表態，支持有利於他們的法案，或反對不利於他們的法案。

(2)企業利益團體的選票較集中

企業利益團體內的成員對於牽涉到他們利益的法案，能採取幾乎一致性的立場，在選票上反映出來。但相對的，社會大眾對於牽涉到企業利益團體的法案卻不一定能採取一致的立場，與企業利益團體對抗。因此，民意代表深知，支持一個不利於企業利益團體的法案，或反對一個有利於企業團體的法案，會讓他們付出政治代價，得不到企業利益團體的選票。但相對的，民意代表也知道，不論他們支持或反對任何牽涉到與企業利益團體利益有關的法案，其他選民對他的支持度並不會改變多少。這說明了，民意代表寧可對立場強烈的企業利益團體表態，卻無法對廣大和立場紛歧的選民輸誠。

(3)企業利益團體較有能力給予政治獻金

企業利益團體雖然人數少，但是在對民意代表或其他政治人物貢獻政治獻金的能力卻是廣大選民所望塵莫及的。在美國歷次選舉，不論是總統大選或是國會議員選舉，企業利益團體（尤其是金融業利益團體）政治獻金的申報金額都有驚人的數字。在候選人所希望得到的除了「選票」不外乎就是「政治獻金」的情形下，他們會向企業利益團體靠攏也就不足為奇。

2. 民主選舉制度的效率問題

(1)選民的利益分散

原則上，選民會投票給一個他認為當選後有利於他的民意代表。但事實上，選民除了在政治意識形態能區分哪一個民意代表較符合他的期待，並不能確切的知道某個候選人的立場是否與他的利益符合。因為每

個選民都有各種不同的利益，很難如企業利益團體將某項利益放在其唯一的目標上，所以選民如無法得知到底哪個民意代表能符合其非常分散的利益。

(2)選民的無知

民意代表通常不會代表某個特定利益，除接受企業利益團體的關說外，也會接受其他利益團體的關說。此外，民意代表自己有其理念，支持或反對各種不同的議題。在民意代表可以說是各種利益的集合體，且選民也沒有眞的了解其所代表的各種利益的情形下，選民也無法判斷某位民意代表究竟是否與其利益一致。

(3)選民的冷漠

雖然企業利益團體可以從贏得民意代表對其的支持中獲得龐大的利益，但相對的，大多數選民會受到的損失則因損失可以被廣大的選民平均吸收，而對此損失不痛不癢。選民也沒有時間和精力去了解牽涉到企業利益團體利益的政策會對他們造成何種影響，因爲這些政策通常牽涉到複雜的議題，並不是一般選民可以了解的。此外，選民知道他的一票事實上價值不多；他是否會將這一票投給誰事實上對選舉的結果影響不大。綜合這些因素，選民會認爲不值得多花時間去了解每個民意代表候選人的立場，包括他們究竟支持或反對某個牽涉到某個企業利益團體利益的法案，和收了某個企業利益團體多少政治獻金。

(4)選民容易被誤導

選民在心理上通常會對可感覺到、立即和明顯的威脅有較強烈的情緒性反應。某些議題，縱然對他們可能造成更大的威脅，但因會其效果必須經過長時間的累積，在目前較無法感覺的到，所以會傾向忽視這些議題。牽涉到企業利益團體的各種議題，其可能對選民產生的威脅就是在未來有可能實現的金融危機，但因爲其發生時間是在不確定的未來，

選民無法在要投票時感覺到有任何立即和明顯的威脅，因此會傾向忽視此種危機，不會在選票上反映他們對企業利益團體所帶來的威脅。

註 釋

* 楊君毅，亞洲大學財經法律系助理教授、美國Suffolk University Law School法務博士。

1　Financial Regulatory Reform: A New Foundation-Rebuilding Financial Supervision and Regulation, *available at* http://financialstability.gov/docs/regs/FinalReport_web.pdf.

2　The Wall Street Reform and Consumer Protection Act of 2009, H. R. 4173, 111th CONGRESS (1st Session). 此法案由麻州（Massachusetts）眾議員Barney Frank於12月2日提出，送交眾議院金融服務委員會（the Committee on Financial Services）審查，並在2009年12月11日以223對202票獲得眾議院通過。共和黨則認為此法賦予聯邦政府過大權力，全數投下反對票。

3　Restoring American Financial Stability Act of 2010, S＿＿＿, 111 CONGRESS (2nd Session). 此法案為擔任參議院銀行委員會（the Banking Committee）主席民主黨籍康州（Connecticut）參議員Christopher J. Dodd所提出，並在2009年3月15日以13對10票經銀行委員會通過。目前，此法案經過少許技術性修改後，已送交參議院大會（Senate Floor）審議。

4　The Wall Street Reform and Consumer Protection Act of 2009, supra note 2.

5　Restoring American Financial Stability Act of 2010, supra note 3.

6　Comparing the House and Senate Financial Reform Bills, *available at* http://www.nytimes.com/interactive/2010/03/16/business/financialreform-billcompare.html

7　此處只列出1929年金融危機爆發後，美國國會為了落實金融管

制，在之後的10年間立法通過一些較具代表性的金融管理法案。類似的金融管理法案，如關於「儲蓄信貸機構」（savings and loans associations）的規範，有1932年立法通的「聯邦住家貸款法案」（the Federal Home Loan Act）；此法案的主管機關本來為「聯邦儲蓄信貸銀行會」（Federal Home Loan Bank Board, FHLBB），但在1989年「金融機構復甦和執行法案」（Financial Institutions Recovery and Enforcement Act）立法通過後，由「儲蓄信貸監理部」（Office of Thrift Supervision, OTS）取代成為主管機關。關於「信用合作社」（credit unions）的規範，有1934年立法通過並由「聯邦信用合作社管理局」（Bureau of Federal Credit Union）所負責執行的「聯邦信用合作社法案」（Federal Credit Union Act）；但在1970年，其主管機關由「全國信用合作社管理機構」（Nation Credit Union Administration, NCUA）取而代之。在規範投資顧問方面，也有於1940年立法通過的「投資顧問法案」（Investment Advisers Act of 1940），對投資顧問必須公開揭露的事項、對使用未公開之資訊之限制、利益衝突交易之限制等作出規範。

8 美國在傳統上視保險業的管理為各州的權限，聯邦法律不得介入，導致始終缺乏一個強而有力的聯邦保險管理法令系統。這種現象導致保險公司傾向設立於一個保險法令對於保險業管理較寬鬆的州（如Delaware州）；在另一方面，為了爭取保險公司到其境內設立，以增加就業、稅收和產值，美國很多州也競相以寬鬆的保險管理做號召，以吸引保險公司至其境內設立。除此之外，由於財力雄厚（實際上多是保戶的資金），在保險業界遊說和政治獻金的影響下，不但各種加強保險管理的法案往往很難在各州立法機關中通過，連要將保險業管理納入聯邦法律管轄的提案都很難在聯邦國會中過關。事實上，美國最高法院曾經在一

則1944年的判決中認為，保險業應該受到聯邦法令的管理，但由於保險業的強力反彈，美國聯邦國會特別在1945年通過一則聯邦法案（the McCarran Ferguson Act of 1945），明確的宣示保險業管理為各州的自治事項，聯邦法令不得介入。參照：Government Accountability Office (GAO), *Financial Regulation: A Framework for Crafting and Assessing Proposals to Modernize the Outdated U.S. Financial Regulatory System* (January, 2009), available at http://www.gao.gov/new.items/d09216.pdf.

9 本文在此處並不討論1980年代與「儲蓄信貸機構危機」（Savings and Loan Crisis）有關的金融自由化重要立法事件，如1980年立法通過之「存款機構放鬆管制和貨幣管制法案」（Depository Institutions Deregulation and Monetary Control Act of 1980, DIDMCA）和1982年立法通過之「聖日耳曼法案」（Garn-St. Germain Act of 1982）。前者主要目的在於將存款利率上限管制（interest rate ceiling）解除，容許得以收受存款的金融機構以較優惠的利率互相競爭以吸引存款；為因應金融機構因此所增加的經營風險，法案亦將存款保險由$40,000提高至$100,000美金。後者主要在於容許儲蓄信貸機構得以在原本的「消費貸款」外，在不超過其資產總值10%的範圍內承做「商業貸款」；另外，此法案也容許儲蓄信貸機構募集「貨幣市場共同基金」（money market fund）。「聖日耳曼法案」使儲蓄信貸機構的角色脫離純粹的「消費者抵押貸款機構」，反而與一般商業銀行在性質上愈來愈相近。一般認為，在法制上，上述二個鬆綁管制的法案乃是造成1980年代儲蓄信貸金融危機的重要原因之一，但由於本文主要在討論金融自由化所引發之2008年金融危機和之後2010年金融改革法案，故將此二個法案排除在討論範圍之中。

10 美國2010年金融管理法案其中最主要的目的之一就是強化對「證

券化」（securitization）的管理，因為「證券化」可以說是造成
2008年金融危機最重要的原因之一。「證券化」乃是一種自1970
年代就出現的「金融創新」（financial innovation），且直到2010
年金融改革法案立法通過之前，「證券化」一直處於未有效管制
的狀態；因此，嚴格上來說，「證券化」所牽涉到的是「缺乏管
制」，而非「鬆綁管制」所引起的問題。由於本文此處主要針對
「鬆綁管制」作討論，故不對「缺乏管制」的「證券化」問題加
以討論。

11 事實上，美國法律對於「儲蓄信貸機構」和「信用合作社」也有
相同限制，但受限於篇幅，本文對此並不加以敘述。

12 The Glass Steagall Act § 16 (as amended), 12 U.S.C § 24 (seventh)(2007).

13 The Glass Steagall Act § 21, 12 U.S.C. § 378 (2007).

14 The Glass Steagall Act § 78 (repealed), 12 U.S.C. § 78 (1998).

15 The Glass Steagall Act § 32 (repealed), 12 U.S.C. § 377 (1998).

16 12 C.F.R. § 9.18.

17 參見：Investment Company Institute v. Conover, 790 F.2d 925, *et. Seq.* (D.C. Cir. 1986) (SIA I).

18 Securities Industry Association v. Board of Governors (SIA II), 807 F.2d 1052, *et. Seq.* (D.C. Cir. 1986), *cert. denied*, 483 U.S. 1005 (1987).

19 73 Fed. Res. Bull. 482 (1987).

20 Board of Governors v. Agnew, 329 U.S. 441, 446.

21 73 Fed. Res. Bull. 485, 86.

22 Securities Industry Association v. Board of Governors, 839 F.2d. 47 (2d Cir. 1988).

23 PBS Frontline, *The Long Demise of Glass-Steagall, the Wall Street Fix*, May 8, 2003, *available at* http://www. pbs.org/wgbh/pages/frontline/

shows/wallstreet/weill/demise.html.

24 http://digital.library.unt.edu/govdocs/crs/permalink/meta-crs-9065:1

25 The Gramm-Leach Bliley Act § 101(a), 113 Stat. 1338 , 12 U.S.C. § 78 （repealed）（1999）：另參考http://www.govtrack.us/congress/bill. xpd?bill=s106-900#votes

26 Gramm-Leach Bliley Act § 103(1), 113 Stat. 1342, 12 U.S.C. § 1843(k)(7).

27 Who's More to Blame: Wall Street or the Repealers of the Glass-Steagall Act?, *available at* http://www.fool.com/investing/gener-al/2009/04/06/whos-more-to-blame-wall-street-or-the-repealers-of. aspx?source=ihpsitcl10000001.

28 Joseph N Heiney, Consolidation in the U.S. Banking Industry Since Riegle-Neal, Clute Institute, IABR & TLC Conference, *available at* http://www.cluteinstitute.com/ Programs/San_Antonio_ 2009/Article % 2 0303.pdf.

29 12 C.F.R. § 220.12(a), 221.7(a) (2008) (promulgated under 15 U.S.C. § 78g(c)(2)(B)(ii) (2006)).

30 17 C.F.R. § 41.45(b)(1); 17 C.F.R. 242.403(b)(1) (setting margin re-quirement for securities futures at 20%); but see Securities Exchange Act of 1934 Release No. 54919 (Dec. 12, 2006) (SR-CBOE-2006-14), 71 F.R. 75781, 75782 (Dec. 18, 2006) (reducing the margin requirement to 15% if options are held in a securities account and even lower for certain traders).

31 Kindleberger, *supra* note 18, at 57.

32 U.S. Gen. Accounting Office, Financial Derivatives: Actions Needed to Protect the Financial System 7 (1994)

33 Id. at 128.

美國2010年華爾街改革與消費者保護法的啟示：金融自由化時代的結束與新金融管制時代的來臨

34 See Anthony Faiola et al., What Went Wrong, Wash. Post, Oct. 15, 2008, at A1.

35 H.R. 4062, 105th Cong. (1998).

36 Financial Derivatives Supervisory Improvement Act and Financial Contract Netting Improvement Act: Hearing on H.R. 4062 and H.R. 4239 Before the H. Comm. on Banking & Fin. Sevices, 105th Cong. 156, 159 (1998).

37 Id. at 154.

38 7 U.S.C. §2(h)(3), 2(g) (2006); Pub. L. No. 106-554, §1(a)(5), 114 Stat. 2763 (2000)

39 Id.

40 See, *e.g.*, Thomas J. Erickson, Comm'r, Commodity Futures Trading Comm'n, Derivatives Deregulation and Financial Markets: Right Medicine at the Right Time?, Remarks to Econ. Strategy Inst. (July 27, 2000).

41 Peter Behr, Senate Democrats Attempting to Close "Enron Loophole," Wash. Post., Oct. 30, 2003, E7.

42 Jeff Gerth & Richard A. Oppel Jr., Regulators Struggle With a Marketplace Created by Enron, N.Y. Times, Nov. 10, 2001, at C1.

43 Loren Fox, Enron: The Rise and Fall 2 (2003).

44 James D. Gwarthey U Richard E. Wagner, Public Choice and the Conduct of Representative Government, 6 Political Economy and the Public 8.

45 Financial Crisis and the Role of Federal Regulators: Hearing Before the H. Comm. On Oversight & Gov't Reform, 110 Cong. 147 (2008) (Statement of Alan Greenspan, former Chairman, Bd. Of Governors of the Fed. Reserve Sys.); *see also* Grahame Thompson, The Political

Economy of the New Right 16 (1990).

46 Bradford Cornell & James C. Rutten, Market Efficient, Crashes, and Securities Regulation, 81 Rul. L. Rev. 443, 444 n.3 (2006); *See generally* Jonathan Berk & Peter Demarzo, Corporate Finance 266-171, 694-712 (2007)

47 Independence Hall Ass'n, Second Bank of the United States/Portrait Gallery, *available at* http://www.ushistory.org/tour/tour_2bank.htm.

48 Charles P. Kindleberger, Manias, Panics, and Crashes: A History of Financial Crises 16 （3d ed. 1996）

49 *See* Christos Pitelis, Market and Non-market Hierarchies: Theory of Institutional Failure 150 (1991).

50 *See* Cass R. Sunstein, After the Rights Revolution: Reconceiving the Regulatory State 19 (1990)

51 Thompson, *supra* note 14, at 13; see also Robert Rabin, Federal Regulation in Historical Perspective, in Peter H. Schuck, Foundations of Administrative Law 8 (2d ed. 2004).

52 Sunstein, *supra* note 20, at 17.

53 Peter Self, Rolling Back the Market: Economic Dogma & Political Choice 159 (2000).

54 Rabin, *supra* note 21, at 49-50.

55 Thomas Hobbes, Leviathan 89 (Richard Tuck ed., Cambridge Univ. Press 1996) (1651).

56 *See generally* Adam Smith, The Wealth of Nations (1776).

57 *See* Nicholas Mercuro, The State & the Integration of Ecology, Law and Economics, in Ecology, Law and Economics: The Simple Analytics of Natural Resource and Environmental Economics 71, 74 (Nicholas Mercuro ed., 2d ed. 1996); *See also* Gordon C. Bjork, Private Enterprise

美國2010年華爾街改革與消費者保護法的啟示：金融自由化時代的結束與新金融管制時代的來臨

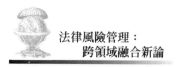

and the Publci Interest: the Development of American Capitalism 65 (1969).

58 *Id*. at 74.

59 *See* Anthony I. Ogus, Regulation: Legal Form and Economic Theory 59 (1994).

60 William D. Crampp. 1 Economic Liberalism: The Beginnings 44 (1956) (quoting Marcus Tullius Cicero, De Officiis I, 4 (C.W. Keyes trans., 1928) (44 B.C.)).

61 *See* Boom and Bust for Whom?: The Economic Philosophy Behind the 2008 Financial Crisis, 4 Va. L. & Bus. Rev., 139, 152-155 (Spring 2009).

Chapter 7

醫師之說明義務與風險管理——以法院判決為中心

陳學德*

摘　要

　　醫療損害所生侵權行為損害賠償責任，因台北地院85年度訴字第1521號民事判決適用消費者保護法課以醫師無過失責任，引起學者及實務之論戰，其後於醫療法第82條第2項明定醫療損害僅負故意過失之賠償責任後，固終止無過失責任之爭議。惟主管機關因應病患權利意識覺醒，於醫療法第63條、第64條及醫師法第12條之1明定醫師之說明義務，最高法院94年度台上字第2676號刑事判決依此闡明說明義務之立法意旨及其說明範圍，並認說明義務是否履行，應實質認定之，若僅令病人或其家屬在印有說明事項之同意書上，貿然簽名，尚難認已盡說明之義務。法院此項對於說明義務應從實質上認定之闡明，基於風險管理角度，醫療院所或醫師應就說明義務之對象、內容、除外規定，及其司法實務上之實踐為何，按醫療行為態樣為門診、手術、急診等界定「說明義務」實質履行之具體方法，避免違反說明義務，此亦防範法律風險之重點。

第一節　前言

一、概說

　　近二十年來，因人民權利意識之覺醒，業已擺脫傳統對醫療行為之父權式權威思想[1]，而台北地方法院85年度訴字第1521號民事判決，就馬偕醫院肩難產事件，認為醫療行為為消費行為之一種，適用消費者保護法無過失責任規定判決醫師應負醫療損害賠償責任，引起學者與實務之論戰[2]，雖其後醫療法第82條第2項修正，明訂醫師就醫療行為僅就故意過失負損害賠償責任，而平息此一論戰，惟因就上揭判決之討論，

病人於就醫後發生不利之結果（傷害或死亡），時有對醫師提起刑事告訴，醫師因醫療過失經起訴後，病人亦同時對醫師及醫院提起附帶民事賠償，因就醫療糾紛調解成效不佳[3]，加上法院對過失醫療行為之損害賠償數額日益擴增，引起醫界恐慌，近日醫界四大皆空（即內科、外科、婦產科、兒科）之現象時有所聞，實非醫師與病人之福。目前醫界積極推動醫療過失刑事責任去刑化或僅負故意、重大過失之刑事責任，其結果為何，尚難預料[4]。惟縱使醫療行為僅負故意或重大過失刑事責任，其民事上損害賠償責任仍無法避免[5]，而醫療行為除基層診所外，大多為技術性的醫療行為或企業式相關醫療行為[6]，基於風險管理角度，如何防範此項醫療行為所生損害賠償訴訟之不確定風險，實有透過對說明義務之法律構成要件分析其認定標準及影響因素暨司法實務之研究，預測醫療糾紛發生時，訴訟上可能之風險，從風險管理角度預為防範，此為本文執筆之動機。而醫療行為雖因醫療法第82條第2項規定而無消費者保護法無過失責任之適用，惟醫療法第63條第1項、第64條、第81條及醫師法第12條之1明定醫師於醫療時負有說明義務，如未履行此項義務，縱得病人之承諾，亦因病人身體自主權受侵害，無從主張阻卻違法，而依民法第184條第2項規定推定為過失，除醫師能舉反證無過失外，應負侵權行為損害賠償責任。至於探討債務不履行責任時，基於醫療為專業知識，依民事訴訟法第277條但書規定之立法理由，就已履行說明義務乙事，似仍應由醫療機構負舉證之責，是以說明義務是否已履行，有就說明義務之源起、法律上依據、範圍、標準及免除說明義務等議題深入了解之必要，並以舉證責任為中心，提出履行實質說明義務之具體方法。

二、醫療糾紛之法律風險管理

由於純粹醫療行為本身之特殊性，其施行之對象是活的生物體亦即人體，基於醫學對於人體及疾病知之有限性，醫師對治療結果無法完全

控制、無法擔保無危險，故學者有認純粹醫療債務爲方法債務而非結果債務，鑒於治療結果的不可控制性，過重的醫療責任只會導致防衛性醫療。故學者間基此認純粹醫療行爲，並無危險責任之適用，亦無消費者保護法無過失責任之適用[7]。而純粹醫療行爲（以下所稱醫療行爲，如未特別標明，均係就純粹醫療行爲而立論）所生責任，依其態樣可分契約法上責任（不完全給付）及侵權行爲法上之損害賠償責任，前者以醫療契約存在爲前提，後者不以醫療契約存在爲必要，如依法予以急救時所生之侵害病人身體自主權亦屬之[8、9]。惟在法律實務工作中，由於法律的模糊性、事實認定的不確定性及其他影響因素的存在，司法裁判結果存在不確定性，加上人體對外來因素的反應不一，使得醫療糾紛之風險管理更形困難。但是，司法裁判的不確定性，並不意味著裁判結果的不可預測。在對法律條文進行分析研究的同時，可以通過對有關醫療糾紛司法案例的統計分析，探尋所涉及的事實或法律問題在司法實踐中的認定標準及影響因素，對醫療糾紛可能存在之潛在訴訟進行預測分析，評估醫療行爲的法律風險，作爲醫療行爲決策的參考。

第二節　醫療行爲違法性之判斷

一、概說

近來通說，認醫生從事醫療行爲，在法律上當構成對他人的權利（尤其是身體權）侵害，惟因得病患之同意而阻卻違法。究其原因，主要在於尊重病人對其身體自主的權利，亦即對於患者「身體自主權」之肯定[10]。病患對身體自主權之行使，胥賴醫師之說明，否則其將無法或不敢決定，因之醫師之說明乃爲病患自我決定權行使之基礎。此項說明義務，源於紐倫堡大審後之「紐倫堡醫學研究之倫理規範」，初步有了「病患自主」之雛形後來在1964年之世界醫學會議發表「赫爾辛基宣

言」，1972年美國醫院協會提出「患者權利宣章」，始逐步建立，國會並於1990年通過「病人自我決定法」，此爲說明義務之法制化[11]。至於美國法早在西元1914年即由Cardozo法官提出「任何人有權決定如何處理其身體」的名言，肯定醫療行爲應得病人的同意，並稱爲「告知後同意」（informed consent）的理論。嗣後即爲美國各州所接受，成爲一個法律上概念，並影響世界各國醫事法規之立法，我國醫療法第63條、第64條、第81條、醫師法第12條之1亦爲同一規定。

所謂告知後同意，學者認其指醫生應作充分必要之說明，使病人得就某種醫療行爲作成同意的決定，此項義務本質，係醫師倫理規定之法律化[12]。

二、醫療行為之違法性

1. 醫師說明義務如何形成？

德國法院將醫療行爲定義爲「符合法律要件之侵權行爲」，因之，侵害病人身體的醫療行爲得因同意而阻卻違法，此項同意須以醫生的說明爲必要，故醫生未盡說明義務時，對其同意原則上不生效力，不阻卻違法，縱其治療行爲並無過失，醫生仍應就手術之全部或一部失敗所生損害，負賠償責任。手術雖屬成功，其違法性亦不因此而受影響，惟因無損害，故不成立侵權行爲，實屬的論。

醫師必須在被提議的醫療行爲前，給予病人充分資訊以協助病人做出妥適之決定。易言之，說明義務習稱「告知後同意」，指醫師或研究人員於事前將相關醫療資訊與研究計劃內容確實告訴病人或受檢人[13]，並在當事人充分理解之下，同意進行手術或參與實驗之過程，醫師於施行醫療服務前，對擬採取之醫療行爲以及該行爲帶來之負擔與風險，給予病人詳細說明，包括將來引發之痛楚、副作用、風險以及診斷結果、將採取之醫療措施，一則彰顯醫病雙方之醫療契約之精神，再則因醫療行爲係以小危險之侵害換取病患之身分痊癒，理論上屬於對於病人之侵

害，經過說明後同意則可阻卻違法。

美國法院認爲說明義務有三原則：1.任何心智健全之成年人有權決定是否接受特定之醫療行爲；2.病患之同意以充分的告知說明爲前提；3.在患者同意前，醫師有義務說明所有對其作成決定有重大影響之資訊[14]。

2. 「告知後同意」之適法性

侵害性醫療行爲對於病患之身體法益完整性自會造成侵害，因此有賴阻卻違法事由使醫療行爲適法，至其根據係以「病患之事前有效承諾」爲侵害性醫療行爲之阻卻違法事由[15]。

對於告知後同意以阻卻侵害性醫療行爲之違法性，須符合下列之要件：

(1)須具醫療之目的

此對純粹之醫療行爲及非純粹實驗性而兼診斷目的醫療行爲，在認定上尚無爭議。至純粹實驗性醫療行爲及非以治療、預防爲目的之醫療行爲，是否可因被實驗人之承諾而阻卻違法，固有爭議，此涉及承諾主體對於生命身體法益是否具有處分權之問題，對身體健康法益而言，在普通傷害，原則上加害人得因被害人之承諾而不成立傷害之違法性；在生命法益之侵害或重傷害情況下，基於被害人對於生命法益及身體客觀性完整不具處分權，被害人之承諾並不具阻卻違法性之效果。

(2)須醫師已盡説明義務

之所以會有說明義務之產生，究其本旨，係認接受治療之患者非僅是接受之客體，而是治療行爲之主體。人因爲是身體與精神一體化之存在，故對委託醫師治療之患者而言，非必將自己之一切全委予醫師，而是在接受醫療前，依照醫師爲治療行爲危險性之說明，保留決定是否接受手術之權利，此「基於身體一體性之自己決定權」之尊重，即以醫師

之說明義務爲基礎[16]。

(3)病人同意風險自負

「告知後同意」對於有侵襲性的醫療行爲，幾乎已經成爲醫病關係基本原則。學者有認，產生風險自負的法律效果必須在程序上履行醫師「充分告知」，且病人「知情同意」始產生風險自負的法律效果，故病人知情同意包含二種意義，其一爲「同意身體完整性之侵襲」，其二爲「風險承擔的同意」，故學者因認病人告知後同意視爲一種「自負風險行爲」[17]。是以，風險自負法律效果之前提，須以病人必須眞正了解所謂「風險」之情狀，而非僅認識「風險」之存在。病人同意的風險，係「當時醫療水準下」所不可避免之醫療風險，而非「人爲疏失的風險」[18]。

三、說明義務之判斷標準

至於醫師是否已盡說明義務之判斷標準，有專業原則（professional rule）及病人原則（patient rule），前者具權威及家父性質，爲學說所不採，後者從醫生及病患二方面觀，可分爲：

1. 合理的醫師說

有稱爲專業醫師說或醫業慣行說，即是以「有理性的醫師處於該當情形可能說明之內容」爲標準，醫師應在具體事情基礎上，於合理判斷場合應予說明者，即有說明義務。

2. 合理病人說

有稱理性病人說，即以一個有理性之病人，處於與該病人相同或相似病況，會期待被告知之情況爲醫師告知標準。即在醫療過程中，凡爲一般病患重視之醫療資訊，醫生均有說明義務。

3.具體病患說

即醫生應否說明，應就個別病患決之，亦即凡依病患信任、人格、身心及智識，可確知某種醫療資訊與病患利益相結合時，而為其所重視之醫療資料，且醫師有預見可能性時，即有對該資料說明之義務。

4.折衷說

若醫療資訊不僅為一般病患所重視，即具體病患亦同樣重視而且為醫師所能預見時，即有說明義務。亦即從合理性醫師立場言之，凡當作治療對象之具體性病患於自我決定之際所認為重要且必要之資料，且醫師所能預見時，即應說明之。

美國法採合理病人說，德國法採具體病患說，各說似以合理病人說為妥，因醫師之說明義務既以病人自主權為其立法依據，則在醫療過程中應予說明之資訊，自以理性之病人處於相同醫療時所期待得知之醫療資訊為其標準[19]。

四、說明義務之範圍

1. 說明義務之範圍

學者所提者均不脫美國醫院協會於1973年2月6日發表之「病人權利法案」範疇，其內容大分為[20]：

(1)診察結果之說明

如病人病症之輕重、痊癒可能性，使病人對自己的病情先有初步了解，以便先期與家人或密友商討應否接受手術。如病人為重症病人，據實告知是否有不良後果，委諸醫師臨場判斷。

(2)醫療行為之說明

將診察結果說明後，進而必須將擬決定之醫療行為性質、理由、內容、預期療效、醫療方式、難易度、風險、預後措施、附隨之危險或負擔等一一向病人詳細說明。所謂說明還包括分析，設想病人對醫療服務

知識之欠缺，醫師應盡「合理、謹慎」法則，務使病人能對自己病情及手術的進行有深切認識。於多種醫療行為可以採行時，醫師更應將多種醫療方法之性質、優缺點、危險性等詳加說明，並告知不採行可代替醫療方法之理由，以使病人可以自行選擇適合的醫療方式。

(3)病歷之詳實記載

病歷是檢視醫療過程不可或缺之文件，醫師有義務以清晰、完整、符合事實、容易檢視的方式記載病歷，於有轉院必要時，並應要求製給病歷摘要。

(4)未接受醫療可能之結果

對此部分，醫師應秉持坦誠、親切、誠實的態度，切忌一副高高在上，甚或口氣稍存強逼、脅迫、施用詐術，為典型醫療倫理表現。

除上開事項外，尚有學者主張及外國判例認為，關於參與醫療行為者之姓名、資歷、經驗、職稱與醫療費用之預估、計算等事項，為患者做成醫療決定時必要參考之資料，中外各國所倡導之「病人權利法案」亦多承認病患有獲得上開資料之權利。

2. 我國法律規定

按醫療法第63條明定「醫療機構實施手術，應向病人或其法定代理人、配偶、親屬或關係人說明手術原因、手術成功率或可能發生之併發症及危險，並經其同意，簽具手術同意書及麻醉同意書，始得為之。但情況緊急者，不在此限。」此項立法係就上揭說明義務所為手術時之立法實踐，立法者認醫療乃為高度專業及危險之行為，直接涉及病人之身體健康或生命，病人本人或其家屬通常須賴醫師之說明，方得明瞭醫療行為之必要、風險及效果，故醫師為醫療行為時，應詳細對病人本人或其親屬盡相當之說明義務，經病人或其家屬同意後為之，以保障病人身體自主權。學者間認此僅為例示事項，應視各別手術而定其具體範圍。

此項病人之手術同意書，應於醫療行為所致加害行為發生時即已存在，此與加害行為發生後損害賠償請求權之拋棄之性質不同。且此種病人之承諾行為，均須各別取得，是以依衛生署83年衛署醫字第936894號函文：「按醫師為病人實施手術後，如有再度為病人實施手術之必要，除有醫療法第46條第1項（現為第63條第1項）但書規定情況緊急者外[21]，仍應受同條規定之限制，於取得病人或其配偶、親屬或關係人之同意，並簽具同意書，始得為之」所致。至於承諾之方式，依醫療法第63條第1項規定宜解為具要式性，應取得書面之同意書。又此項承諾僅阻卻醫療行為本身之違法性，若醫師因醫療行為過失致侵害病人的身體健康時，仍應負侵權行為責任，不因立有同意書而受影響[22]。

3. 法院見解

至說明義務內容，最高法院94台上2676刑事判決認「上開醫師應盡之說明義務，除過於專業或細部療法外，至少應包含：(一)診斷之病名、病況、預後及不接受治療之後果。(二)建議治療方案及其他可能之替代治療方案暨其利弊。(三)治療風險、常發生之併發症及副作用暨雖不常發生，但可能發生嚴重後果之風險。(四)治療之成功率（死亡率）。(五)醫院之設備及醫師之專業能力等事項；亦即「在一般情形下，如曾說明，病人即有拒絕醫療之可能時」，即有說明之義務；於此，醫師若未盡上開說明之義務，除有正當理由外，難謂已盡注意之義務；又上開說明之義務，以實質上已予說明為必要，若僅令人或其家屬在印有說明事項之同意書上，貿然簽名，尚難認已盡說明之義務。

所稱「實質說明」原則，係指醫師應以「病人得以理解之語言」，詳細告知病人病情、可能之治療方案、各方案之治癒率、併發症、副作用及不治療之後果等重要資訊，以利病人作出合乎其生活型態之醫療選擇。說明義務既為醫師之義務，如由護士交由病人閱覽後在手術同意書上簽名，而非醫師本人之說明，不生說明效力（最高法院86年

度台上字第56號民事判決、94年度台上字第2676號刑事判決參照），且其說明須以病人了解方式爲之，非以病人在手術同意書上簽名，即認已履行說明義務。此觀最高法院於心導管檢查糾紛案件表示（94年度台上字第2676、95年度台上字第3476號刑事判決）：「心導管檢查乃對人體之侵襲性檢查，一般民眾對於其自身或家屬欲進行此類需經麻醉之檢查，應會愼重其事，若非術前與醫師溝通經醫師告知檢查詳細狀況及合併症並充分了解該檢查之目的、檢查過程中可能出現之不適、檢查後可能併發之合併症，甚至死亡比率後，當無隨意簽署同意書之理，自訴人既於上開檢查說明書上簽名，本院依經驗法則，當可認定『自訴人於簽署時對心導管檢查可能引發之合併症業已了解』等語，爲臆測之詞。」等語，即最高法院不認同下級審法院下列證據法則之認定，反認其爲臆測之詞：僅以病人在檢查說明書上簽名，推論病人對該檢查可能引發之合併症業已了解。亦即此種推論，不足認定醫師確有以病人得以理解語言履行說明義務。

又醫師之說明義務範圍以病人充分「主訴」爲前提（最高法院96年度台上字第2476號民事判決），蓋以如病人未充分主訴，則醫師說明時，未能將該主訴納入評估，則其就爭執之手術所爲說明，縱有不足，亦不可歸責於醫師，此項病人主訴，應屬病人基於醫療契約之協力行爲，因此所生損害，既不可歸責於醫師，醫師縱有說明不足，亦不負債務不履行損害賠償責任。

有問題者，病人或其家屬學歷（非習醫者）得否作爲了解與否之參考基準？最高法院似認「病人及上訴人未受高深教育，所爲手術同意書上簽名，難認了解其內容。」（最高法院96年度台上字第2476號民事判決），得否反推爲受高深教育者，即可了解？參酌醫療資訊不對稱之角度，病人或家屬縱爲高級知識分子，於今高度專業分立情況下，對未修習醫學者，其仍爲一般人民，不能遽以病人或其家屬學歷高低而認定其於手術同意書所爲簽名效力，仍應回歸最高法院所揭示之實質說明原

則，作爲醫師是否履行實質說明義務之標準。

五、說明義務之對象

1. 病患本人需有承諾能力

其爲醫療對象，對醫療上有關風險、利益及有關醫療可能產生的痛楚、侵害等事項，在在均與病患有密切關係，因此對有意思能力之病患，在正常情形下，均爲說明義務之對象。有問題者，如病患爲未成年人時，父母的代理權是否擁有無限制的代理權，實值深思，此於《姊姊的守護者》一書中，彰顯出捐贈、接受方均爲未成年人時，身爲法定代理人之父母在行使未成年子女身體自我決定權時[23]，更值深思！

2. 病患家屬

如病患無法明確表達意思或接受說明之情況，如手術進行中時，依醫療法第63條第1項、醫師法第12條之1規定，應向有理解能力、判斷能力之配偶、親屬或關係人爲之。就承諾能力之標準，因通說認承諾之法律性質非屬法律行爲，只是對事實上行動表示同意，故不以承諾者具有行爲能力爲必要。至承諾能力，乃指理解醫療行爲之性質、效果及其危險之程度的能力而言，不及於結果。是以，承諾者有識別能力即可[24]，因緊急情況下，送醫者常爲僅有識別能力之15、16歲亦可。

六、說明義務之免除

說明義務固爲法律或醫事倫理所規範，但實際實施之際，說明範圍無法拿捏，需予醫師有裁量權，以免浪費醫療資源，裁量免除說明範圍大略如下：

1. 末期患者之說明

實務於論及手術後癌症之存活率一案時，似認爲存活機率應爲法律保護之法益，在存活機會喪失與被告行爲間有因果關係時，被告應負損

右側直書：醫師之說明義務與風險管理──以法院判決爲中心

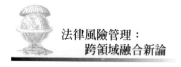
害賠償之責[25]，似採積極告知說，基於說明義務係病人身體自主決定權合法之前提，似應採積極告知說，較為合理。

2. 病患免除說明之表示

依通說，雖認醫療服務屬於契約的一種，病人對醫療資訊有知的權利，當然也有「不知道」的權利，病人若明白表示免除說明義務，但如一般可預期之流行病，病人其實也稍有病情認識，如病人表示免除說明，基於醫師即可裁量是否說明，惟病人因醫師的說明而為手術的同意，既係基於人格權及自主權，應認此項同意不得預先拋棄[26]。

3. 醫師法第21條規定

醫師對於危急病人，應即依其專業能力予以救治或採取必要措施，不得無故拖延。此類病人一般均非醫師所自願加以治療，而且發生時均在非常危急下，法律特課予醫師緊急救治義務，此類病人危險性大、風險高，通常伴同在場的都是救護人員而非親人，因此此時認為毋庸實施說明或由醫師裁量，但仍應依病人可得推知之同意為之。

4. 其他特殊情況之免除

當手術進行中，醫師忽然發現另有緊急狀況發生，非立即進行手術排除，病人有生命危險而病人恰無親人在場，病人已陷入昏迷，如通知親人則緩不濟急，可認為病人清醒亦必同意施行該手術，此時也免除醫師說明義務[27]。

另有所謂「恩慈療法」，即罹患現代醫學尚無有效治療方法之重病或重症末期病人，願變賣家產嘗試任何偏方、秘方、新療法或另類療法以延續無價生命，在生醫科技發達之時代，基因治療的新藥品或新療法，是這些病人無限生機所繫，此係人基於人類求生存本能與死神搏鬥之堅強意志，恐怕無法期待病人或家屬一定聽從醫師說明，或病人曾表示求生意志，其家人不願同意採取新療法，如何處理？基於病人身體自

主權之法理，參酌最高法院96年度台上字第2032號民事判決意旨，仍應以病人之前意願爲之，以其能保護病人存活機率權利。

第三節　說明義務之舉證責任

一、一般侵權行為之舉證責任

醫師基於醫療契約，應對患者履行說明義務，已如前述，是於醫療糾紛之訴訟時，說明義務是否履行之舉證責任，應由病人或醫師負已盡說明義務之舉證責任？學說[28]、實務均有爭議。

按當事人主張有利於己之事實者，就其事實有舉證之責任。但法律別有規定，或依其情形顯失公平者，不在此限。此項但書規定，係民事訴訟法於89年2月11日修正施行時增列，其增列之立法理由載明「舉證責任之分配情形繁雜，僅設原則性規定，未能解決一切舉證責任之分配問題，故最高法院於判例中，即曾依誠信原則定舉證責任之分配。尤以關於公害事件、交通事故、商品製作人責任、醫療糾紛等事件之處理，如嚴守本條所定之原則，難免產生不公平之結果，使被害人無從獲得應有之救濟，有違正義原則，爰於原條文之下增訂但書，規定『但法律別有規定，或依其情形顯失公平者，不在此限。』」，以資因應。

至於法院判決，見解紛歧，有認應由醫師負舉證之責，其依據有引用民事訴訟法第277條但書立法意旨（最高法院98年度台上字第276號、最高法院99年度台上字第2428號、台灣高等法院96年度醫上更(一)字第1號民事判決），其理由爲證據偏頗及武器不平等，令病人負舉證責任不公平；有認醫療法第63條、64條、第81條、醫師法第12條之1等規定爲民法第184條第2項所稱保護他人之法律，而肯認醫師負有舉證之責（最高法院86年度台上字第56號、95年度台上字第2057、2178號、98年度台上字第1877號民事判決）。又雖有部分判決認仍應由病人負舉證之

責，不生民事訴訟法第277條但書顯失公平情形（最高法院96台上2378民事判決），但此屬最高法院少數意見[29]。是法院判決對舉證責任趨向民事訴訟法第277條第1項但書，令醫師負舉證已盡說明義務之責[30]。

　　按依上揭舉證責任法條但書修正之意旨，似認於法律別有規定或依其情形顯失公平時不適用由被害人負舉證責任之原則規定。查於侵權行為損害賠償時，病人的同意乃醫療人員從事醫療行為阻卻違法之事由，自屬對醫療人員有利事項，而病人的同意則須基於醫生的說明，而此項說明與醫生醫療義務有密切關係，依醫療法第63條、64條、第81條及醫師法第12條之1規定，明定醫師有說明義務，此項規定係屬保護他人之法律，依民法第184條第2項規定，推定醫師有過失，是依舉證責任分配原則，均應由醫生負舉證責任。至於不完全給付之契約責任時，依上開但書意旨，似應由醫師負舉證已盡說明義務之責，且說明義務既為醫師之契約義務，則主張此項義務業已履行之義務人即醫師，依民事訴訟法第277條本文，亦應負舉證之責。

二、說明義務之法律風險管理

1. 說明義務之內容（以醫療法第63條為例）

　　最高法院94年度台上字第2676刑事判決認醫師之說明義務內容，至少應包含：

(1) 診斷之病名、病況、預後及不接受治療之後果。

(2) 建議治療方案及其他可能之替代治療方案暨其利弊。

(3) 治療風險、常發生之併發症及副作用暨雖不常發生，但可能發生嚴重後果之風險。

(4) 治療之成功率（死亡率）。

(5) 醫院之設備及醫師之專業能力等事項。

　　亦即在一般情形下，如曾說明，病人即有拒絕醫療之可能時，

即有說明之義務。

此項說明義務內容，係就手術之醫療行為所為說明，其重點在於「在一般情形下，如曾說明，病人即有拒絕醫療之可能時」，即有說明之義務，則手術前門診相關之侵入性檢查報告、病理檢查報告（最高法院99年度台上字第1044民事判決參照），及手術中之侵入性檢查、病理檢查報告均應包含在內，則如手術時始發現之症狀，如在其前之侵入性檢查報告或病理檢查報告已載明，未告知病人時，至少應再補行說明義務，於手術中所為侵入性檢查、病理檢查報告（如冷凍切片），而有再為新之手術時，係屬新之醫療行為，醫師仍應履行說明義務，否則所為新之手術亦不能依「告知後同意」法則免除其違法性。

至於說明義務之履行是否最高法院前揭「實質說明」原則，常為訴訟爭點所在，病人主張醫師僅令護士交付手術同意書，而直接交付手術同意書令病人於其上簽名，此種態樣不能認為符合「實質說明」原則，茲引用最高法院對說明義務是否符合「實質說明」原則案例二則以供參考：

(1)最高法院98年度台上字第1877號民事裁定（侵入性檢查之說明）

又上訴人簽署之「全大腸內視鏡檢查及麻醉同意書」，其上已載明其充分了解施行一般診斷內視鏡檢查，常見之併發症為消化道破裂穿孔及出血，其機率約為千分之一至三，而高齡病人為高危險群，且消化道破裂穿孔發生率在接受息肉切除術後可上升至千分之四；並表明了解施行內視鏡檢查之目的，是為癌症篩檢、或檢查消化道異常病因，則原審認被上訴人為上訴人進行大腸鏡檢查，並施以息肉切除手術，已履行其說明義務，並不違背法令（醫療法第63、64條）。

(2)最高法院98年度台上字第2178號民事判決（分娩手術之說明）

長庚醫院設有媽媽教室給予衛教，其中包括臨產須知；另安排雙親教室課程大綱為產婦上課，有吳雅惠衛教紀錄表及雙親教室課程大綱可稽。且於九十一年二月二十三日及同年五月二十五日「安心待產順利生產的要領」中談及生產方式的選擇，乃依據台大醫院婦產部婦產科綱要多媒體光碟摘錄，內容包括自然陰道生產（包括真空吸引和產鉗之使用）與剖腹生產之選擇、優缺點及可能發生之危險性，亦有說明書可參。此外，被上訴人為每位產婦在第一次來產檢時提供媽媽手冊，其中亦有生產方式之介紹與說明；吳雅惠亦稱產檢時就有護士跟伊說明等語。足見在產檢時，被上訴人已讓吳雅惠及其家屬了解懷孕與生產相關情事。又於生產時，由上訴人之父簡文村簽署分娩手術同意書及麻醉術同意書，依分娩手術同意書附註第五點記載：「立同意書人請務必詳閱背後說明，如有任何疑問或須進一步了解，請於簽具本同意書前詳細詢問相關醫師」等語。上訴人之父簡文村既已簽署手術同意書，並經醫院派醫師詳為說明，自已知悉手術療程可能發生之狀況，並授權醫師得視情況採行最佳方式助產，當認醫師已盡告知義務。

最高法院於94年度台上字第2476號刑事判決認為「手術同意書」上之簽名，未必等同於告知後同意。手術同意書如係由護士交予病人及上訴人簽名，雖其上載有應告知事項之內容，並不必然代表主治醫師已盡告知義務。判決理由書就此謂：「又依卷內資料，病人及上訴人均未受高深教育，於簽署時是否了解其內容？原判決未深入審究，遽以上訴人已在心導管檢查說明書上之見證人欄簽名，即謂主治醫師先前已有告知，尚嫌速斷」，是以最高法院認為，說明義務必須是實質上且亦需考慮病患及家屬之理解能力，僅有病患及家屬手術同意書未必代表履行說明義務[31]。再者，依經手醫療案件，大部分醫院之手術或侵入性檢查同意書，其說明內容，常按醫療法第63條內容為概括性告知，並無如同前揭二則最高法院案例為詳細告知，似不能認為已履行「實質說明」原

則。

2. 從風險管理角度談「實質說明」義務之履行

基於風險管理角度，如何履行說明義務，參酌前揭所舉實務見解，似可從二方面說明。

(1) 醫療倫理上如何避免違反說明義務

(一) 醫事人員秉持所學、專長，於病人生命時給予最好之服務，非但是義務，且是個人志業的表現，許多說明義務違反源於溝通不良，是處理醫病關係應係首要之務[32]，因此在診治之際，醫師應以親切、平易近人的態度面對病人，使病人在就診流程、地點、危險性、費用、所需時間長短、預期醫療效果及其他應注意事項均能得到詳細說明，說明越詳細，越能得到病人之信任感，提高病人滿意度，但不可對病人承諾過多，以免病人希望越大失望越高而產生反效果。

(二) 消除說明義務之欠缺，最重要的是醫師要時時進修，隨時充實自己的醫學、藥學方面的知識，更應隨時參與新知、新技術發表會，以免因故步自封而跟不上日新月異的科學新知，如此說明義務之實施駕輕就熟，缺失就消弭於無形。

(2) 法律風險管理如何避免違反說明義務

基於醫療損害發生成因不同，應區別急診、門診、手術等不同態樣做好風險管理。如：

① 門診

除醫師於診間就醫療法第81條所述內容外，更應於診間外候診區或網路上衛教單或影帶播放等影音播放方式就各種疾病應說明內容予以衛教。

② 一般手術（含侵入性檢查）

除診間說明其醫療法第63條所述內容外，於病人簽署同意前，似

可考慮於特定時間安排在特定診間，由具有擬手術之專科醫師資格之住院醫師級以上醫師，按照各種手術治療之方式、有無替代方式、治療與替代治療方式之優缺點、風險性高低等前揭應予說明之內容，予以表格化，准許病人或其家屬帶同具有醫學常識之醫事從業人員陪同在場，且准許病人或其家屬、陪同人員提問後予以解答釋疑，經病人或家屬同意後，全程並錄音、錄影存證，以符合最高法院94年度台上字第2676號刑事判決實質說明之標準。就此建議，或認以國內現行健保制度下，醫院或醫師面對病人較諸國外醫療院所之人力負擔為重，依此不啻加重醫療院所負擔？惟法院或檢警機關所面對之司法案件，不亞於醫療院所，現行司法制度，於犯罪發生伊始，司法警察警詢、檢察官偵查、法院審理過程中，依法均應全程錄音、錄影，基於武器對等原則或醫療資訊之對等原則，上揭建議並非不可行，與其等待醫療糾紛發生後再為訴訟上爭執，基於風險管理角度，就上揭說明義務履行之存證措施，應屬可採。此項建議，於侵入性檢查亦同（台灣高等法院96年度醫上字第26號民事判決參照）。

③ 急診手術

依醫療法第63條第1項但書，就此似無庸履行同條第1項本文規定之簽署手術同意書之義務，惟就最近報載台大醫院於100年8月23日，一名腦死愛滋感染者捐贈器官，台大醫院8月24日檢驗報告誤以為未感染愛滋，造成感染者的心、肝、肺、腎等器官，植入台大醫院和成大醫院共5名患者體內，迄今5人的愛滋檢驗都是陰性，包含醫療團隊之醫師亦受到血液污染，就前項但書所稱「情況緊急者，不在此限」之要件，通說認仍依「可推知之病人意思」為之，而此項不確定法律概念，應依醫療常規嚴格訂定具體標準，此觀實務認接連第一次手術後之第二次手術時，病人已清醒，且其配偶在旁，仍應履行醫療法第63條第1項本文之說明義務，而不可以「可容許之危險」免除其違法性等語可知[33]。

第四節　結語

　　最高法院於94年度台上字第2476號刑事判決認「醫師說明義務，以實質上已予說明爲必要，若僅令病人或家屬在印有說明事項之同意書上簽名，尚難認已盡說明義務」。病人同意之前，醫師必須對病人說明病情、醫療行爲性質、內容、風險、替代方案等事項，此項說明必須考慮到病人之理解能力，而其所謂說明還包括分析，設想病人對醫療服務知識之欠缺，醫師應盡「合理、謹愼」法則，務使病人能對自己病情及手術的進行有深切認識。於多種醫療行爲可以採行時，醫師更應將多種醫療方法之性質、優缺點、危險性，詳加說明，並告知不採行可代替醫療方法之理由，以使病人可以自行選擇適合的醫療方式。是此種「知情同意」是建立在「尊重人格」、「尊重自主」及「促進病人健康」等相關倫理原則基礎上，是其包括三個基本要素：其一爲告知，即醫師須以病人可以理解的方式提供相關訊息；其二，決定能力，即病人具備「了解相關訊息」且可以「合理預見其決定之後果」的能力；其三爲自願，即病人有權不受到外力、心理威脅與人爲操控之影響而自由地做出決定。

　　惟最高法院似認病人如受高深教育，於簽署時當可了解其內容等語，似認其爲病人是否了解醫師之說明標準云云，惟鑒於醫療行爲爲專門職業之行爲，如前所述，縱使高知識分子，在現代社會分工極細情況下，隔行如隔山，縱爲博士，而非屬醫學領域者，對於醫學資訊仍屬弱勢一方，基於武器平等原則之平等權思想，醫療院所似應基於風險管理角度，就實務所揭示之「醫師說明義務，以實質上已予說明爲必要」之原則，本諸不同醫療行爲態樣，預爲防範，即應提供相關醫療資訊，使病人處於實質得知狀態，且主管機關或醫師公會應提供醫療扶助基金會，使病人得有諮詢管道，使醫病間在醫療資訊處於平等狀態，則病人基於醫師實質說明義務之履行，所爲告知後同意之阻卻違法事由方能有

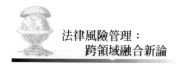

效成立，免除醫院或醫師之侵權行為責任，亦可作為醫療契約中，醫療院所業已履行附隨義務——說明義務之佐證。

附　錄

一、相關法令

1. 醫療法

第63條：醫療機構實施手術，應向病人或其法定代理人、配偶、親屬或關係人說明手術原因、手術成功率或可能發生之併發症及危險，並經其同意，簽具手術同意書及麻醉同意書，始得為之。但情況緊急者，不在此限。

　　　　前項同意書之簽具，病人為未成年人或無法親自簽具者，得由其法定代理人、配偶、親屬或關係人簽具。

　　　　第一項手術同意書及麻醉同意書格式，由中央主管機關定之。

第64條：醫療機構實施中央主管機關規定之侵入性檢查或治療，應向病人或其法定代理人、配偶、親屬或關係人說明，並經其同意，簽具同意書後，始得為之。但情況緊急者，不在此限。

　　　　前項同意書之簽具，病人為未成年人或無法親自簽具者，得由其法定代理人、配偶、親屬或關係人簽具。

第81條：醫療機構診治病人時，應向病人或其法定代理人、配偶、親屬或關係人告知其病情、治療方針、處置、用藥、預後情形及可能之不良反應。

2. 醫師法第12條之1

醫師診治病人時，應向病人或其家屬告知其病情、治療方針、處置、用藥、預後情形及可能之不良反應。

3. 授權命令

衛生署93年3月22日衛署醫字第09300218149號

主　　　旨：公告「醫療機構施行手術及麻醉告知暨取得病人同意指導原則」，如附件。

公告事項：「醫療機構施行手術及麻醉告知暨取得病人同意指導原則」

內容包括：告知程序、告知時應注意之事項、簽署手術同意書及其他四個項目。

附　　　件：醫療機構施行手術及麻醉告知暨取得病人同意指導原則

　　一、告知程序

　　　　(一) 手術同意書與麻醉同意書一式兩份，由醫療機構人員先行完成「基本資料」之填寫。

　　　　(二) 手術同意書部分，由手術負責醫師以中文填載「擬實施之手術」各欄，並依「醫師之聲明」1.之內容，逐項解釋本次手術相關資訊，同時於說明完成之各欄□內打勾。若手術負責醫師授權本次手術醫療團隊中之其他醫師，代為說明，手術負責醫師最後仍應確認已完全說明清楚，再將本同意書一份交付病人，如有其他手術或麻醉說明書，一併交付病人充分閱讀。麻醉同意書部分，由麻醉醫師以中文填載「擬實施之麻醉」各欄，依「醫師之聲明」1.之內容，逐項解釋本次手術麻醉相關資訊，同時於說明完成之各欄□內打勾。

　　　　(三) 告知完成後，手術負責醫師、麻醉醫師應於相關同意書上簽名，並記載告知日期及時間。

　　　　(四) 病人經過說明後，如有疑問，醫師應視手術之性質，給予合理充分的時間詢問及討論，並將病人問題記載於「醫師之聲明」2.，並加註日期及時間。

二、告知時應注意之事項

(一) 應先了解病人對於醫療資訊接收之意願對於醫療資訊之告知程度與方式，應尊重病人之意願，避免對其情緒及心理造成負面影響；告知前，應先探詢病人以了解病人接收醫療資訊之期望，如：(1) 病人願意即時接受一切必要之醫療資訊；(2) 僅須適時告知必要的醫療資訊；或(3) 由醫師決定告知的內容等；(4) 告知病人指定之人。

(二) 告知之對象：

1. 以告知病人本人為原則。

2. 病人未明示反對時，亦得告知其配偶或親屬。

3. 病人為未成年人時，亦須告知其法定代理人。

4. 若病人意識不清或無決定能力，應告知其法定代理人、配偶、親屬或關係人。

5. 病人得以書面敘明僅向特定之人告知或對特定對象不予告知。

(三) 如告知對象為病人之法定代理人、配偶、親屬或關係人時，不以當面告知之方式為限。

(四) 醫師應盡可能滿足病人知悉病情及手術、麻醉資訊的需求，尊重病人自主權，以通俗易懂的辭彙及溫和的態度說明，避免誇大、威嚇之言語。

(五) 醫療團隊其他人員亦應本於各該職業範疇及專長，善盡說明義務，盡可能幫助病人了解手術、麻醉過程中可能面臨的情況及應注意之事項等，對於病人或家屬所詢問之問題，如超越其專業範疇，應轉請手術負責醫師予以回答。

三、簽署手術同意書

(一) 手術同意書除下列情形外，應由病人親自簽名：

1. 病人爲未成年人或因故無法爲同意之表示時，得由醫療法規定之人員（法定代理人、配偶、親屬或關係人）簽名。

2. 病人之關係人，原則上係指與病人有特別密切關係人，如同居人、摯友等；或依法令或契約關係，對病人負有保護義務之人，如監護人、少年保護官、學校教職員、肇事駕駛人、軍警消防人員等。

3. 病人不識字、亦無配偶、親屬或關係人可簽手術同意書時，得以按指印代替簽名，惟應有二名見證人。

(二) 同意書之簽具，亦得請病人之親友爲見證人，如病人無配偶、親屬可爲見證人時，可請其關係人爲之，證明病人已同意簽署同意書。

(三) 醫療機構應於病人簽具手術同意書後一個月內，施行手術，逾期應重新簽具同意書，簽具手術同意書後病情發生變化者，亦同。

(四) 醫療機構爲病人施行手術後，如有再度爲病人施行相同手術之必要者，仍應重新簽具同意書。

(五) 醫療機構查核同意書簽具完整後，一份由醫療機構連同病歷保存，一份交由病人收執。

四、其他

(一) 病人若病情危急，而病人之配偶、親屬或關係人不在場，亦無法取得病人本身之同意，須立即實施手術，否則將危及病人生命安全時，爲搶救病人性

命，依醫療法規定，得先爲病人進行必要之處理。

(二) 手術進行時，如發現建議手術項目或範圍有所變更，當病人之意識於清醒狀態下，仍應予告知，並獲得同意，如病人意識不清醒或無法表達其意思者，則應由病人之法定或指定代理人、配偶、親屬或關係人代爲同意。無前揭人員在場時，手術負責醫師爲謀求病人之最大利益，得依其專業判斷爲病人決定之，惟不得違反病人明示或可得推知之意思。

(三) 病人於簽具手術同意書後，仍得於手術前隨時主張拒絕施行手術治療，醫療機構得視需要，請病人於手術同意書載明並簽名。

(四) 施行人工流產或結紮手術，應另依優生保健法之規定簽具手術同意書。

二、裁判資料（引自司法院法學檢索網站）

1.最高法院94年度台上字第2676號刑事判決

本院上次發回意旨並已指明，主治醫師蔡○○已否確實盡告知義務，上訴人及郭○○於簽署同意書時是否了解其內容，應予深入審究。乃原審就此仍未詳予調查，根究明白，於理由六之(一)遽以臆測之詞，認：「心導管檢查乃對人體之侵襲性檢查，一般民眾對於其自身或家屬欲進行此類需經麻醉之檢查，應會慎重其事，若非術前與醫師溝通經醫師告知檢查詳細狀況及合併症並充分了解該檢查之目的、檢查過程中可能出現之不適、檢查後可能併發之合併症，甚至死亡比率後，當無隨意簽署同意書之理，自訴人既於上開檢查說明書上簽名，本院依經驗法則，當可認定自訴人於簽署時對心導管檢查可能引發之合併

症業已了解」云云，致此項瑕疵仍然存在，顯有證據調查未盡之違背法令。

2.台北地院於85年度訴字第5125號民事判決

醫療行爲適用消費者保護法。

按消費者保護法固僅對「商品」加以定義，並未對「服務」加以任何定義，亦未作任何限制，是以提供服務爲營業者，不問其是否與商品有關，由於其與消費者之安全或衛生有關，均爲受到消費者法所規範之企業經營者。又消費乃一爲達成生活目的之行爲，凡是基於求生存、便利或舒適之生活目的，在食衣住行育樂方面爲滿足人類慾望之行爲，均屬之，易言之，凡與人類生活有關之行爲，消費行爲（詹森林、馮震宇、林明珠合著，《認識消費者保護法》，頁55，消費者保護法問答資料第十一頁參照）。準此，醫療服務之行爲，核其性質，自提供醫療服務者觀之，固與商品無關，且利性，惟其與消費者之安全或衛生有莫大關係，而自接受醫療服務者觀之，此屬於人類基於求生生活目的，爲滿足人類慾望之行爲，其爲以消費爲目的而接受服務之消費者甚明（消費者保護法條第1款規定參照），參以消費者保護法第7條第1項規定：「從事提供服務之企業經營者應確保其提供之服務無安全或衛生上之危險。」，足見本法所稱服務之性質在於消費者可能由於該服務之陷於安全或衛生上之危險，是以醫療服務行爲固非屬於商品買賣交易，而屬於提供專業技術與服務關係，且於診斷或治療之過程中，均無法確保「無安全或衛生之危險」，具有醫療不確定性及危險性，然其與國民生活衛生健康安全攸關，本於保護消費者權益，促進國民消費生活安全，提昇國民生活品質之立法目的（消費者保護法第1條規定參照），應將之列爲消費者保護法之規範對象，況每一行業均有其不確定性及危險性，醫療服務業甚難以此爲由拒絕消費者保護法之適用，正因醫療行爲特別具有不確定性及危險性，更需

提供醫療服務者負有更高之注意義務。

3. 最高法院97年度台上字第741號、97年度台上字第562號、96年度台上字第1736號、96年度台上字第1468號、95年度台上字第2178號、86年度台上字第56號民事判決

醫療行為適用消費者保護法無過失責任制度，反而不能達成消費者保護法第1條所明定之立法目的，是應以目的性限縮解釋之方式，將醫療行為排除於消費者保護法適用之範圍之列。參以93年修正之醫療法第82條第2項，已明確將醫療行為所造成之損害賠償責任限於因故意或過失為限，醫療行為自無消費者保護法無過失責任之適用。

4. 最高法院98年度台上字第276號民事判決

患者因患右側慢性中耳炎併膽脂瘤，於79年4月17日在本院接受右側中耳顯微鏡手術（於全身麻醉之下），術後送麻醉恢復室觀察，在術後麻醉醫師觀察中，病人突然發生呼吸困難，麻醉醫師立即施予急救，急救後，病人成為植物人等語，並無關於醫師蘇○○如何為林○○施行中耳炎顯微鏡手術、麻醉醫師又如何為林○○實施全身麻醉之紀錄。如有此紀錄亦應由被上訴人保管。查林○○在被麻醉及手術過程中，全程均在被上訴人醫護人員之照護中，竟成植物人狀態，倘無此醫療過程之紀錄，或被上訴人難以取得此項紀錄，而必欲令其負舉證責任是否有違公平原則，非無斟酌之餘地。

5. 台灣高等法院86年度重訴更(一)字第15號民事判決

經查醫師為病患手術，令病患抑其家屬書立同意書，以圖事後免責乙事，為公眾周知之事實，惟按醫師係一從事醫療業務之專業人員，其對病患之是否須接受手術，或重複接受手術，應有相當之認知及獨立判斷之能力，而原告僅係一病患，醫療常識已較被告貧瘠，設被告果曾就該次手術後果，向原告說明，原告究是否得以領悟，已有疑義，

且觀原告係因被告先前所爲之人工水晶體植入手術不適，眼部已受害情況下，仍願書立前述同意書，其心境之無奈及煎熬，應可探知，是自難遽引原告所立前述同意書，即遽認兩造已就該次手術可能發生之後果，已作詳細溝通，並得執爲被告免責之依據，被告所爲上開辯詞，亦無足採信。

6.最高法院99年度台上字第8005號刑事判決

然醫療法第81條規定：「醫療機構診治病人時，應向病人或其法定代理人、配偶、親屬或關係人告知其病情、治療方針、處置、用藥、預後情形及可能之不良反應」。而告知「治療方針」，是否包括建議治療方案，及其他可能之替代醫療行爲與各該診治方針之利弊意見？醫事審議委員會之鑑定意見似未敍及，原判決亦未進一步釐清審認，則被告有無違反醫療法第81條規定之告知義務，即屬未臻明確。又被告對李明源進行之冠狀動脈繞道手術，其血管分枝之夾斷，有施以血管夾、縫線結紮及縫線縫合等三種方法，原判決既認血管夾在臨床上有脫落，即延遲性鬆脫之手術風險存在，則若採行血管夾夾斷分枝血管，須承受較另二種方法爲高之醫療風險，病患或其家屬何以不得選擇接受較低風險之縫線結紮或縫線縫合手術？此既關乎病患評估手術風險之選擇權益及對侵入性醫療行爲接受與否之自主決定，即非僅屬醫療上內部之技術層面問題。原判決徒以李○○簽具手術同意書及麻醉同意書前，被告已依醫療法第63條第1項前段規定，向李明源及上訴人說明手術原因、手術成功率或可能發生之併發症及危險，即認以何方式夾斷分枝血管乃「手術步驟之細節」，無再予以說明之必要，而就被告有無違反同法第81條之告知義務，及上訴人等何以不能選擇接受較低風險之醫療手術，則恝置不論，理由自嫌欠備。

7.最高法院99台上2428民事判決

按對人體施行手術所爲侵入性之醫療行爲，本具一定程度之危險性，

修正前醫療法第46條（現行法爲第63條）第1項前段並規定：醫院實施手術時，應取得病人或其配偶、親屬或關係人之同意，簽具手術同意書及麻醉同意書；在簽具之前，醫師應向其本人或配偶、親屬或關係人說明手術原因，手術成功率或可能發生之併發症及危險，在其同意下，始得爲之。尋繹上揭有關「告知後同意法則」之規範，旨在經由危險之說明，使病人得以知悉侵入性醫療行爲之危險性而自由決定是否接受，以減少醫療糾紛之發生，並展現病人身體及健康之自主權。是以醫院由其使用人即醫師對病人之說明告知，乃醫院依醫療契約提供醫療服務，爲準備、確定、支持及完全履行醫院本身之主給付義務，而對病人所負之「從給付義務」（又稱獨立之附隨義務，或提升爲給付義務之一種）。於此情形，該病人可獨立訴請醫院履行，以完全滿足給付之利益，倘醫院對病人未盡其告知說明義務，病人固得依民法第227條不完全給付之規定，請求醫院賠償其損害。查本件三軍總醫院對上訴人實施手術前，有無令其使用人即醫師對上訴人依上開醫療法規定爲告知並得其同意之事實？依舉證責任分配原則，雖應由三軍總醫院負舉證之責，然上訴人已於記載有「經告知需實施手術原因及手術成功率或可能發生之併發症及危險」之手術同意書簽名，是否生舉證責任轉換即轉由上訴人負舉證證明「醫師實際上並未告知」之責任？

8.最高法院98年度台上字第1877號民事裁定

又上訴人簽署之「全大腸內視鏡檢查及麻醉同意書」，其上已載明其充分了解施行一般診斷內視鏡檢查，常見之併發症爲消化道破裂穿孔及出血，其機率約爲千分之一至三，而高齡病人爲高危險群，且消化道破裂穿孔發生率在接受息肉切除術後可上升至千分之四；並表明了解施行內視鏡檢查之目的，是爲癌症篩檢、或檢查消化道異常病因，則原審認被上訴人爲上訴人進行大腸鏡檢查，並施以息肉切除手術，

已履行其說明義務，並不違背法令。又被上訴人既未違反說明義務，自不生違反醫療法第63條第1項、第64條、醫師法第12條之1規定，應推定有過失之問題。

9. 最高法院95台上2057民事判決

原審既已認定被上訴人所為合於修正前醫療法第46條第1項規定，未違反保護他人之法律，則其認被上訴人不負賠償責任，即無不合〔按：醫療法第46條（現為第63條）第1項為民法第184條第2項所稱之法律〕。

10. 最高法院96年度台上字第2476民事判決

按對人體施行手術所為侵入性之醫療行為，本具一定程度之危險性，醫療法第46條（現行法為第63條）第1項前段規定，醫院實施手術時，醫師應於病人或其配偶、親屬或關係人，簽具手術同意書及麻醉同意書前，向其說明手術原因，手術成功率或可能能發生之併發症及危險，旨在經由危險之說明，使患者得以知悉侵入性醫療行為之危險性而自由決定是否接受，以減少醫療糾紛。惟法條就醫師之危險說明義務，並未具體化其內容，能否漫無邊際或毫無限制的要求醫師負一切（含與施行手術無直接關聯）之危險說明義務？已非無疑醫師法第12條第2項第3款及醫療法施行細則第48條（現行法第52條）第1項第2款所定病歷或病歷摘要應載明患者之「主訴」一項觀察，可認患者「主訴」病情，構成醫師為正確醫療行為之一環，唯有在患者充分「主訴」病情之情況下，始能合理期待醫師為危險之說明，足認患者「主訴」之病情，影響醫師對危險說明義務之範圍。

11. 最高法院96台上2738民事判決

按當事人主張有利於己之事實者，就其事實有舉證之責任。但法律

別有規定，或依其情形顯失公平者，不在此限。民事訴訟法第277條定有明文。依前開規定，並無醫院或醫師應就其醫療行為先負無侵權行為舉證責任之情形，如由主張醫院或醫師有過失者，先負舉證之責，尚無違反上開規定或有顯失公平之情形，則上訴人主張本件應由被上訴人先就其醫療行為並無侵權行為負舉證之責，顯係就消極事實先負舉證責任，違反前述舉證責任之規定，自應由上訴人先就被上訴人有過失之事實負舉證責任。

12. 最高法院98台上999民事判決

由證人周培元及許麗蓉於第1審95年6月21日之證詞以觀，足證系爭手術同意書係因孟憲科當時向醫護人員表示背痛，無法起身填寫並簽署，故在孟憲科意識清楚之狀況下，而由被上訴人陳裕中清楚告知本件手術後可能產生之變化、危險性、及手術原因等後，方由證人許麗蓉代其填寫系爭手術同意書，證人周培元見證，並由孟憲科於其上蓋手印，並無不妥或違反常理之處。至孟憲科主張：伊不識字，當時亦無輔導員在場云云，惟由證人周培元及許麗蓉前述之證詞觀之，均證孟憲科所述不實。況由孟憲科於桃園榮民醫院填寫之病歷首頁中有關教育程度是記載為「高中」，及後來孟憲科於第1審95年7月10日言詞辯論期日，始不再否認曾在小學教書過，益證孟憲科所稱其不識字，當時亦無輔導員在場，同意書亦非其所簽等，均與事實不符。綜上，系爭手術同意書確為孟憲科同意下所簽立，孟憲科係對於手術之併發症、相關風險均已知悉下，同意系爭手術之施作，甚為明確。

13. 最高法院99台上1044民事判決

楊美都於同年7月10日進行上開手術前，究有無以善良管理人之注意義務，向病人或其配偶、親屬或關係人告知包括病理檢查報告等上開內容，並經取得同意後，始進行手術，自待釐清。

14.最高法院86年度台上字第56號民事判決

所謂「可容許之危險」，係指行為人遵守各種危險事業所定之規則，並於實施危險行為時盡其應有之注意，對於可視為被容許之危險得免其過失責任而言。如行為人未遵守各該危險事業所定規則，盡其應有之注意，則不得主張被容許之危險而免責。第二次手術，並無不立即手術，將危及被上訴人生命安全之情形，被上訴人既然神識清醒，且有配偶陪伴在旁，上訴人即應說明手術之原因、手術成功率或可能發生之併發症及危險，由被上訴人自行選擇是否承擔手術可能之危險。上訴人未經被上訴人同意，擅自施行第二次手術，原審認係違反醫療法第46條第1項保護病人之法律，依民法第184條第2項，推定上訴人為有過失等語。

15.台灣高等法院96年度醫上字第26號民事判決

(一)醫療機構實施中央主管機關規定之侵入性檢查或治療，應向病人或其法定代理人、配偶、親屬或關係人說明，並經其同意，簽具同意書後，始得為之。但情況緊急者，不在此限，醫療法第64條第1項亦定有明文。惟上開規定旨在經由危險之說明，使患者得以知悉侵入性醫療行為之危險性而自由決定是否接受，以減少醫療糾紛。惟法條就醫師之危險說明義務，並未具體化其內容，能否漫無邊際或毫無限制的要求醫師負一切之危險說明義務？已非無疑。又倘囿於告知義務之履行，反延誤醫療之最佳時機，故上開條文將告知義務於情況緊急時為適當之限縮。

(二)本件縱認甲未盡告知義務，惟因江某當時罹患急性心肌梗塞，情況緊急，尚難遽認醫院有違反告知義務。又醫師告知義務範圍與界線，應考量病患醫療目的而有所不同，如治療有必要且迫切性，病患需立即進行醫療處置者，則醫師對於罕見或極端之併發症並無告知義務。是被上訴人辯稱本件江某就醫當時情況緊急，必須爭

取搶救時間，應非一概課予醫師對病患需為詳盡、無缺漏之說明義務，否則非但造成醫療資源之浪費，亦將使病患於決定是否接受醫療行為時變得無所適從，甚至造成病患同意權之行使空洞化，更與說明義務所欲保障者為病患自主決定權之目的相互悖離等語，自屬合理。

16. 台灣高等法院96年醫上更(一)字第1號

民事訴訟法第277條規定，當事人主張有利於己之事實者，就其事實有舉證之責任；但法律別有規定，或依其情形顯失公平者，不在此限。如為該條但書立法理由所示之醫療糾紛事件，即醫院具有豐富之醫學專業知識，而另一方則完全欠缺該等知識，考量訴訟上攻擊防禦地位明顯不平等，且醫院所使用設備及人員配置掌握，又另就相關證據取得難易程度等，有證據偏在及武器不平等情形，由醫院負舉證責任，應無不公平可言。

17. 台灣高等法院98年醫上字第9號

醫療法第63條第1項規定，醫療機構實施手術，應向病人或其法定代理人、配偶、親屬或關係人說明手術原因、手術成功率或可能發生之併發症及危險，並經其同意，簽具手術同意書及麻醉同意書，始得為之。又醫療機構所應說明之義務，當限於與手術必要性、手術及併發症風險之判斷、評估有關者為限，其未盡說明義務所應負之責任，亦限於因未盡說明義務，致病患承受手術失敗或併發症之結果。若依院所屬醫師於實施手術過程，並無任何疏失，亦無任何證據足以認定病人之症狀係因手術所造成，即無從責令醫院須就病人所生之症狀，負賠償責任。

18. 台北地院99年度醫字第66號民事判決

健康檢查既然以預防人體疾病、傷害、殘缺為目的，所為之診察、

診斷行爲，自屬醫療行爲。因此，原告前往被告中心診所接受健康檢查而拍攝系爭X片，被告A對於系爭X光片之判讀、被告B出具健康檢查報告爲正常之判斷，自屬診察、診斷之醫療行爲。又存活機會亦應認爲人格權之概念所涵蓋應受保護。本件被告具有醫療專業之優勢，應由被告舉證原告於96年間在被告XX診所爲上開健康檢查時，並未罹患惡性胸腺瘤或者縱已罹患惡性胸腺瘤但其期數並未早於其於仁愛院區發現時之期數，不能免侵權之責。另惡性胸腺瘤之病程演進根據Masaoka分期系統可區分爲四期，而根據原告之電腦斷層結果，原告係罹患惡性胸腺瘤，於98年7月25日至同年月31日於仁愛院區接受檢查時之病程期數爲第4期，第1期至第4期之5年存活率分別爲96%、86%、69%、50%，故其減少存活機率爲46%。

19. 最高法院95年度台上字第2178號民事判決

本件長庚醫院設有媽媽教室給予衛教，其中包括臨產須知；另安排雙親教室課程大綱爲產婦上課，有吳雅惠衛教紀錄表及雙親教室課程大綱可稽。且於91年2月23日及同年5月25日「安心待產順利生產的要領」中談及生產方式的選擇，乃依據台大醫院婦產部婦產科綱要多媒體光碟摘錄，內容包括自然陰道生產（包括真空吸引和產鉗之使用）與剖腹生產之選擇、優缺點及可能發生之危險性，亦有說明書可參。此外，被上訴人爲每位產婦在第一次來產檢時提供媽媽手冊，其中亦有生產方式之介紹與說明；吳雅惠亦稱產檢時就有護士跟伊說明等語。足見在產檢時，被上訴人已讓吳雅惠及其家屬了解懷孕與生產相關情事。又於生產時，由上訴人之父簡文村簽署分娩手術同意書及麻醉術同意書，依分娩手術同意書附註第五點記載：「立同意書人請務必詳閱背後說明，如有任何疑問或須進一步了解，請於簽具本同意書前詳細詢問相關醫師」等語。上訴人之父簡文村既已簽署手術同意書，並經醫院派醫師詳爲說明，自已知悉

手術療程可能發生之狀況，並授權醫師得視情況採行最佳方式助產，當認醫師已盡告知義務。又醫療行為並非從事危險事業或活動者製造危險來源，亦非因危險事業或活動而獲取利益為主要目的，亦與民法第191條之3之立法理由所例示之工廠排放廢水或廢氣、桶裝瓦斯場填裝瓦斯、爆竹場製造爆竹、舉行賽車活動、使用炸藥開礦、開山或燃放焰火等性質有間，是醫療行為並無民法第191條之3之適用。

註 釋

* 陳學德，現任台灣台中地方法院法官兼庭長。

1 按醫病關係的演變，十八世紀初醫師人數不多，且病患多是上層階級人士，醫病關係為「病人控制」而醫師取悅病人的現象。到了十八世紀末，醫療才轉為大眾化，而服務貧病之人，醫師擁有專業知識作為後盾，且面對的是較被動的病患，醫病關係轉為「醫師控制」而病人順從的現象。直到十九、二十世紀，因醫療環境出現急遽改變，各國政府開始制訂法規或制度介入醫療領域，使得醫療專業病患的關係日益複雜，開始出現醫療糾紛問題。

2 台北地院於85年度訴字第5125號民事判決，採用消費者保護法之無過失責任判定馬偕醫院就肩難產事件應負損害賠償責任，引起學界論戰，93年修正之醫療法第82條第2項，已明確將醫療行為所造成之損害賠償責任限於因故意或過失為限，醫療行為自無消費者保護法無過失責任之適用，實務最高法院97年度台上字第741號、97年度台上字第562號、96年度台上字第1736號、96年度台上字第1468號等判決均採否定說。

3 依2010年司法院統計年報，我國法院調解成功率為37.04%，而至2002年成立已17年的衛生署醫審會，調解成功率只有40%，遠低於美國仲裁協會的80%，顯示其效益不大。

4 醫界原本均主張廢除醫療刑事責任，惟世界各國亦未廢除，已漸為醫界接受，此有陳再晉副署長於2009年4月18日「台北醫法論壇——醫療糾紛案例學術研討會」時發言指出，美日各國均有業務過失之刑責規定等語，是以醫界改推重大過失醫療刑事責任，惟在立法院進行第一讀程序時，法務部代表堅守刑法就過失僅規

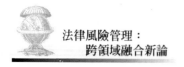

定有認識過失、無認識過失，並無民法上就過失區分為重大過失、具體輕過失、抽象輕過失，如於醫療法上明定醫師就醫療行為僅負故意或重大過失之刑事責任，執行上恐有疑惑，致無法完成第一讀程序。

5 按醫療行為所生損害，其成因或為因過失所生，或非因過失所生，醫療損害如由過失行為引起時，依過失責任主義由醫療行為人依過失之有無及過失比例負責。另有非因過失所引起之醫療行為，其一為可預見之醫療損害，另為無法預見之醫療損害；前者即併發症、副作用及後遺症；後者，即純粹之醫療意外。就此所生醫療損害行為，應如何分配責任，是利用「告知後同意法則」為責任分配，如該醫療行為有得到病患之告知後同意，則一旦發生可預見醫療損害，該損害由病患自己承受，反之則由醫師負責。因醫療法第63條第1項、第64條、第81條及醫師法第12條之1增訂醫師之說明義務，是因非過失所引起之可預見醫療損害，自可依民法184條第2項為請求權基礎，請求權人就醫師之過失不必負舉證責任。至於不可預見之醫療損害，既然醫師無法預見，受害人必須自行承擔醫療傷害之後果，除非有無過失補償制度，於我國可依「藥害救濟辦法」就藥害獲得補償。

6 按除了醫師法或醫療法上所規定之危急治療或因為法令上之強制治療，性質上特殊外，醫病間均存有一個醫療契約，依此醫療行為之種類可分三種：純粹的醫療行為、技術性的醫療行為、醫院提供企業式的相關醫療服務的醫療行為。所稱純粹的醫療行為：醫生針對病人症狀診斷病情或檢查結果，決定給予病人某種針劑、藥物或施以手術之過程。基於醫學對於人體及疾病知之有限性，不可能完全正確、無誤地診斷、對症下藥，故病患未因醫生治療痊癒或有其他不良反應，乃病患疾病治療本身之風險。又技術性之醫療行為係指：其他醫護人員因醫生純粹醫療行為所決定

之醫療方式，而施行之醫療行為，醫療技術之施行成功與否，理論上可完全控制，與人身變化之不確定性及醫學對人體知之有限性無關，屬可控制之危險。至企業式的相關醫療服務行為係指：醫院以企業式方式經營，仍應以病人之醫療品質為中心，從而精算出醫護人員之合理門診量與工作量。又醫院應嚴密組織醫護人員，使主治醫師得隨時監督住院醫師之錯誤，及為必要時急救體系的救援，另對護理人之技術性醫療施行訓練與安全監督及急救體系之完備與設備之定期維修與更換，方能將醫療意外降到最低，此類風險即是醫院透過其企業式經營方式，額外製造給病人的風險。詳朱柏松，〈適用消保法論醫師之責任〉，《台大法學論叢》，第27卷4期，頁16。

7　醫療法第82條於93年修正明文限故意過失始負損害賠償責任，終止學者、實務間就此之爭議。惟對技術性醫療行為及企業式醫療行為，因醫院對此類風險具有控制及預防可能性，應有消費者保護法無過失責任適用，但如為小型之診所時，適用民法第191條之3之危險製造人之侵權行為責任即可。詳見張世展，〈論醫療行為有關民法上損害賠償諸問題〉，《司法院研究年報》，第24輯第1篇，93年11月版，頁132以下。

8　按發生醫療糾紛時，病人於法律上得依民法第184條以下有關侵權行為損害賠償規定請求醫生損害賠償，亦得依醫病間之醫療契約主張債務不履行之損害賠償。前者係基於「人之權利不可侵」之觀念而生，不以加害人與受害人間有契約存在為前提。後者係基於契約當事人間之契約義務而來。於病人依侵權行為主張時，如醫師得到病人承諾時所為醫療行為，即欠缺「不法」之要件，醫療實務上手術同意書之簽署即屬得病人承諾之證據，得作為醫生免除不法性之依據。如依醫療契約請求時，如醫生不履行契約上義務（含說明義務），致病人權益受有損害而可歸責於醫師時，

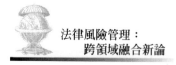
醫生應負不完全給付之債務不履行損害賠償責任。

9 按醫療機構與患者間醫療契約所生之義務，除主給付義務外，尚有附隨義務，附隨義務發生之原因，不外乎法律明文規定、當事人約定、基於誠實信用原則及補充契約解釋等，而此項義務基於法律規定而生者，如醫療法、醫師法等法律規定所生執業處所限制、加入醫師公會、親自診察、製作病歷、告知說明、處方藥劑妥善標示、報告、交付醫療證明文件、正當使用毒劑、依法收取費用、緊急救護、不得為虛偽陳述、不洩露他人秘密等義務。說明義務、轉診義務及應招義務均為重要附隨義務之一種，亦常為醫療糾紛聚訟焦點所在。說明義務之法律依據為醫師法第12條之1、醫療法第63條、第64條、第81條。

10 病人對於侵入性醫療措施同意的理論基礎，在為彰顯病患接受治療行為前，應當擁有的自主決定權，通說認為醫療法第63、64、81條規定就是醫療自主決定權在法律層面的具體化，其思考脈絡除源自對傳統父權醫療決策模式的積極反動外，最重要的精神內涵在充分尊重病患對身體、生命及人格尊嚴的自主權利。

11 黃丁全，《醫事法》，元照出版公司，2000年7月，頁367以下。

12 按醫學倫理隨著醫病關係之變動而有不同內涵，於父權時代（或醫師控制時代），中國係以孫思邈主張之不分貧富貴賤一視同仁，西醫則以希波克拉底（Hippocrates）揭示之「醫師哲詞」為主，隨著醫病關係進入權利義務階段後，醫學倫理由「醫師為中心的醫療模式」轉變為「病人為中心的醫療模式」，目前醫師倫理似改以Tom Beauchamp及James Childress於1979年出版之《醫學倫理原則》一書所揭示之六大基本原則，即行善（Beneficence）、誠信（Veractity）、自主（Autonomy）、不傷害（Non-maleficence）、保密（Confidentiality）、公義（Justice）原則為之，而說明義務即為其中「自主」原則之法律化。詳參吳清池，

〈醫療倫理與法律〉，《司法研究年報》，第26輯第13篇，頁69以下。

13 醫療法第78條至第80條就人體試驗有明文規範。

14 黃立，〈探討消費者保護法對醫療行為之適用〉，消費者保護委員會89年度會議資料。

15 張世展，同註7，頁100。

16 黃丁全，同註11，頁382以下；翁玉榮，〈從法律觀點談病患之自己決定權及醫師之說明義務〉，《法律評論》，第66期，頁6。

17 侯英泠，〈從德國法論醫師之契約說明義務〉，《月旦法學》雜誌，2004年9月，頁9以下。

18 侯英泠，同〈醫療行為的民事賠償責任（上）〉文，頁9-23。

19 邱琦，〈醫療訴訟之爭點整理與案件管理〉，講義第35頁，發表於台中地院，102年第1、2季醫事法律研習課程上發言及講義，102年3月28日，台灣高等法院台中分院99年度重醫上（更）字第13號判決亦採此見解。

20 吳清池，〈醫療服務說明義務之研究〉，《司法研究年報》，第24輯第6篇，頁86以下。

21 學者認所謂緊急必要情形，其手術仍須依病人可推知的意思為之。詳見王澤鑑，《債權行為法》，著者發行，2010年3月版，頁299。

22 亦即如醫療行為侵害病人身體權或生命權，且有因果關係時，縱得病人承諾而不具違法性，如有故意、過失時，仍應負責。詳細說明參照註8。

23 該書描述親子間生命價值觀念落差所衍生的無奈衝突。守護者——安娜，是父母透過胚胎篩選所生的女兒，她總是擔著守護姊姊凱特生命的宿命，當凱特急需新的腎臟維持生命時，母親希望安娜能再次達成身為守護者的任務。然而這場手術，無法取得

二位未成年者的真摯同意，母親急欲主導手術進行的意志，透露著對未成年子女的合理行使醫療決定權時，也應站在合理的範圍內，給予尊重與支持。參見張麗卿、韓政道，〈醫療自主與生命擇——從「姊姊的守護者」談起〉，《月旦法學》雜誌，第198期，2011年11月，頁102以下。

24 最高法院86年度台上字第56號刑事判決同此見解。

25 最高法院96年度台上字第2032號民事判決。案例事實為被害人經被告知有子宮肌瘤後，因而至醫院接受全子宮及兩側卵巢切除，手術後檢體經診斷為子宮頸癌，手術醫師未為告知，嗣後腹痛就醫，其後面醫師調閱病歷始悉上揭子宮頸癌報告，雖經其他醫院治療，因延誤治療期間不治而死亡。

26 王澤鑑，同註21，頁296。

27 吳清池，同註20，頁90。最高法院86年度台上字第56號民事判決就醫療法第63條第1項但書之要件曾予闡明所謂「但情況緊急，不在此限」，乃指病人病情緊急，而病人之配偶、親屬或關係人並不在場，亦無法取得病人本身之同意，須立即實施手術，否則將立即危及病人生命安全之情況而言，亦經行政院衛生署以八十年四月十二日衛署醫字第九三六八九四號函及七十八年十二月十二日衛署醫字第八四○二六三號函函示在案，可供參考。

28 王澤鑑，同註21，頁301。此於民事訴訟法第277條增列但書規定時之立法理由，明文揭示醫療事件如採該條本文規定，難免產生不公平結果。實務依個案，並未就醫療行為均採推定過失，如最高法院98年度台上字第276號判決，即認醫療過程病人難以取得，令病人負舉證責任不公平。

29 部分最高法院判決雖認應由醫師負舉證責任，但其於證據法則上則傾向對醫師有利之認定，如該院99年度台上字第2428號民事判決載稱：上訴人（病人）已於記載有「經告知需實施手術原因

及手術成功率或可能發生之併發症及危險」之手術同意書簽名，是否生舉證責任轉換即轉由上訴人負舉證證明「醫師實際上並未告知」之責任？即認醫師舉證病人在手術同意書上簽名之形式證據，即認已盡舉證責任，以減輕醫師實質說明義務之舉證責任。

30 惟實務對於醫師舉證責任之要求、民事責任的認定則越趨嚴格，參見楊秀儀於醫學倫理與醫療法律「醫療糾紛處理法及實務判決評析」研討會發言，戲稱醫師令病患提刑事訴訟反較有利，政治大學法學院、台北縣醫師公會合辦，2008年，頁20。

31 台灣高等法院86年度重訴更(一)字第15號判決亦為同一意旨說明，該判決認病人書立之免責條款違反民法第222條規定，且採定型化契約方式時，亦應受消費者保護法第11條以下規範。

32 根據鍾國彪的研究，國人心目中好醫生的條件，最重要的是「對病人親切、關心病人」占69.1%，「很清楚解說病情」次之，占43.7%，「醫術高明」僅占37.2%，而針對台北市、新北市內、外、婦、兒四科住院醫師研究發現，醫師認為影響醫病關係主要面向有：醫師解釋及溝通技巧、醫師的技術和醫療品質，以及醫師的個人特質。參見鍾國彬、鍾國彪（1999），〈全民健保後醫師與病人關係及醫療糾紛之評估研究〉，中研院調查計畫；盧昭文（1999），〈醫師遭遇醫療糾紛之經驗與其認知、態度對醫師行為影響之研究——以大台北地區為例〉，台灣大學醫療機構管理研究所碩士論文。

33 最高法院85年度台上字86號民事判決認由護士交由病人閱覽，並於手術同意書上所為簽署，不生說明之效力，無從阻卻醫療行為之違法性。

 **參考文獻**

一、期刊論文

1. 侯英泠，〈探討醫療無過失責任的適宜性〉，《月旦法學》雜誌，第49期。

2. 侯英泠，〈從德國法論醫師之契約説明義務〉，《月旦法學》雜誌，2004年9月。

3. 侯英泠，〈醫療行為的民事賠償責任（上）〉，《月旦法學》雜誌，2001年5月。

4. 黃立，〈消費者保護法對醫療行為之適用〉，《律師雜誌》，第217期。

5. 吳清池，〈醫療服務説明義務之研究〉，《司法研究年報》，第24輯第6篇。

6. 吳清池，〈醫療倫理與法律〉，《司法研究年報》，第26輯第13篇。

7. 朱柏松，〈適用消保法論醫師之責任〉，《台大法學論》，第27卷4期。

8. 張世展，〈論醫療行為有關民法上損害賠償諸問題〉，《司法研究年報》，第24輯第1篇。

9. 黃立，〈探討消費者保護法對醫療行為之適用〉，消費者保護委員會89年度會議資料。

10. 翁玉榮，〈從法律觀點談病患之自己決定權及醫師之説明義務〉，《法律評論》，第66期。

11. 鍾國彬、鍾國彪（1999），〈全民健保後醫師與病人關係及醫療糾紛之評估研究〉，中研院調查計畫。

12. 盧昭文（1999），〈醫師遭遇醫療糾紛之經驗與其認知、態度對

醫師行為影響之研究——以大台北地區為例〉，台灣大學醫療機構管理研究所碩士論文。

二、書籍

1. 黃丁全，《醫事法》，元照出版有限公司。
2. 曾淑瑜，《醫療過失與因果關係》，翰蘆圖書出版有限公司。
3. 王澤鑑，《侵權行為法》，著者發行。

Chapter 8

注意標準與醫療民事責任之變動與發展

蔡建興[*]

第一節　注意標準與醫療法律責任之關係

醫療法律責任之基本構成要件為：1. 注意義務之存在（如對病人動手術，須進行標準消毒程序）。2. 違反注意義務（如未完成標準消毒程序，即未達注意標準）。3. 導致損害發生（如因消毒未完全，致病人受感染而傷亡）。其中影響法律責任成立與否之關鍵因素，即「注意標準」（Standard of Care）之高低，當法律就醫療行為設定較高之注意標準時，要符合高標要求較為困難，醫療責任容易發生，醫護人員乃立於不利地位；反之，當法律就醫療行為僅要求較低之注意標準時，醫護人員可輕易達到要低標要求，責任不易發生，而對醫護人員有利。

第二節　注意標準於刑事責任與民事責任應有區別

醫療刑事責任與民事責任之注意標準是否有別，國內外法律明顯不同。國外法制對醫療責任之追究，多以民事損害賠償為主，刑事責任的追究則較為嚴格且不多見。如常為我國法制所繼受參考之日本，其刑法上業務過失致死罪的規定也適用在醫療過失上，但日本司法實務上處理醫療過失主要以民事解決為主，甚少另外追訴刑事責任。英國對於醫療過失的刑事責任，僅限於誤殺罪（manslaughter），此種幾近重大（gross）或極端（radcial）過失，才例外追訴處罰。美國亦對醫療過失刑事責任採取極為嚴格的標準，除因重大忽視醫學原理或於治療的實施或專業選擇上有重大的過失，或重大的缺乏專業能力、重大的不注意、魯莽而漠不關心（gross inattention），才可能論以醫療刑事責任。中國大陸刑法第335條亦規定：「醫務人員由於嚴重不負責任，造成就診人死亡或者嚴重損害就診人身體健康的，處三年以下有期徒刑或拘役。」故國外法制大致上均係以「嚴重不負責任」的重大過失，作為醫療刑事

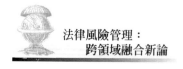
責任成立之注意標準。

惟我國刑法未就醫事人員之注意標準另作規範，而同以刑法第14條第1項「行為人雖非故意，但按其情節應注意，並能注意，而不注意者，為過失。」之規定，作為醫療刑事責任過失認定之標準。加上我國民法未對「過失」直接明文下定義，故關於民事醫療過失的認定，常亦借用上開刑法之過失概念。此造成我國法制運作，包括司法審判實務及行政院衛生署醫事審議委員會（以下簡稱醫審會）醫療鑑定實務之操作，就醫療過失有無之說明及認定，通常不會區分刑事／民事醫療事件之注意標準高度，進而形成國內醫療糾紛事件，常發生以刑逼民之弊端，因為即便醫師只有輕微之醫療疏失，且造成病患傷害結果輕微，理論上亦會構成刑法業務傷害罪，而遭受刑事追訴之高度風險，此顯不合理且悖於國際潮流[1]。

按刑法是所有法律中最嚴厲、強制、痛苦的法律手段，它以刑罰、保安處分的法律效果，做為規範社會共同生活秩序之最後手段。若刑罰以外，尚有其他可有效防制不法行為之社會控制手段時，應避免用刑罰，即刑法具有補充性、最後手段性與謙抑性。刑法學者黃榮堅教授曾感言：「從事刑法教學工作已久……在過程裡，對於刑法這東西的印象，好像漸漸從一種理解變成是一種感覺：這世界上所有的法律與規範，到頭來都在使人疏離於真正的生命，因此給人自由是人間恩情的極致，也是道德的底線。」故我國法制就醫療行為責任之架構，宜仿上開外國法制，立法降低醫療刑事責任之注意標準，此亦有益於法院及醫審會於判斷醫療案件過失歸屬核心問題時，能擺脫刑罰嚴厲性之陰影，以更為果決負責、具體明確的態度表示判決或鑑定意見，改善現存鑑定意見常使用模稜兩可、若有似無用詞的情形，而提升醫療鑑定、判決之品質與速度。

我國法制就醫療責任之規範，理想的進化模式應為：「刑事追究→民事侵權損害賠償責任→民事債務不履行損害賠償責任→保險補償」。

以下先簡介國外法律關於民事醫療責任注意標準之變遷，再介紹我國法律關於民事醫療責任注意標準之重要內容。

第三節　英國及美國之民事醫療責任注意標準

19世紀之前，醫療注意標準的內容與一般過失案件相同，即為「合理與通常之注意」（reasonable and ordinary care）[2]。19世紀中期以後，認為醫師必須具備並執行其同儕醫師一般而言均具備之技能，而發展出「基於慣例之注意標準」（custom-based standard of care）。臨床的執業慣例基本上受到法院的尊重，只要能證明確屬廣為接受的慣例，一般均可免責（集體責任＝沒有責任？）。

如英國法於Bolam v.Friern Hospotal Management committee中所確立的「Bolam檢測」，認為符合臨床執業慣例的醫療行為可視為無過失，且有無符合臨床執業慣例，即注意標準的內容，由醫界來判定。但於Bolntho v. City & Hackney HA案中受到修正，認為醫師僅證明所為符合執業慣例是不夠的。法官必須考量所有證據，以決定所謂執業慣例是否讓病患承擔不必要的風險。在罕見情形下，專業意見經不起邏輯分析，法官便可認為此意見是不合理或不負責的。

美國輻員廣大，城鄉差距大，早年通訊又不發達，各地醫療水準自然會有差異，因而產生「地域性規則」（Locality rule），經典案例為Small v. Howard案，判決強調：「被告身為小村莊的醫師，只需具有醫師一般都會具有的技能，此處的醫師指的是具有一般能力或技能，在類似地區執業，同樣沒有很多經驗之同儕，而不必具有大都市著名執業醫師才有的高程度技藝及技能」，惟至1967年的Pederson v.dumouchel案中已揚棄此規則，而認為：「同一地方的其他人有同樣的過失並不能拿來當過失的藉口」。另又發展出「可敬少數規則」（Respectable minority rule），指一個醫療行為，只要有受敬重的專家意見認可，便

可視爲執業慣例，不因其他多數專家持反對意見而受影響。惟於Jones v. Chidester案中，法院改認爲：「僅有受敬重少數專業意見的支持是不夠的，還需要有相當數目的其他專業意見的支持，方能認定其爲執業慣例而免除過失」。

美國法院於Helling v. Carey案中，更直接推翻執業慣例，介入設定較高之注意標準。該案之原告病患因未接受眼壓檢測，未能及早發現患有青光眼，後來導致視力嚴重受損。審判中，被告醫師主張，依是臨床慣例，40歲以下的人不用做例行的眼壓檢測，且兩造專家證人對此均無意見。但法官認爲：「鑒於患者視力嚴重受損的事實，而眼壓檢測又是一項方便又便宜的檢查，故醫師沒有實行此一檢查，爲有過失」。綜上，普通法系國家的共同走向爲醫界執業慣例的退卻，法官及陪審團再度成爲注意標準的設定者與醫療過失的判定者[3]。

第四節　日本及德國之民事醫療責任注意標準

以同一時代、同一地區的平均醫療技術爲準，縱令日後醫療技術已改進提升，亦不能據以認定爲過失之依據。護理師與護士之注意標準有別，專科醫師在該專科上自比非專科醫師有較高之注意標準。醫師醫療行爲裁量權之範圍應以科學的合理性爲基礎，如超出合理範圍，即應負過失責任[4]。醫師身繫病患生命、身體安危，故不僅應具備傳統之醫學理論及技能，亦應從醫學書籍、雜誌、臨床實驗、醫師公會之通知、衛生機關之公告而吸收醫學新知，以提高醫學水準。其司法實務上即認：醫學之進步日新月異，凡因醫學之進步，而使醫師所應具備之學識及技能水準有所提高，其注意標準亦應隨之提高，並以提高後之標準，作爲認定其是否有過失之依據，對於一位肩負寶貴人命責任之醫師，應有趕上一般醫學水準之義務，若因新知之缺乏引起誤診或失敗，在法律上即應認爲有過失。

　　德國司法實務判決亦指出：醫師及其他醫療工作者，必須通曉進步之醫學，熟習最新之治療方法，若因其存著安逸、固執或傲慢之心理，致對於新的醫學理論閉鎖無知時，爲法所不許[5]。

第五節　我國法之民事醫療責任注意標準

一、醫療責任不適用消費者保護法之無過失責任

　　我國關於醫療侵權責任之發展，實務上已從昔日關於消費者保護法第7條之服務「無過失」責任，回歸民法基本之歸責原則，即「過失」責任制度[6]。此即醫療法第82條第2項所定：「醫療機構及其醫事人員因執行業務致生損害於病人，以故意或過失爲限，負損害賠償責任。」。

二、注意標準之設定與具體內容

　　代表性實務見解如最高法院95年度台上字第3884號刑事判決：「醫療過失，係指醫療人員違反客觀上必要之注意義務而言。惟因醫療行爲有其特殊性，自容許相當程度之風險，應以醫療當時臨床醫療實踐之醫療水準判斷是否違反注意義務。原則上醫學中心之醫療水準高於區域醫院，區域醫院又高於地區醫院，一般診所最後；專科醫師高於非專科醫師。尙不得一律以醫學中心之醫療水準資爲判斷標準。此參諸行政院衛生署所訂醫療糾紛鑑定作業要點第十六條：醫事鑑定小組委員及初審醫師，對於鑑定案件，應就委託鑑定機關提供之相關卷證資料，基於醫學知識與醫療常規，並衡酌當地醫療資源與醫療水準，提供公正、客觀之意見，不得爲虛僞之陳述或鑑定之規定，亦明。」係本於法律不能強人所難即「合理期待可能性」之觀點，採依具體個案判斷之彈性標準。

　　依此見解歸納並推演，可將醫療注意標準之高低分類爲：1.醫學中心之注意標準高於區域醫院，區域醫院又高於地區醫院，一般診所最

後；2.整體醫療團隊高於個別醫師；3.專科（次專科）醫師高於非專科醫師；4.常態醫療高於偏遠、災難、緊急等非常態醫療[7]；5.於緊急醫療之情形，經評定為重度級緊急醫療處理能力之醫院高於中度級醫院，中度級醫院高於一般級醫院[8]；6.全程醫療（對病患之特殊病史、各項檢驗數據之掌控度較強）之注意標準高於片斷醫療。

第六節　討論案例──台灣高等法院台中分院99年度醫上字第6號判決

一、案例事實

病患P於94年2月14日因肚子疼痛前往H醫院急診，經急診室主任A醫師診斷P有腸阻塞現象，乃予以轉入內科部消化系住院病房由內科部消化內科主治醫師B繼續治療，嗣至同月19日下午5時左右，由值班醫師C指示實習醫師D為P放置鼻胃管，D為P置入鼻胃管後，P旋即出現呼吸急速、血壓及心跳下降之狀況，經施以緊急氣管插管及心肺復甦術急救後轉入加護病房，經診斷有吸入性肺炎，並缺氧性腦病變，現已呈植物人狀態。

二、實習醫師D放置鼻胃管無疏失且合法

醫審會第一次鑑定書鑑定意見認為：「由護理紀錄以及急救紀錄中記載，鼻胃管皆可引流出多量之黃綠色液體，因此，鼻胃管應無錯插入病人氣管。且若鼻胃管位置有所不妥時，於急救過程進行氣管內管置放時，即可進一步加以確認，但氣管插管記錄中並未提及鼻胃管置放不妥之處，因此，實習醫師為病人插鼻胃管之行為，尚未發現有疏失之處」等語；第三次鑑定意見亦認：「經檢視確認94年2月19日X光片，鼻胃管並無錯插入病人氣管。」。

又依第一次鑑定意見：「醫療行為包括插入、更換鼻胃管、導尿管等工作，目前在國內只要受過正確訓練的醫護人員都可執行。以衛生署所推動的『居家護理』及內政部推動的『居家服務』來說，若是需要置換鼻胃管可由公衛護士或是居家護士提供服務。因此實習醫師若已經受過完整訓練，在有困難時可獲得其它醫護人員支援的情況下，應可依照標準程序執行一般鼻胃管的插入，並無違背目前國內大多數醫療常規。依醫師法第28條第1項第1款規定，在中央主管機關認可之醫療機構，於醫師指導下實習之醫學院、校學生或畢業生，其執行醫療業務得排除醫師法第28條之適用。依行政院衛生署88年8月24日衛署醫字第88048728號函釋，所稱『指導』，得由醫師自行斟酌指導，並不以現場指導為要件，惟實習醫師於實習執行醫療業務過程，對所為之診察、診斷、處方，應經指導醫師確認後，始得執行。本件H醫院得依上述規定，對實習醫師D進行相關醫療作業之實習與執行。至於該實習醫師執行鼻胃管置放，亦得由醫師自行斟酌指導方式，並不以現場指導為要件，惟應經指導醫師確認後，始得執行。」

三、鼻胃管之置放與P後續無呼吸、心搏過緩有相當因果關係

第一次鑑定意見認為：「鼻胃管置放，若位置正確，並不會直接造成缺氧性腦病變併發症。根據護理記錄及急救記錄記載，鼻胃管置放後功能正常可引流流出液體，且由護理記錄之時間來看，鼻胃管置放完成與病人發生急救之事件，仍有20分鐘時間間隔，因此，鼻胃管之置放行為與後續無呼吸、心搏過緩急救以及缺氧性腦病變難明有因果關係。」

第二次鑑定意見認為：「由於此病人突發病況之確實原因仍無法確認，故就現有資料，若已完成鼻胃管置放20分鐘，且其間並無相關鼻胃管因置放產生之呼吸窘迫、缺氧、嘔吐等現象，故難以判斷有因果關係」、「因病人住院後，醫師雖然有針對功能性腸阻塞，憂鬱症等病況加以診治，會診精神科醫師以及進行大腸鏡檢查，但仍有相關病人不適

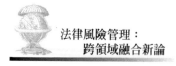

與症狀表現（如心搏過速），未進一步確認其原因（藥物、精神病相關，體液不足、心臟疾病、甲狀腺疾病、感染或其他原因）。而此相關症狀，也或許與前述突發狀況有關。故此病人之治療過程，仍有未盡注意之部分。但是否因此部分未注意而與病人突發病況有直接相關，難以確認。」。

第三次鑑定意見認為：「前次相關鑑定係根據病歷記載與護理紀錄中相關事件發生之時序，提供鑑定意見。由於依病歷紀錄，鼻胃管放置與發生無呼吸、心搏過緩有一段時間差距，因此當時鑑定認為難謂有因果關係。但依據後續提供偵查資料，法院認為可確定之事實為『94年2月19日16：55，實習醫師D應護理師E之召為P置放鼻胃管。鼻胃管置放完成後，實習醫師D已觀察到病人P心搏開始變緩（惟認為係在正常範圍），實習醫師D轉身步出病房時，適護理師E持引流袋進入病房準備為P引流，而與實習醫師D擦身而過，當護理師E為P接上引流袋時，邊接邊觀察心電圖監視器之數據，發現P心搏已降低至50幾，隨即召喚醫護人員為P急救。』……。『若由上述認定之事實，因P於置放鼻胃管後即開始有心搏減緩，及後續無呼吸、心搏過緩現象。鼻胃管置放，應與後續無呼吸、心搏過緩有因果關係』。依據醫學上推斷可能原因……若依後續偵查資料，認為於鼻胃管置放後馬上發生心跳變緩，卻無同時發生之呼吸困難，臨床上會考慮是因病人產生一種稱為『vaso vagalepisode』（vasovagalreflex）之血管迷走神經反應……，此種反應有可能因為某些刺激所產生，由於腦幹與中樞神經受刺激後，造成自主神經系統之後續反應，副交感（迷走）神經功能上升，與同時交感神經功能下降之情況。此時，會出現心跳受抑制變緩慢，心臟收縮力降低，另外血管擴張，造成血壓降低。後續可能會引發病人頭暈、昏厥、噁心及盜汗，甚至意識喪失。通常會造成這種血管迷走神經反射原因很多，包括長期站立、突然姿勢改變、體液不足、痛或其他不適之刺激、極端情緒刺激、噁心、嘔吐、排尿（便）、嚴重咳嗽、喉嚨鼻竇或眼睛受刺激

等。鼻胃管置放會刺激喉嚨，甚至若病人於置放中有嚴重嘔吐，都可能會產生此血管神經反射。若情況輕微，可能只是暫時性不適、頭暈或短暫昏厥；若嚴重，就可能會產生心搏過緩、休克或昏迷等現象。」「於前次鑑定已說明，治療過程中，因病人仍有持續心搏過速之病因尚未完全確認原因。因相關心臟疾病或體液不足等，皆可能會增加產生突發性心搏過緩之可能性。甚至由前述說明，病人若有相關心臟或其他疾病，也可能會在發生血管迷走神經反應（vasovagal reflex）之後，產生較嚴重之後續反應。」綜合第二、三次鑑定意見可知，因P於置放鼻胃管後旋即有心搏減緩，及後續無呼吸、心搏過緩現象；故鼻胃管置放，與後續無呼吸、心搏過緩有因果關係。

四、B、C、D三人均不構成醫療過失侵權行為責任

法院認依P急診後住院之病程與療程：「P於94年2月14日17:27因腹痛至H醫院急診室就診，當時血壓143/95mmHg，脈博89次／分，呼吸10-29次／分，體溫35.6度C，經血液及X光攝影檢查後，診斷疑似沾黏性腸阻塞而住院接受治療。住院時主治醫師為B，理學檢查廣泛性腹痛，無腸音低下，建議禁食，給予靜脈注射補充及鼻胃管置放引流，依病歷記錄，但病人拒絕，除此外並給予腸蠕動藥物（Primperan）。2月15日及2月16日病人腹痛仍持續，且理學檢查有心搏過速（106～108次／分）現象。2月16日因症狀持續，且有躁動不安及憂鬱症現象，故會診精神科醫師給付止痛藥（Demerol）控制。2月17日病人接受大腸鏡檢查，發現有糞便積存（尤其是大腸近端）及外痔，血液檢查有貧血（Hb10.5g/dl），電解質不平衡。2月18日病人仍有憂鬱症現象，會診精神科醫師建議給予藥物（Remeron、Ativan及Risp eridone）治療，並同時給予靜脈輸液。2月19日由C醫師照顧，病人有呼吸困難及心搏（150次／分）過速現象，血壓165/110mmHg，會診精神科醫師診斷為嚴重性憂鬱症，因此加重藥物及給付鎮靜劑（Sedation、Agent），血液檢查電

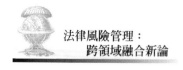
解質為Na126，K3.8，Ca6.9，Mg0.6，心電圖檢查為竇性心搏過速（此為病歷記錄及護理記錄之心電圖），建議鼻胃管置放，但病人仍拒絕，B醫師給予鎂、Calcium gluconate及Verapamil藥物及矯正電解質異常，依護理記錄，16:55病人及家屬同意置放鼻胃管，由實習醫師D執行鼻胃管置放引流，引流出黃綠色液體，未有不順或病人不適之記錄，後於17:15發生無呼吸及心跳緩慢，而進行緊急急救（強心劑、氣管插管等）。於急救後，病人被診斷併有缺氧性腦病變及吸入性肺炎現象」。故本件P係因腹痛至H醫院急診室就診，經血液及X光攝影檢查後，診斷疑似沾黏性腸阻塞而住院接受治療，而在此之前，P即曾因腸阻塞至H醫院就診住院。而對於腸阻塞的治療方式包括內科療法和外科療法；所謂內科療法是先禁食並給予鼻胃管引流，把腸子裡阻塞的物質引流出來，並給予靜脈注射補充體液和電解質，同時為預防控制感染發生，必要時需投予抗生素治療；此有新光吳火獅紀念醫院之「腸阻塞病患護理常規」為憑。是主治醫師B及住院醫師C建議為P進行鼻胃管之放置，應符合治療腸阻塞之常規；其等於P住院期間針對其腸阻塞及憂鬱症等病況所為診治，並無何拖延情事；另就P有持續心搏過速情形，事發當日，B醫師休假，C醫師曾對P抽血檢查心肌酵素正常，並作心電圖檢查，經心臟科F醫師診斷是竇性頻脈而無明顯之其他異常，亦難認有何無故拖延診治情事。而實習醫師D縱然事前未充分了解P之完整病歷，惟其係依C醫師之指示為P放置鼻胃管，且位置確屬正確，而鼻胃管置放，若位置正確，並不會直接造成缺氧性腦病變併發症。再依第二、三次鑑定意見可知，P 於置放鼻胃管後即有心搏減緩，及後續無呼吸、心搏過緩現象，與其腸阻塞病況無關，而與其有持續心搏過速之病因有關。按醫療行為具有其高度專業性、特殊性，而各病患體質亦有其差異性；H醫院屬醫學中心，專業分科精細，如未透過整體醫療團隊，實難責令各專科醫師對病患所發生非其專業之病況全然掌控，P如有相關心臟或其他疾病，致其於置放鼻胃管後，旋即心搏減緩，及後續無呼吸、

心搏過緩現象，此結果，顯非個別之專科醫師所能預見，如令其對因此所產生之醫療行為結果負全責，亦非全然公平。故B、C、D三名醫師應均不負民事共同侵權行為責任。

五、H醫院應負民事不完全給付之契約責任

按「債務不履行之債務人之所以應負損害賠償責任，係以有可歸責之事由存在為要件。若債權人已證明有債之關係存在，並因債務人不履行債務而受有損害，即得請求債務人負債務不履行責任。倘債務人抗辯損害之發生為不可歸責於債務人之事由所致，自應由其負舉證責任，如未能舉證證明，即不能免責。」「醫療契約係受有報酬之勞務契約，其性質類似有償之委任關係，依民法第535條後段規定，醫院既應負善良管理人之注意義務，自應依當時醫療水準，對病患履行診斷或治療之義務。故為其履行輔助人之醫師或其他醫療人員（即醫療團隊）於從事診療時，如未具當時醫療水準，或已具上開醫療水準而欠缺善良管理人之注意，因而誤診或未能為適當之治療，終致病患受有傷害時，醫療機構即應與之同負債務不履行之損害賠償責任。」（最高法院97年台上字第1000號判決參照）。

本件P於前往H醫院醫治時，即與H成立醫療契約，H並受有報酬，其性質類似有償之委任關係，依民法第535條後段規定，H醫院既應負善良管理人之注意義務，自應依當時醫療水準，對病患即P履行診斷或治療之義務。本件醫療事故，依上開第二、三次鑑定書鑑定意見：「因病患於置放鼻胃管後即開始有心搏減緩，及後續無呼吸、心搏過緩現象，故鼻胃管置放，應與後續無呼吸、心搏過緩有因果關係。依據醫學上推斷可能原因，認為於鼻胃管置放後馬上發生心跳變緩，卻無同時發生之呼吸困難，臨床上會考慮是因病人產生血管迷走神經反應。鼻胃管置放會刺激喉嚨，若嚴重，就可能會產生心搏過緩、休克或昏迷等現

象。因病人治療過程中，仍有持續心搏過速之病因尚未完全確認原因。因相關心臟疾病或體液不足等，皆可能會增加產生突發性心搏過緩之可能性。病人若有相關心臟或其他疾病，也可能會在發生血管迷走神經反應之後，產生較嚴重之後續反應」是依上開鑑定意見，H醫院之醫療團隊於決定為P置放鼻胃管前，已察覺P有心搏過速、意識不清等情形，在未進一步確定P何以有此等不適症狀之前，因為P置放鼻胃管，致造成其後續無呼吸、心搏過緩現象，雖經施以緊急氣管插管及心肺復甦術急救，仍因吸入性肺炎，並缺氧性腦病變，呈植物人狀態。依上說明，應認H醫院醫療團隊對P之醫療照護行為，有未盡完善及疏失之處，即P因H不履行債務而受有損害。H並未舉證證明P因放置鼻胃管之行為而發生心搏過緩、無呼吸之結果，非其醫療團隊所能預見或有其不可歸責之事由，自不能免責。

註 釋

* 蔡建興，台灣台中地方法院法官。

1 曾育裕，〈醫療事故民事責任之演進與發展〉，《東吳法律學報》，第17卷第1期，頁118-120。

2 此近於我國民法常引用之「善良管理人注意義務」，即指依社會一般的誠實、勤勉而有相當經驗的人所應具備的注意。

3 范君凱，〈注意標準（Standard of Care）在普通法的歷史發展及比較研究〉，《台灣本土法學》，第153期，頁63-67。

4 曾育裕，〈醫療事故民事責任之演進與發展〉，《東吳法律學報》，第17卷第1期，頁120-121。

5 曾淑瑜，《醫療過失與因果關係》（上冊），1998年7月初版，頁140-142。

6 適用消費者保護法第7條的結果，即認醫界提供醫療服務時，應確保該服務符合當時科技或專業水準可合理期待之安全性。是否符合應就下列情事認定之：一、商品或服務之標示說明；二、商品或服務可期待之合理使用或接受；三、商品或服務流通進入市場或提供之時期。依此定義，所謂「無過失」其實亦蘊含著「過失」概念。其與傳統過失責任之主要區別，主要應在舉證責任的倒置。

7 實務判決常引之刑法第14條第1項「應注意，能注意，而不注意」之過失判準，其中「能注意」一項，實際上即本於合理可期待性之原理，緩和修正前一項「應注意」即注意標準之設定高度，即於醫療過失之認定，應斟酌衡就現實不利條件之限制，適度降低注意標準，如於緊急醫療情況下，確無時間、設備可資進行標準檢驗或消毒程序，應認屬不可歸責。

8 指依醫院緊急醫療能力分級標準所為評級。

Chapter 9

行政執行之法律制度與風險管理

黃兆揚[*]

第一節　前言

　　本文寫作緣起於中國法學會（中國法律諮詢中心）2011年7月31日預定於北京舉辦兩岸法律風險管理論壇及研討會，邀請台灣之中華法律風險管理學會、各界司法官員、律師及法律學者共同與會研討。筆者很榮幸受邀與會，並撰寫本文報告。下筆之前，思考一番，隨著經濟快速發展，社會結構變遷，個人、企業、政府及所有法律工作者，面臨日益複雜之環境，新型態之問題與挑戰，已難從學校書本上或職場前輩過去之經驗，得到有效的解答。處於現代之風險社會，任何之決策與作為，所憑藉的考量基礎，已非單純之合法與否問題，更要考量在各種合法作為下所面臨之風險與整體後果，並據以隨時修正調整步伐，以求個人、組織與制度之精進與永續。本次研討會恰好讓筆者有機會從風險分析與管理之角度，看待行政法制及法律工作。遂以目前從事之行政執行法制工作為題，嘗試分析當前法律制度伴隨之風險因素，並據以檢討未來應有之變革作為。由於以風險管理角度撰寫法律文章，乃筆者之初試，尚請方家不吝指正。

第二節　行政執行法律制度概述

一、行政執行法之概念與發展

　　2001年1月1日台灣進入行政法制大體完備的一個新時代，立法院三讀通過之行政程序法、行政執行法、及行政訴訟法（即法學者所謂「行政三法」）均於當天生效施行，相關法律機關如：高等行政法院、法務部行政執行署及所屬行政執行處，亦同時設立，並陸續擴充，開始致力推行「行政三法」之立法目的：規範公權力行使，保障人民權益，使台灣民主化後邁向更為成熟之現代法治國家。

　　與本文有關之行政執行法，第2條規定：「本法所稱行政執行，指公法上金錢給付義務、行為或不行為義務之強制執行及即時強制。」意即行政執行法主要規範三大區塊：1.公法上金錢給付義務（以下稱公法金錢債務）之強制執行；2.公法上行為或不行為義務之強制執行；以及3.為阻止犯罪、避免危害或急迫危險，由行政機關所採取之即時強制措施。

　　其中，第1種公法金錢債務及第2種公法上行為義務或不行為義務，均係指行政法上義務未獲履行後，由執行機關加以強制執行，亦可理解為「行政處分之執行」。但第3種之即時強制，是一種特殊或緊急情況，為保護人之生命、身體、財產等所賦予國家之公權力，並非先存在一個行政法上義務，義務人不履行後予以施加強制執行手段，故即時強制不以義務違反為前提，本質上不算是一種行政法義務之強制執行。

　　有學者認為第3種屬於類似公法上緊急避難之法律，不應訂入行政執行法內，而應在個別領域如警察職權行使法、精神衛生法、傳染病防制法、災害救濟法、建築法、消防法等，另作特殊、更細緻之規範（蔡秀卿教授、林明鏘教授、洪文玲教授等）。惟有學者認為，為免掛一漏萬，仍應保留於行政執行法訂定基本的即時強制規範，否則將產生無法預知之法律漏洞（陳清秀教授）。目前法務部研議中之行政執行法修正草案，初步採取後者見解，仍保留即時強制之章節。

　　總之，行政執行法之立法目的，係著重於人民行政法上義務不履行時，行政機關依本法之規定，以強制力迫使義務人履行其公法上之義務（第1種及第2種強制執行），及行政機關遇緊急避難情狀，施以即時之強制措施（第3種），無論何種，均帶有運用強制（力）手段及色彩，如不體會此點，「行政執行法」望名生義，可能會誤為是單純執行行政事項，而理解成是行政事務之執行處理，如此是混淆行政程序法與行政執行法二者[1]。故論者有建議行政執行法，應改為「行政強制執行法」，亦有顧名思義之道理。

限於篇幅與個人專業經驗，本文擬探討的行政執行法體制問題，以公法金錢債務強制執行為主，必要時再兼論其餘行為義務或即時強制之相關問題。

二、公法金錢債務強制執行之制度變遷

1. 財務執行時代（1954年10月2日至2000年12月31日）

公法金錢債務之強制執行，早期簡稱財務執行事件，由法院辦理。事實上當時金錢債務（無論是公法債務或民事債務）之強制執行，僅得由法院為之，行政機關不得逕就人民財產為強制執行[2]。1954年10月2日行政院發布財務案件處理辦法，由地方法院設置財務法庭，依此辦法由法院裁定及辦理財務案件之強制執行。「財務案件」依該辦法第2條規定，包括：依財務法規送由法院裁定科以罰鍰或為沒入處分之案件，及依財務法規送由法院限令繳納稅款並加徵滯納金之案件。至於財務案件之強制執行，依該辦法及強制執行法之規定處理。因此，早期地方法院財務法庭所處理者，包括財務事件之課處、裁罰及沒入等實體處分（以裁定方式為之），及財務事件之強制執行。

受到法治國原則影響，司法院大法官會議，認為當時稅法規定由法院裁定之罰鍰，其處理程序並未以法律訂定，有違法律保留原則，於1991年公布第289號解釋，宣告財務案件處理辦法係法制未完備前之措施，應自本解釋公布之日起，至遲於屆滿二年時失其效力。此號解釋公布後，原先由法院財務法庭依據財務案件處理辦法，就漏稅案件依漏稅倍數裁處罰鍰的業務，則於1992年11月23日修正公布之稅捐稽徵法增訂第50條之2規定，改由稅捐稽徵主管機關自為處分，自此開啟財務案件由主管行政機關自為處分之趨勢，行政院於1994年1月14日廢止財務案件處理辦法，法院逐漸不再受理財務案件之裁罰（裁定）業務，而僅受理主管機關為實體處分後之強制執行。

2. 行政執行時代（2001年1月1日起迄今）

　　公法金錢債務之強制執行，2001年修正施行的行政執行法中，增訂「公法上金錢給付義務之執行」一章，並在法務部轄下成立行政執行署及所屬行政執行處，統籌由專業人員依據行政執行法及強制執行法，負責全國公法金錢債務之強制執行業務[3]。自此，原移送法院強制執行之制度（含原由財務法庭執行的財務案件及民事執行處執行的勞健保及行政罰鍰等案件），一律改爲移送法務部行政執行署所屬各行政執行處執行，爲公法金錢債務之強制執行揭開嶄新的一頁。

　　然而，行政執行署（處）繼管的，只有公法金錢債務之強制執行職能而已。關於行政裁罰，大多修法回歸由行政主管機關裁罰之[4]。原由財務法庭統籌受理之行政裁罰裁定及事後之強制執行業務，一分爲二，裁罰部分交由各個行政主管機關（如環保署、地方政府等）決定，各式稅、費及罰鍰等公法金錢債務之強制執行則由行政執行署（處）專責辦理。

三、法務部設置行政執行署（處）專責機構之考量

　　因應大法官釋字第289號解釋，法務部著手修正行政執行法之過程中，考量到以往移送法院執行之規定，增加法院負擔，且影響行政效率甚重，且公法金錢債務與一般民事法院之強制執行之法理、手段、方法均相差甚多，故考慮廢除財務法庭，改由行政主管機關（如財政部、內政部等）辦理。

　　當時又考量到，如將公法金錢債務之強制執行，分散由各原處分機關或主管機關自爲執行，可能產生諸多問題，如：事權不統一，執行效率不一，執行成本過高……等。因此，最後決定，於廢除法院財務法庭後，另改設立一個專責機構，由行政執行署（處）專責辦理公法金錢債權之強制執行[5]。至於專責機構爲何設置於法務部底下，除了上述事權

統一、執行效率以外，最主要係因公法金錢債務之執行涉及人民之財產權，一般認為交由具法律專業之法務部所屬人員（如檢察官、行政執行官、執行書記官、執行員……等）執行，應較能於追求效率之際，亦保障人民權益[6]。

 四、行政執行署（處）業務方針與發展

2001年1月1日成立全國12個行政執行處（目前為13個），時值政府改造之際，為符合政府組織改造，營造小而美、高效能之政府，行政執行署除要求執行程序應符合公法上一般原理原則、比例原則，更以效率為核心價值，引進企業化經營理念，以「目標管理、績效評比」作為業務推動方針，期建立一個嶄新的企業型機關。具體作法尚有諸如：

1. 建立責任中心制度（各執行處以每一股為單位，依法規流程訂定年度之基本徵起責任額）。

2. 講求投資報酬率（每支出1塊錢可收回多少倍數之獲益，以少做多之意）。

3. 賞罰分明、獎懲公平（訂定各種績效評比措施、強化數字管理）。

4. 強化辦案與管考功能（實施復核制度、訂定年度管考標準）。

5. 執行績效之登記與獎勵機制（建立移送機關繳款金額之訊息回饋與通報機制、依執行成果與評比標準實施獎勵）。

6. 區分案件類型並投入合理資源（案件依重要性區分並予列管）。

7. 建立專責人員查詢制度（建制金融帳戶查詢、股票查詢系統、稅務電子閘門、戶政查詢系統、社會保險紀錄、車籍資料……等）。

8. 建立專案控管與滯欠大戶列管制度。

9. 建立小額案件迅速處理機制。

10. 輕微案件運用關懷體恤措施……等（暫緩執行、分期繳納、便利繳納……）。

據統計，截至2011年6月，行政執行署（處）成立以來總執行徵起金額，已突破新台幣2,500億元，平均每年為國庫挹注250億元，以行政執行署（處）年度預算大約12億至14億元而言，平均每年之投資保酬率大約20倍，即政府每投入1元，可收回20元之謂。相對於過去地方法院財務法庭，自1996年至2000年最後5年間，總共執行徵起362億餘元，平均每年徵起金額未達80億元，行政執行署（處）專責機構展現之執行成效確屬超前。

第三節　行政執行署（處）當前面臨的法律體制問題

一、執行主體的問題

2001年修正之行政執行法，設立專責機構法務部行政執行署（處），專責辦理公法金錢給付義務之強制執行，乃台灣獨創，其立法理由主要在於，金錢債務交由法院強制執行，效率不佳，影響政府收入[7]，已如前述。而專責行政執行機構實施十年以來，雖然績效表現空前，但也不斷產生體制上一些磨合問題，相關的議題包括：(1)強制執行二元化，亦即行政執行處與法院民事執行處的互動關係；(2)執行機關與移送機關（如行政執行處與稅捐稽徵機關）的相互地位關係；以及因此而不斷討論之(3)行政執行處之機關定性與業務性質之問題，即行政執行處究竟屬於（準）司法機關，或只是行政機關？等。當然，行政執行的救濟制度亦因執行主體之設置而受連帶影響，形成特殊且複雜的樣貌。

1. 執行機關二元化問題

民事金錢債務交由法院執行，公法金錢債務交由行政執行處執行，造成同一義務人積欠之民間債務及公法債務（如欠稅），不同債權人同時或先後聲請法院及行政執行處執行，義務人將同時面臨二個執行機關調查詢問或聲請拘提管收等強制處分措施，增加應訊及配合調查之負擔。又執行機關就義務人同一財產（如不動產）勢將依受理時間先後而產生併案執行之需求，此部分均需即時有效的溝通與聯繫。又因為法院及行政執行處均得受理參與分配，導致多數債權人彼此間可能獲得不同之分配結果。目前行政執行署與司法院民事廳會定期開會討論雙方協調聯繫之作業。

2. 行政執行處與移送機關之關係

在法院強制執行時代，移送機關立於債權人之地位，與義務人地位平等，與法院共同形成執行程序之三角關係，猶如民事非訟程序一般。但行政執行處成立後，法務部將之定性為行政機關，與移送機關均屬於行政部門下之行政機關，彼此間講求協調互助之成分較多，審核監督之成分較少，又移送機關對於行政執行處之決定如有爭執，復經法務部解釋為應以溝通協調方式處理，移送機關不得提起行政救濟（主要是聲明異議、訴願及行政訴訟）[8]，造成行政執行處之立案審查與相關執行行為之決定，移送機關與行政執行處如溝通無效後，只能循行政層級向行政執行署及法務部或甚至行政院反映，而非以正常司法程序即行政爭訟之管道辦理。如以一來，從民眾角度，多少增添了官官相護之疑慮，另從法制發展而言，亦減少司法機關（法官）受理相關公法上爭議之機會，阻礙了行政執行相關法律問題獲得討論、判決與發展之機會。

3. 行政強制執行之權力本質

行政執行處之定性如何？不禁要問的是，行政執行處掌理金錢債務行政處分之強制執行，其權力本質究竟為何？

在英美法系國家對於不遵守行政命令，視為所謂的藐視公權力，是否行政機關有權以行政執行之手段貫徹自己意志，仍是一大問題，有待探討。以筆者較熟悉之美國法制為例，此種強制權力基本上屬司法權，只有經由行政機關向法院聲請，司法權以被動中立審查之立場，才能核發干預人民自由、強制剝奪人民財產權之命令。舉例而言，當事人對於行政機關所處之罰鍰拒不繳納，行政機關只能向法院聲請強制執行。

在歐洲大陸國家或有不同風貌，以筆者去年考察奧地利行政執行法制之觀察，奧國行政執行法（Administrative Enforcement Act）第3條第1項規定：對於有金錢給付義務人之執行，應參照直接稅法之規定辦理，或請求管轄法院依強制執行法之規定執行之。故有關公法金錢債務之強制徵收執行，奧國採取行政、司法雙軌併行之制度。原則上，行政處分（如課稅、罰鍰）由財政行政機關自為執行（以動產之拍賣為主），對不動產之執行及對人身自由之限制與剝奪，則由原處分機關向法院聲請，由法院審核後為之。

整體而言，行政執行署（處）雖組織上隸屬於法務部而歸類為行政機關，但其業務及權力性質大幅度向法院靠近，尤其是行政執行處不僅對於義務人所有一切財產，均能逕行強制執行（查封、拍賣、換價等），甚至對義務人之行動自由亦有直接限制之權力（如限制住居、限制出境、禁止奢侈命令……等[9]），行政執行處具有準司法機關之地位應無疑義。由此值得省思的是，行政執行處除了講求績效、貫徹公權力之外，也應依照案件之輕重類型或義務人之惡性程度，適時兼顧人民權益之保障，扮演司法機關節制公權力、保障人權之功能。

二、執行名義之範圍與認定

發動強制執行，必有執行名義。法院強制執行以裁判（含判決與裁定）為執行名義，行政執行處之行政執行，則以主管機關之行政處分為

行政執行之法律制度與風險管理

執行名義。因此，就行政法上義務之領域，因確認義務的方式即執行名義之不同，又派分為行政訴訟之強制執行（司法執行）及行政程序之強制執行（行政執行）二種，司法執行以行政法院之裁判為執行名義，於行政訴訟法中設有基本規定，行政執行以行政處分為執行名義，統由行政執行法規範之[10]。

　　公法金錢債務之種類與範圍如何？行政執行法第11條僅規定：「依法令或本於法令之行政處分或法院之裁定，負有公法上金錢給付義務。」[11]其規定甚為抽象，一時不易明白，乃於行政執行法施行細則第2條另規定：「本法（指行政執行法）第2條所稱公法上金錢給付義務如下：一、稅款、滯納金、滯報費、利息、滯報金、怠報金及短估金。二、罰鍰及怠金。三、代履行費用。四、其他公法上應給付金錢之義務。」其中第4款所謂「其他公法上應給付金錢之義務」，何種金錢債務算是公法上義務，何者不是而純屬民事債務，在公法、私法二元化之法律體制下，迭生爭議，尤其是在政府從事私經濟行為時，與人民所生訂約、履約或違約方面之糾紛，最為普遍[12]。

　　事實上，學者蔡震榮教授已提出質疑，金錢給付義務執行之範圍，規定在行政部門訂定之施行細則內，而非明確規定在國會通過之法律（行政執行法）內，實有違反法律保留原則及授權明確性原則之嫌。畢竟金錢給付義務之強制徵收，涉及人民之財產權，行政執行法中並無授權行政機關為之，原則上，施行細則應只能作一些細節性之規定，若訂定涉及增加人民負擔之實質內容（筆者按，例如：把性質上屬於民事事件之金錢債務或應訴請法院取得執行名義之事件，劃歸為本法所稱之公法上金錢給付義務），將逾越法律規定之範圍，有逾越權限之嫌。

　　此外，實務上經常發生移送機關與行政執行處對於執行名義之界定，認知不同。處分機關與執行機關雙方「得為執行名義之行政處分」之範圍與標準，也就是執行名義之適格性，屢生爭執。例如：政府採購法追繳廠商押標金（見前述註12說明）、溢領政府補助款（如公務員不

返還因公涉訟補助款）、追繳員工獎金（署立醫院對醫師追繳獎勵金、國防部軍醫局對員工追繳醫勤獎助金）、勞保局追討溢領之農民健康保險殘廢給付、雇主滯納勞工退休金條例之提繳費、公立托兒所對家長催繳積欠之學費、觀察勒戒及保安處分所生欠費之執行、土地重劃差額之執行、河川公地使用費（縣政府通知義務人繳回溢領之河川工地改良救濟金）之執行……等均是。

　　上述積欠政府機關或公營單位之各種費用，各種款項返還義務，共同面臨二個層次的法律定性問題，均涉及是否得為執行名義之行政處分。一是該給付之義務，究屬公法上或私法（民事）債務，即傳統之公、私法區分理論的問題[13]，如屬私法債務關係，應向民事法院取得執行名義，並由民事法院辦理強制執行。其次的問題是，縱使歸屬於公法上債務，則必須進一步問，該義務究屬行政契約關係而應向行政法院提起給付訴訟[14]，取得給付判決始能據以強制執行[15]？還是直接認定屬於行政處分而得逕移送行政執行處強制執行[16]？此部分涉及行政行為之作成方式，行政契約與行政處分具擇一關係下之區辨問題，也與行政處分之容許性有關。又上述執行名義適格問題，行政執行處是否有權認定，並就所認非行政處分之案件予以退案？行政執行處認定結果，與法院之認定結果不同，又應該如何處理？

　　目前行政執行處對於執行名義之審查，偏重程序要件，如：送達合法、書面記載方式合法等，並不及於實體法規適用之合法性（如課稅或罰緩處分及其數額是否合法、正確等），但對於政府機關採取行政行為之形式，即取得執行名義之方式如何，是否須向民事法院或行政法院取得裁判並由法院該管執行處辦理執行部分，行政執行處之審查態度十分模糊。在多數情形，行政執行處認為只要移送機關作出之處分具有行政處分之「外觀」，符合行政程序法第96條之記載事項[17]，即可當作行政處分加以受理強制執行。但有時又認為，移送機關作成之書面催繳文書，乃本於契約關係而生，非行政處分，而予以退案不受理（如政府採

購法之採購單位向廠商追繳押標金）。此部分實務界迄今並無統一有效之處理方法。

本文認為，行政處分是一抽象學理概念，在不同法律問題背景下應有不同的意義與解釋方法。在早期，行政訴訟不發達，學者引進行政處分的概念，主要係用以打破特別權力關係，擴大司法救濟之管道，以達到「有權力、即有救濟」之憲法意旨。依此角度，行政處分作為行政爭訟之前提要件，其範圍應擴大，解釋應放寬，避免法院輕易以「非行政處分」而程序上駁回人民之行政救濟。然而，問題如今轉換到本文所探討的，是否符合行政執行法第11條所謂「依法令或本於法令之行政處分」，是在討論行政機關之何種意思表示，可以直接作為執行名義，不待法院審查而可逕移送行政執行處強制執行。其問題背後，涉及的是行政機關的職權行使方式之妥適性與一致性，如：有無踐行正當法律程序，有無濫用行政處分手段處理契約之爭議，有無在欠缺法律授權下自訂違法規則並據以作成不利益（負擔）處分[18]……等。此時行政處分概念之界定，就不應全盤照用向來為了放寬「行政爭訟管道」所採取之擴大行政處分之解釋方法，亦不能僅以公、私法區分理論統籠界定「公法上爭議」就能精確解決此處之執行程序應否發動的問題，相反地，認定行政機關向人民催繳金錢之方式，得否逕移送行政執行，應採取較為嚴謹、合乎法律精神且具法律明確授權之情況下，解釋、認定得為執行名義之行政處分適格性。

三、執行期間相關的疑義

行政執行法第7條規定：「行政執行，自處分、裁定確定之日或其他依法令負有義務經通知限期履行之文書所定期間屆滿之日起，五年內未經執行者，不再執行；其於五年期間屆滿前已開始執行者，仍得繼續執行。但自五年期間屆滿之日起已逾五年尚未執行終結者，不得再執

行。前項規定，法律有特別規定者，不適用之。」其立法理由復明定
「為督促執行機關迅速執行，以免義務人之義務陷於永懸不決之狀態，
爰明定行政事件，如未經開始執行者，其執行期間為5年，自處分、裁
定確定之日或其他依法令負有義務經通知限期履行之文書所定期間屆滿
之日起算；如已開始執行，亦應有最長執行10年之限制……。」

執行期間的法律性質為何，向有爭議：

1. 消滅時效說

採消滅時效說者認為，金錢給付義務，作為或不作為義務之執行
均屬請求權行使之效果，而請求權行使之期間係消滅時效期間，而非除
斥期間。此項公法上債權的消滅時效，為了考慮公法的法律關係早日確
定，採取絕對權利消滅主義，如果於時效消滅後再行收款便構成公法上
不當得利，且並無時效中斷的制度，只有執行尚未終結的時效不完成制
度，倘若於五年的執行期間內，因移送執行無效果而核發債權憑證，時
效並非重新起算，而是自原來的時效起算日進行時效期間（陳清秀，
《稅法總論》，4版，頁613）。

2. 除斥期間說

採除斥期間說者認為，執行期間屆滿時，即發生不再執行之效
果，係執行名義喪失其效力之期間；如因清償以外之原因而終結案件，
已逾越行政執行法第7條所定行政執行之期限者，不得移送強制執行。
但此乃執行名義喪失其執行力之期間，非消滅時效問題（楊與齡，《強
制執行法論》，2005年9月，修訂12版，頁696、697）。

3. 法定期間說

採法定期間說者認為，依法條規定之文義與結構，與一般消滅時
效期間者不同，雖行政執行期間具有法律安定功能，但不宜遽認行政執
行期間是消滅時效期間，否則，應準用或類推適用民法有關消滅時效之

規定（含時效中斷時效不完成等），如基於立法目的在於求法律安定，避免人民所負之行政法義務陷於長期不安定，時時刻刻處於受執行之恐懼，應將執行期間解釋類似於追訴權或行刑權時效之見解為法定不變期間（林錫堯，《行政法要義》，2006年9月，3版，頁382；吳志光，《行政法》，2006年10月1版1刷，頁320）。

目前實務上普遍認為，執行期間為程序規定，非實體規定，採取權利消滅說，而非抗辯權說，亦不生中斷時效或重新起算時效之問題。執行期間之規範目的，在於設定行政執行機關之最長執行時限，避免義務人永遠陷於隨時將遭受強制執行之不利。

執行期間一旦屆滿，即不得再執行，實務上產生諸多疑義，例如：

1. 執行期間屆滿後，倘義務人自願清償原欠稅費（如義務人中獎，一夕致富），移送機關能否受償？其受償是否無法律上原因而構成不當得利？

2. 執行期間屆滿之效力，係不得為「強制措施」而已，或連「任意措施」如：通知義務人繳納之行為，或如前述之義務人自願繳納，亦不得為之？

3. 提起分配表異議之訴或債務人異議之訴，或其他依法停止執行，事後導致執行期間屆滿，是否亦不能依法院訴訟結果分配受償？

4. 分期繳納、清償計畫、對繼續性債權（如薪資、租金）核發執行命令，於超過執行期間後，是否均應失效，不得持續受償？

5. 行政執行處於執行期間將屆滿前，查知義務人另有新增財產，能否繼續執行至執行期間屆滿以後？

6. 行政執行處查無義務人可供執行之財產，核發執行憑證，移送機關事後以義務人有財產再度移送後，行政執行處能否以執行期間即將屆滿或預估該筆財產來不及於執行期間屆滿前執行完畢為

由，退案不予執行？或應受理並等待執行期間屆滿時，再終結執行？兩者有何區別實益？

7. 執行期間具絕對效力，不分案件類型或義務人惡性輕重，是否鼓勵義務人惡意不履行或故意以各種方法抗拒、拖延執行，反而對誠實申報財產、配合履行義務之人造成結果上之不公平？

上述關於執行期間屆滿之法律效果諸多問題，源自2001年起行政執行法修正增訂第7條執行期間之規定，迄今行政執行署（處）成立十多年，許多案件執行期間即將屆滿，龐大之公法債務（呆帳）無法再執行徵起，致使執行人員承擔面臨許多財稅法律風險。而在以往財務事件由法院財務法庭執行時代，無論公、私法債務均適用同樣之請求權時效規定，即債權人（含稅捐機關）每次聲請法院執行，即生時效中斷效力，得對債務人新增財產繼續執行，不致發生前述各種問題。因此，研擬修正中之行政執行法草案，擬針對公法金錢債務部分刪除第7條執行期間總則性之規定，並將執行期間規定，改移至修正草案關於行為不行為義務章節。然而，一舉刪除公法金錢債務之執行期間規定，是否使國家金錢債權永久有效，而使義務人永遠陷於生活不安定、隨時得受強制執行之風險，亦是必須考量之處。

以筆者考察奧地利之制度為例，行政執行期間以5年為限，自繳納期間屆滿當年之年底起算。但5年的執行期間內，遇有執行機關採取任何外部之執行行為時，會中斷並重新起算5年，依此情形下重新起算新的5年執行期間，並無次數之限制，理論上可以一直依此方式不斷取得新的5年執行期間。

如此是否發生義務人終生不安定、法律秩序永懸不決之問題？筆者進一步追問之下，了解到，奧國實務上不會濫用此方式而不斷取得新的執行期間，因為一般案件執行無結果或無財產時，即可註銷稅款結案，除非又有具體財產可供執行，若於無財產可供執行情形下勉強延長執行

期間，等於是在核發無效果的執行命令，無異矛盾且自找麻煩。

另外，執行期間之規範意義，與強制執行之目標至為相關。亦即，強制執行行為之基本對象，應是側重在「標的」的概念（即個別財產項目），而非在於執行「案件（案號）」的概念。換言之，執行期間的規範功能，是在針對個別財產標的「發動」執行行為，而非在義務人所掛的執行案號上預先「計算」日曆上的期限屆滿日。若有新標的，則應執行，不必擔心執行期間或時效問題（因為可以不斷取得新的5年期間）。若沒財產標的，則不應亦無法執行，即應盡快註銷結案或進入其他法定（如破產、清算）程序，藉此終止或脫離強制執行程序，亦用不著爭取或延長不需要之執行期間。

奧地利公法債權與私法債權適用之執行期間並無二致，均以主管機關有無依法發動個別有效之執行行為重點，並非不問各別財產狀況或執行情形而一律依照日曆法計算絕對之執行期間屆滿日，法制上不採除斥期間之概念，其特色為，執行期間之功能，在於支持執行機關積極為財產調查及執行行為，而非對執行機關設下不必要之時間限制，尤其是發現可供執行財產或進行執行行為之時。

歸結而言，奧國執行期間制度寬鬆，可以不斷重新起算，看似有利於執行機關，不利於義務人，但實務上彼邦於執行無結果時可儘速結案，搭配其他法定程序（破產、清算）之有效連結機制，健全良善之稅捐執行赦免規定，以及讓義務人在法院面前擔保財產申報真實，如有不實負有刑罰責任，俾利執行機關迅速有效結案之制度。使義務人無財產資力時，仍可迅速終結執行，不會因執行期間之寬鬆解釋，而權益受損。反而係顧慮到若於義務人有財產時，必須正確解釋執行期間之意涵，俾供作執行機關依法執行、彰顯公權力之法律基礎。

本文認為，執行期間規範，一方面係在防免執行官員怠於行使公權力，另一方面在避免義務人生活永無寧日。因此，只要案件仍持續依法執行中，包括義務人同意分期繳納或其他延長繳納之清償方案，均應不

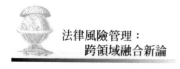
受執行期間屆滿之影響。換言之，執行期間屆滿之法律效果，應係不得再發動新的執行措施，原有持續進行之程序不應受到影響。其次，為避免義務人生活永無寧日，法律關係永懸不決，參照刑罰設有追訴權之制度，公法債務之執行期間規定仍應保留，並視案件類型或義務人清償狀況，分別決定執行期間屆滿之效力，並搭配引進德國之代宣誓保證及債務人名簿制度，使執行機關能有一法律工具，得依義務人真實切結陳述及財產清冊申報，終結執行程序，並讓義務人負擔陳述不實或申報不實之日後刑罰效果。如此亦能儘速確定義務人與移送機關之法律關係，避免案件不必要地延宕至執行期間屆滿時始終結，造成執行期間屆期而一筆勾消之錯誤法治觀念。

第四節　行政執行法制存在之風險因素

一、發動執行之不確定性

行政執行處受理執行案件之移送機關，連同中央政府與地方政府，目前已超過1,100個移送機關，涉及之實體法規種類，多達300種。分析前述公法金錢債務執行名義之範圍與認定相關疑義，可知日後仍會發生人民積欠政府機關或公營事業相關費用，究竟政府機關或公營事業應該向法院訴請人民給付，或逕移送行政執行之問題。

就移送機關之角度，因為民事案件採取有償主義，要收裁判費，行政訴訟亦酌收少許案件審理費，考量訴訟程序之勞費及行政執行署（處）之效能，移送機關今後勢必主張大量的案件均得逕移送行政執行處執行。

就人民的角度，許多滯欠政府單位費用案件，將可能不經法官審酌，而直接進入行政執行程序，人民會更快速地面臨行政執行署採取相關之強制措施。

就行政執行處的角度，案件量勢必膨脹，如果把關不嚴，日後人民就該義務提起行政救濟，如經法院判決行政執行署不應受理者，行政執行署將面臨國家賠償之風險。

總之，未來民眾或代表義務人之律師，勢必要盡速因應此種變局，針對執行名義適格性及行政執行程序發動之合法性問題，提早規劃相關行政救濟之策略，以免當事人陷於極大的法律風險或怠於主張權利而不自知。

二、執行程序上之風險

強制執行手段很多，大體上包含對人之強制及對物之強制，對人之強制處分，有應經法官裁定之拘提、管收，亦有行政執行處得自為決定之限制住居、限制出境、及禁止命令等手段。對物之強制措施，主要以財產之查封扣押與拍賣換價為主。向來對人之強制處分，因涉及人身與行動自由，相關的文章討論很多，受處分人亦多知道如何主張權利。至於對物（財產）之執行，涉及財產權之干預，又係行政執行處之自主權限（無須經法官事先審查），風險因素較高，故以下僅針對財產之執行，分析相關風險：

1. 拍賣實務及次數限制

實務上對於不動產之拍賣，行政執行法準用強制執行法第95條之規定，以拍賣至第四次仍無人應買或債權人不承受者，即應撤銷查封並視為撤回強制執行。民事強制執行依此規定擬制撤回後，債權人隨時得再聲請法院強制執行。但此條規定適用在公法金錢債務之強制執行程序，不免有諸多扞格。

首先，公法債權涉及國家財政之健全，公權力之貫徹，及社會之正義觀感。當義務人之不動產拍賣到第四次而無結果時，如果依強制執行法之規定視為撤回執行，則會造成公法債權仍未受償，義務人財產仍

完好存在之諷刺現象。其次，一旦擬制撤回執行而由地政機關撤銷查封（啓封）後，義務人仍得自由處分該財產（不動產），因此可能發生義務人待拍賣無結果而啓封後儘速低價脫產，如此不免予人行政執行機關未盡責，移送機關虛帳高掛之不良印象。

因此，近年來行政執行署極力推動國稅機關對無人應買之不動產予以承受之作業，希望盡量消弭上述國庫虛帳高掛及義務人財產完好如初之現象。另外一方面亦推動修正行政執行法，取消拍賣次數之限制，強調政府貫徹公權力之決心。縱然如此，未來拍賣無限次數，直到不動產賣出，有可能賣出之價格非常低，影響義務人之權益，如果拍賣時恰好處於經濟氣候不佳，景氣不好時機，更是如此。行政執行處屆時反而應該小心受到賤賣財產之指摘。

2. 對第三人債權之執行

就債務人對於第三人之金錢債權爲執行時，執行法院應發扣押命令禁止債務人收取或爲其他處分，並禁止第三人向債務人清償。執行法院並得詢問債權人意見，以命令許債權人收取，或將該債權移轉於債權人。如認爲適當時，得命第三人向執行法院支付轉給債權人。（強制執行法第115條）

第三人不承認債務人之債權或其他財產權之存在，或於數額有爭議或有其他得對抗債務人請求之事由時，應於接受執行法院命令後10日內，提出書狀，向執行法院聲明異議。第三人不於前項期間內聲明異議，亦未依執行法院命令，將金錢支付債權人，或將金錢、動產或不動產支付或交付執行法院時，執行法院得因債權人之聲請，逕向該第三人爲強制執行。對於前項執行，第三人得以第1項規定之事由，提起異議之訴。（強制執行法第119條）

第三人依前（第119條）條第1項規定聲明異議者，執行法院應通知債權人。債權人對於第三人之聲明異議認爲不實時，得於收受前項通知

後10日內向管轄法院提起訴訟,並應向執行法院為起訴之證明及將訴訟告知債務人。債權人未於前項規定期間內為起訴之證明者,執行法院得依第三人之聲請,撤銷所發執行命令。(強制執行法第120條)

由上列規定可知,第三人於接獲執行命令時,如有爭執或認為義務人債權不存在者,應儘速向行政執行處聲明異議,如果不於10日內聲明異議,將可能受到行政執行處逕予強制執行,屆時第三人只能提起異議之訴予以阻擋強制執行。而如果第三人遵期於10日內聲明異議者,則換移送機關債權人應於10日內提起訴訟,並向行政執行處為起訴之證明,否則行政執行處得撤銷所發之執行命令。因此,第三人是否及時聲明異議,將是誰應提起訴訟之關鍵。

實務上曾發生一法律疑義,乃義務人先前已向法院聲請取得對第三人之本票裁定之民事執行名義,亦即義務人原本即得對第三人向法院聲請強制執行,事後義務人因滯欠公法債務經移送行政執行處執行,行政執行處對該第三人核發執行命令後,第三人聲明異議,依前述規定,本應由移送機關提起訴訟,證明該債權存在,但移送機關不願支出訴訟之勞費,主張義務人已取得對第三人之執行名義(即系爭本票裁定),本得對第三人聲請強制執行,移送機關自得不經訴訟而直接聲請對第三人強制執行(法務部行政函釋採取此說[19])。然而,法院實務之見解認為,本票裁定僅具形式確定力,並無如判決一般具有實體確定力,且移送機關並非系爭本票裁定之權利人,不能直接依本票裁定主張對第三人得逕予強制執行。依此見解,移送機關仍應提起訴訟確認義務人對第三人之本票債權存在,始能進一步對第三人為強制執行。

上述案例涉及對第三人強制執行之發動,究應對第三人取得何種執行名義,始能為之。目前司法院與法務部之見解不一,行政執行處雖屬法務部所轄,理應依照法務部見解,採取寬鬆解釋,以強化逕對第三人執行之行政效率。但畢竟如果第三人日後提起異議之訴,受理訴訟之法官可能採取司法院之見解,而認為行政執行處於移送機關未主動提起訴

訟時，不得逕予對第三人強制執行，則行政執行處所為執行程序，將面臨法院撤銷之命運，從而衍生後續國家賠償等問題。此例再度說明行政執行處採取任何執行行為，均應考量日後可能面臨之法律風險。

3. 執行程序電子化議題

台灣是資訊王國，早於1996年即開始推動電子化政府計畫，在電子化政府浪潮中，行政執行署（處）於2001年成立後，積極建立全球資訊網及動產、不動產拍賣公告查詢網頁、推動行政執行程序之電子化，迄今從上游的移送行政執行，到下游的結案回饋皆已無紙化，並建立行政執行案件管理系統，讓承辦人員對於案件的進行、徵起金額、結案情形都能透過每日的電子報表予以有效掌握。目前各執行階段的電子化、無紙化作業，包括收案、分案、立案審查、財產調查、傳繳通知、製作公文、案件流程控管、銷帳、結案、製發執行憑證、增設便利超商繳款、開發金融卡繳款功能，以及執行命令電子化……等，可謂電子化程度已廣泛且深入至各個環節之強制執行程序。

目前推動執行程序電子化中，最具挑戰者，為執行命令電子公文交換之計畫。本計畫緣起於全國行政執行處每年對金融機構核發執行命令之公文，達740萬件，一年耗費郵資達2億餘元，為加速電子化作業，達到節能環保、減少紙張、郵資成本及卷證倉儲作業之耗費，增進行政效率，實有推動執行命令以電子公文送達之必要。

執行命令以送達至金融機構即銀行之扣押存款命令為最大宗，然而，具備相當風險管理意識之銀行，作為執行命令收文相對人，對於本計畫總是抱持高度之疑慮與焦慮。一方面銀行員工已習於向來紙本作業之模式，執行命令改以電腦檔案傳輸，銀行勢必要配合調整相關作業，另一方面最具法律爭議者，在於銀行擔憂執行命令電子公文一旦進入電腦系統，發生送達效力後，銀行之扣押存款作業如果不夠快，發生義務人將存款提領一空，導致扣押無著時，則此損及公法債權之風險應歸何

方負擔。另從政府的角度，亦須注意避免銀行收到執行命令後，通風報信，通知義務人客戶加速提領存款，導致扣押存款之目的落空。雖然，這些疑慮同樣存在紙本公文時代，非因推動執行命令電子化而產生，但是電子公文之送達方式、生效時點、未能及時扣押之責任歸屬……等問題，總是困擾著收文銀行，從而影響銀行界配合實施本計畫之意願。

就送達生效部分，強制執行法第118條第2項明確規定：前項命令（指對第三人金錢債權之執行命令），送達於第三人時發生效力。一般銀行存款，因客戶持有之金融卡乃不限時間得隨時提領，故存款數額隨時處於變動狀態。如果要求扣押命令效力，應以送達時點（如某日幾點幾分）那一刻所餘之存款為準，不管送達生效後存款餘額如何變動，銀行均應補足送達時刻所餘之存款，以供扣押。則銀行於送達生效後至實際扣押存款這一段時間，所生之存款減少之風險，即歸銀行承擔。

銀行將本求利，絕不願作虧本生意，實務上考量銀行於收文後至實際扣押（圈存）時，確實需要一些人工作業時間（如：內部傳遞公文、查詢義務人分行存款帳號、轉知存款所在分行……等），原則上不採取上述嚴格解釋扣押命令之生效時點。畢竟扣押存款，需要銀行之協力，以求取執法上長遠之合作。退一步言，如果扣押命令之生效，採取銀行實際辦理扣押之時點為準，則必須要求銀行於收文後儘最快之速度辦理扣押，以及作業過程中不得洩密、通報義務人提領存款，俾使存款遭領出之風險降至最低。

依電子簽章法第4條之規定，電子公文交換應經相對人同意。目前本計畫為增加銀行界配合意願，順利取得銀行界之同意，對扣押命令之生效時點，政府採取寬鬆立場，容許凍結存款之額度，以實際扣押時為準，而非以電子公文進入電腦時為準，同時要求銀行應以最速件辦理，並制訂收文作業規範及保密措施，提升公司治理。日後隨著資訊技術之改進，銀行扣押速度之增快，甚至銀行能於收到扣押命令之同時即辦妥扣押，則存款領出之風險問題將不復存，相應之防弊措施即可取消，管

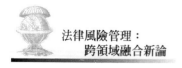

制成本亦能降低，達到雙贏之目的。

 三、案件終結之不確定性

　　行政執行署（處）2001年成立時，正值政府改造風潮，業務推展引進企業化經營理念，講求執行績效、投資報酬率及成本效益觀念。行政執行法新制實施迄今十年以來，雖然執行徵起金額屢創新高（最近幾年之年度執行金額逼近300億元），但也代表執行人員莫不用盡各種方法執行徵收，尤其是針對滯欠金額較高者或義務人惡意不履行之案件，執行人員不願輕易結案，唯恐損害國庫收入。加上法律設有僵硬之執行期間之限制，行政執行處一旦核發執行憑證，移送機關如認為已執行終結，縱使最長十年之執行期間尚未屆期，亦因徵收期間已過，不得再徵收，仍必須直接註銷欠款[20]。執行人員對結案時機，始終抱持猶豫心態，案件多不當拖延，造成執行期間屆滿始結案之不正常現象。

　　為了衝高執行績效，拖延結案時程，除了未結案件數不斷膨脹、排擠有限之執行資源以外，亦會形成大量呆帳無法回收之假象，徒生審計單位之質疑與民眾之誤解。如不儘速正本清源，重塑行政執行之目的與價值觀，行政執行機關將面臨一個「父子騎驢」故事中之兩難困境，在強制徵收績效與呆帳打消效率之間，裡外不是人，結果吃力不討好。本文認為正本清源之道，有以下幾點：

1. 重新界定行政（強制）執行之目的

　　「強制執行法之本質目的，是在處理不願意履行的人，而非不能履行的人。」[21]亦即，有能力卻不履行，才是強制執行程序的實施目的。至於不能履行或無力繳納的人，應交由破產法或債務清理法制處理，不是強制執行程序本質上要處理的對象。對於不能履行或無力繳納的人，法制上儘速應交由破產法院，或依債務清理法律，協助債務人更生，不應無謂將案件停留在強制執行程序上，徵納雙方繼續「大眼瞪小眼」，

徒然進行無實益或不合成本效益之作為，耗費行政資源。

2. 執行程序與倒產程序之正確連結

目前行政執行實務上對於義務人受破產宣告或進入債務清理程序，執行人員多係認為此乃義務人為了逃避債務、逃避責任所為，基本上係持否定、批評及責難之立場看待此事，此種心態應予調整。法理上，義務人進入倒產程序，正可協助執行機關認定義務人已陷於「不能履行」，而非「不願履行」之類型。強制執行程序應適時收尾。因此，本文認為，未來強制執行程序，應加強針對義務人是「不願繳納」或「不能繳納」二個不同情形，穩定且迅速地加以區辨，提早確定義務人之法律關係，提升整體法制之功能與效率。

3. 引進「代宣誓保證」（真實切結）制度

執行程序理想中，義務人有財產，應迅速執行，若無任何財產，則應終結執行。但現實狀況往往是，執行人員對於義務人究竟有無財產存在，並不清楚明確（如不明之資金曾經匯出、或匯入，或財產隱匿存放、借名登記……等），掌握之證據亦不足。遇此情形，目前行政執行處並無有效之法律機制足資處理。故研議修正中之行政執行法草案，擬引進德國之代宣誓保證制度，以強化執行程序之穩定進行與合理終結。

代宣誓保證制度，乃法院可在一定要件下，要求義務人提出財產清冊，保證其真實性，如有不實，將構成刑罰責任。德國租稅通則第284條準用之民事訴訟法第899條以下規定，對債務人之動產為強制執行，未獲得完全之滿足，或可認定將無法獲得完全之滿足者，課予義務人提出財產清冊以揭示其財產狀況及於一定期間內曾為之特定財產處分行為之義務，並就其真實性作成替代宣誓之保證，即執行官署得以保證代替宣誓載明筆錄，保證就其所受要求之事項，係盡其良知作成正確之說明（德國租稅通則第284條第2項）。在作成代宣誓保證前，對當事人應教示以代宣誓保證之意義，及不真實或不完全之代宣誓保證之刑罰後果。

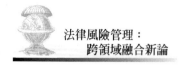

（租稅通則第95條第4項）

代宣誓保證的效果在於執行官署以義務人所提出並保證真實的財產目錄作為執行的依據，若仍有財產，則繼續執行程序；若無財產可供執行，則終止執行程序。另如義務人提出經過代宣誓保證的財產目錄，有虛偽不實的情形，則構成德國刑法第156條（故意）、第163條（過失）之刑事責任，處3年以下或1年以下之有期徒刑或罰金。債務人作成代宣誓之保證後，執行官署即將債務人之年籍資料等通知依民事訴訟法第899條規定有管轄權之區法院，以登記於俗稱為黑名單之債務人名簿（德民事訴訟法第915條之1至第915條之8、租稅通則第284條第6項），被列入黑名單者信用喪失致無法從事經濟活動。義務人無正當理由拒絕提出財產目錄或於指定為代宣誓保證之期日不到場或無故拒絕作成代宣誓保證時，由執行官署向法院聲請管收。（租稅通則第284條第7項、民事訴訟法第901條）

綜上，德國「代宣誓之保證」及「債務人名簿」，係課予義務人提出財產清冊以揭示其財產狀況及於一定期間內曾為之特定財產處分行為之義務，並就其真實性作成替代宣誓之保證，若義務人提出經過代宣誓保證的財產目錄，有虛偽不實的情形，可以科處刑責，債務人作成代宣誓之保證後，可將其年籍資料等登記於俗稱為黑名單之債務人名簿，被列入黑名單者信用喪失，影響其經濟活動之參與。

目前法務部研議中之行政執行法修正草案係以「真實切結義務」一詞，引進代宣誓保證，以切結一語，取代宣誓。但對於切結後陳述不實或財產清冊不實，修正草案規定之效果，係得聲請法院裁定管收，並非如德國法制讓義務人於執行案件終結後，為其當初不實之宣誓負擔刑罰責任[22]。而管收係執行程序之一環，必案件仍繫屬於執行程序中始有適用。則依修正草案之條文，義務人為切結及提出財產清冊，表示無財產後，執行處非能逕予結案，義務人仍免不了後續之反覆調查、蒐證及執行。結果是徵納雙方仍繼續彼此猜忌，無助於穩定、迅速地決定案件進

行之方向及迅速之終結。

本文認爲，正確制度之引進，應係一旦義務人切結及提出財產清冊，執行機關可據以認定事實，並相信義務人陳報（無財產）爲眞實，據以終結程序。如此不僅執行機關節省後續調查、執行之勞費，且日後若遭查知義務人爲不實之切結陳報，則由義務人擔負刑罰之風險。如此才能合理分配權利責任、儘速穩定法律關係、減少行政執行程序終結時機之不確定性。

第五節　結論與建議

綜上分析，當前行政執行法制，特別是公法金錢債務強制執行之領域，存有制度上之風險及不確定性：(一)執行程序發動之不確定性；(二)執行行爲手段與訴訟責任風險之不確定性；(三)執行程序終結之不確定性。究其風險成因，多係法律制度變革所導致。執行名義之範圍與作成方式，並無統一之見解，連帶影響執行程序之發動之穩定性。基於移送機關與執行機關截然二分，但同屬行政機關，導致雙方地位關係，難以比照執行法院與債權人、債務人形成之三角關係，致許多執行行爲之法律爭議，無法循正常司法救濟機制予以解決，徒增行政風險，及移送機關與義務人兩方之差別待遇。再執行期間制度與執行憑證之性質，亦眾說紛紜，以及缺乏案件實質歸類基準、及財產調查與確定機制，導致執行程序終結與否陷於高度不確定性[23]。

本文從三方面提出建議：

1. 行政作爲方面

行政執行機關應建立正確之績效觀念，體認法務部下設置行政執行機關之用意，在衡平兼顧法治原則、人權保障、公權力落實、以及財政之健全。行政執行之績效，不應侷限於執行徵起金額之數字表現。「抓

大放小、剷惡扶弱」將是未來應努力之方向。

2. 立法方面

執行名義之範圍、執行期間之效力應明確規定。對於移送機關與執行機關之定位關係，及各種強制執行行為可能面臨之爭議與法律後果，應增設人權赦免與制度衡平條款[24]，並具有請求權基礎之地位，讓法官適時介入相關之法律爭議。

3. 司法方面

司法院應儘速推動地方法院設置行政訴訟法庭，增添人力，積極廣泛地審查行政執行制度與執行行為產生之各種法律爭議，並於立法制訂人權赦免條款之前，多運用兩公約[25]之相關人權條款於受訴案件中，以確保行政之合法、合理性與民眾之權益。

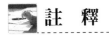 **註 釋**

* 黃兆揚，台灣台北地方法院檢察官、文化大學兼任講師。

1 城仲模著，《行政法之基礎理論》，三民書局80年初版，頁310。

2 行政官署依法科處之罰鍰，除依法移送法院辦理外，不得逕就抗不繳納者之財產而為強制執行；對人民財產為強制執行，非有強制執行法第4條所列之執行名義不得為之，行政機關依法科處罰鍰之公文書，如法律定有移送法院強制執行或得移送法院辦理者，自得認為同法第4條第6款所規定之執行名義，否則不能逕據以為強制執行（司法院大法官會議釋字第16及35號解釋參照）。

3 行政執行法第4條規定：行政執行，由原處分機關或該管行政機關為之。但公法上金錢給付義務逾期不履行者，移送法務部行政執行署所屬行政執行處執行之。

4 行政罰法第29條第1項：違反行政法上義務之行為，由行為地、結果地、行為人之住所、居所或營業所、事務所或公務所所在地之主管機關管轄。

5 論者有認，司法院大法官釋字第289號解釋雖然認為當時的財務案件處理辦法違憲，但該號解釋所要處理的，係當時法院依照財務案件處理辦法規定（而非依法律之規定）受理行政裁罰是否妥適的問題，大法官因而針對「行政罰鍰裁處機制」限期要求以法律之方式調整，以符合法律保留原則。其實大法官並不認為行政罰鍰不能移送法院裁定（由司法機關審查決定，不是比由行政機關自己決定裁罰額度更加保障民權嗎！），也未提及法院不可受理公法上金錢債權的強制執行，更不一定非得推衍出在法院之外成立行政執行署（處）的結論不可。最後廢除財務法庭，改於行政部門下設置專責機構的結果，或許已超出該號解釋僅指摘違反

律保留原則之預期範圍。

6 亦有認為，財務事件強制執行交由法律專業人員，比起稅務或一般行政機關人員，尤其是由具司法官身份之檢察官掌管，亦較能獨立行使職權，抗拒政治部門或外界不當之干涉。

7 參行政執行法修正案，其修正理由略以：早期實務上有關金錢給付，皆移送法院強制執行，徵收不易，除造成行政機關極為不便外，且減少政府之收入。為期執行順利，提高行政效率，並兼顧人民財產權益之維護，乃設立專責機構……。

8 法務部（90）法律字第034217號函釋（主旨：關於行政程序法第9條第1項規定聲明異議之主體，移送機關是否亦有其適用疑義乙案）略以：按人民不履行其行政法上之義務，為貫徹行政法令，維護社會秩序與公益，行政機關本於行政權作用，自得以強制力逕為執行。有關公法上金錢給付義務之執行，亦屬行政執行之範疇，為強化公法上金錢給付義務之執行效能，爰於行政執行法第4條第1項但書明定，移送法務部行政執行署所屬行政執行處執行，由其代替移送機關實施公權力。次按行政院法規委員會於八十八年五月十八日第二次審查「行政執行法施行細則草案」會議時，與會代表咸認本部原擬草案第15條第1項有關移送機關得依本法第8條、第9條申請終止執行或聲明異議之規定殊有不妥而予以刪除。準此，行政執行法第9條第1項規定：「義務人或利害關係人對執行命令、執行方法、應遵守之程序或其他侵害利益之情事，得於執行程序終結前，向執行機關聲明異議。」上開所稱之「利害關係人」，應不包括移送機關。如移送機關對執行之程序、方法認有不妥，宜與執行機關以協商方式處理，不宜逕向執行機關聲明異議。

9 行政執行法第17條及第17條之1參照，其中對義務人之拘提、管收，如同刑事訴訟法對被告之拘提、羈押一般，須由行政執行處

聲請法院裁定為之,行政執行處不得自行為之。

10 李建良,《2008行政管制與行政爭訟》,中央研究院法律學研究所出版,王必芳主編,2009年11月,頁133。

11 行政執行法第11條規定全文:義務人依法令或本於法令之行政處分或法院之裁定,負有公法上金錢給付義務,有下列情形之一,逾期不履行,經主管機關移送者,由行政執行處就義務人之財產執行之:一、其處分文書或裁定書定有履行期間或有法定履行期間者。二、其處分文書或裁定書未定履行期間,經以書面限期催告履行者。三、依法令負有義務,經以書面通知限期履行者。法院依法律規定就公法上金錢給付義務為假扣押、假處分之裁定經主管機關移送者,亦同。

12 如政府採購法第31條,採購機關(含政府、學校、公營事業)向廠商追繳押標金所為之催繳通知,是否屬於得為行政執行名義之行政處分,而可直接移送行政執行處強制執行?或僅屬政府採購民事契約之違反所生之爭執,而應向民事法院訴請廠商返還押標金,並於取得民事判決後廠商仍不為給付時,聲請民事法院強制執行?

13 行政處分之定義,依行政程序法第92條規定,係指行政機關就公法上具體事件所為之決定或其他公權力措施而對外直接發生法律效果之單方行政行為。以行政執行所需之執行名義而言,必須是行政機關基於行政權作用,就公法上事件對義務人所為之不利益行政處分。若行政機關基於私法關係所為之私經濟行為,或公營造物(機構)對外供給服務所收取之費用,本質上屬私法契約,即非公法上給付義務。

14 學者認為,依行政執行法第11條第1項條文之文義,所謂「依法令」,乃依據法律或基於法律授權之命令而言,並不包括行政契約在內,雖人民依行政契約負有公法上金錢給付義務,當事人一

方之行政機關依行政契約得要求他方當事人之人民履行義務，惟此乃行政機關行使行政契約上之請求權，與行政機關單方作成之行政處分不同。所以，基於行政契約所生公法上金錢債權之執行，應非行政執行法第11條之執行名義。廖義男著，〈行政執行法簡介〉，《台灣本土法學雜誌》，第8期，2000年3月，頁6。陳櫻琴著，〈行政上強制執行與即時強制〉，收錄於《行政法爭議問題研究（下）》，台灣行政法學會，五南圖書出版公司，2000年12月，頁813。

15 台灣高等行政法院亦設有強制執行處，辦理行政法院判決之強制執行，而與行政執行處專責辦理行政主管機關作成行政處分後之行政強制執行，有所不同。但依行政訴訟法第306條規定，高等行政法院得囑託普通法院民事執行處或行政機關代為執行。

16 人民因行政處分而由行政機關受領給付，該授益行政處分如經撤銷、廢止或條件成就而有溯及既往失效之情形時，行政機關得否依德國之「反面理論」逕以行政處分命返還？抑或採取德國另一學說上所主張，依法律保留原則，要求人民返還為負擔處分，應有法律之依據始得為之，進而認為行政機關須提起一般給付訴訟，先取得執行名義後，始得聲請高等行政法院強制執行。目前行政法院判決實務仍有不同的見解。

17 行政程序法第96條規定，行政處分以書面為之者，應記載下列事項：一、處分相對人之姓名、出生年月日、性別、身分證統一號碼、住居所或其他足資辨別之特徵；如係法人或其他設有管理人或代表人之團體，其名稱、事務所或營業所，及管理人或代表人之姓名、出生年月日、性別、身分證統一號碼、住居所。二、主旨、事實、理由及其法令依據。三、有附款者，附款之內容。四、處分機關及其首長署名、蓋章，該機關有代理人或受任人者，須同時於其下簽名。但以自動機器作成之大量行政處分，得

不經署名，以蓋章為之。五、發文字號及年、月、日。六、表明其為行政處分之意旨及不服行政處分之救濟方法、期間及其受理機關。前項規定於依前條第2項作成之書面，準用之。

18 行政執行法第11條第1項所規定依法令或本於法令行政處分之「法令」，是否僅限於法律或法律具體明確授權之法規命令，而不及於行政規則，向有爭議。又是否包括地方自治團體訂定之自治規則？依地方制度法第26條第2項、第3項規定：「直轄市法規、縣（市）規章就違反地方自治事項之行政義務者，得規定處以罰鍰或其他種類之行政罰。但法律另有規定者，不在此限。其為罰鍰之處罰，逾期不繳納者，得依相關法律移送強制執行。」依此，鄉鎮市訂定之鄉鎮市規約，或依其授權訂定之自治規則，或基於法定職權訂定之自治規則，均非行政執行法第11條第1項所指之「法令」，從而不具行政強制執行名義之行政處分適格。

19 法務部法律字第0920041779號函釋（主旨：行政執行處就義務人對第三人金錢債權核發扣押命令，經第三人聲明異議主張義務人對其無債權存在，其後續執行疑義）：……按行政執行法第26條規定：「關於本章之執行，除本法另有規定外，準用強制執行法之規定。」查有關債務人對於第三人金錢債權之執行，強制執行法第115條第1項規定：「……執行法院應發扣押命令禁止債務人收取或為其他處分，並禁止第三人向債務人清償。」至如第三人不承認債務人之債權或其他財產權之存在，或於數額有爭議或有其他得對抗債務人請求之事由時，應於接受執行法院命令後十日內，提出書狀，向執行法院聲明異議；而債權人對於第三人之聲明異議如認為不實時，得於收受執行法院之通知後十日內向管轄法院提起訴訟，並應向執行法院為起訴之證明及將訴訟告知債務人，分別為強制執行法第119條第1項及第120條第1項、第2項所明定。債權人依上開規定對於第三人提起訴訟者，其目的無非係

為確認債務人對於第三人金錢債權之存在，準此，在公法上金錢給付義務強制執行之情形，倘義務人已取得對第三人之執行名義（例如確定之給付判決、本票裁定等），公法債權人（移送機關）為實現公法債權聲請對第三人為強制執行，經行政執行處就義務人對第三人之私法金錢債權核發扣押命令者，從第三人聲明異議主張義務人對其無債權存在，惟義務人既已取得對第三人之執行名義，則其對第三人之債權存在業經確認，揆諸前揭規定之立法意旨，此際，行政執行處毋庸俟公法債權人另行提起確認訴訟，即得逕行依公法債權人之聲請而對第三人為強制執行，且此聲請應屬行政執行法第26條準用強制執行法規定所賦予債權人之固有權利，而無涉代位權之行使……。

20 稅捐稽徵法第23條規定：稅捐之徵收期間為五年，自繳納期間屆滿之翌日起算；應徵之稅捐未於徵收期間徵起者，不得再行徵收。但於徵收期間屆滿前，已移送執行，或已依強制執行法規定聲明參與分配，或已依破產法規定申報債權尚未結案者，不在此限（第1項）。稅捐之徵收，於徵收期間屆滿前已移送執行者，自徵收期間屆滿之翌日起，五年內未經執行者，不再執行，其於五年期間屆滿前已開始執行，仍得繼續執行；但自五年期間屆滿之日起已逾五年尚未執行終結者，不得再執行（第4項）。本法中華民國九十六年三月五日修正前已移送執行尚未終結之案件，自修正之日起逾五年尚未執行終結者，不再執行（第5項）。目前實務上認為，稅捐稽徵法之徵收期間，係用以規範稅捐稽徵機關，行政執行法之執行期間，係用以規範行政執行機關，兩者各自計算，互不重疊，結果造成執行案件之10年最長執行期間尚未屆滿，但5年之徵收期間已屆滿，執行憑證核發後，稅捐稽徵機關認為執行已終結，而逕予註銷欠稅。

21 引用奧地利維也納高等法院執行督察Gleixner所述，依他的評估，

強制執行法制運作下之受償比例，如果有達到20%，就算效果不錯，而可繼續保留強制執行法（功能）。因為債權人可選擇民間討債公司（Kaessebuero）進行催收，催收無效後，最後才來聲請強制執行。因此，強制執行本質上因先天因素所受理的壞帳率很高，不能期待有很高的受償率（徵起率）。

22 法務部不引進切結不實應負擔之刑罰責任，理由係為避免增加行政刑罰之規定。

23 本文未深入論述之體制風險尚有：行政處分不待確定即可強制執行，執行機關背負著「執行違法之行政處分」之指摘、行政救濟不停止執行原則……等，限於篇幅，另文撰述。

24 人權赦免條款之概念，來自奧地利聯邦稅法第236條之稅捐衡平赦免條款規定，大意是稅捐行政行為（含執行），如在個案中對義務人造成不衡平（inequity）者，法官得宣告予以赦免。詳情容另文撰述。

25 兩公約係指《公民與政治權利國際公約》及《經濟社會文化權利國際公約》二國際公約，目前台灣已完成內國法化，成為正式施行之人權法典。

Chapter *10*

技術風險之法律研討與量化分析

鄭克盛[*]

第一節　前言

在討論技術風險（technical risk）之前，先由中國經濟產業之現行發展策略出發，以聚焦技術風險對於企業法律風險之重要性：

一、中國未來產業創新之略析

1. 經濟發展現狀

依中國國家統計局於2011年3月發佈的2010年經濟資料顯示[1]，國民經濟與社會發展各方面的指標繼續穩步向好，經濟總體運行態勢良好。繼2009年中國經濟實現9.2%的增速後，2010年又比上年增長10.3%，創下了應對國際金融危機以來的新高。不僅經濟總量指標保持了10%左右的平穩快速增長，更令人欣喜的是，長期低迷的國內消費和居民收入也開始表現出較高的增長勢頭。從消費看，全年社會消費品零售總額154554億元，比上年增長18.4%；扣除價格因素，實際增長14.8%。熱點消費中，金銀珠寶類增長46.0%，傢俱類增長37.2%，汽車類增長34.8%，家用電器和音像器材類增長27.7%。從收入看，城鎮居民人均可支配收入19109元，增長11.3%，扣除價格因素，實際增長7.8%。農村居民人均純收入5919元，增長14.9%，扣除價格因素，實際增長10.9%。

2. 中國產業發展之瓶頸

而中國產業發展目前面臨的約束可能來自三個方面：(1)資源、勞動力等要素成本上升；(2)中國產業已有的低成本競爭優勢被削弱；(3)中國以中低端優勢為主的產業市場空間逐步縮小，僅靠傳統經營模式的數量擴張，將難以保持較高的增長速度。再因美國次貸危機所引發全球的金融海嘯後，美國高消費模式的調整，已使對中國產品出口市場形成中長期的結構性制約。目前中國出口企業產品擴張的空間有限，中

國的產業只有佔據中高端產業價值鏈，才具有持久的競爭力。鑒於此，中國將來可能重點發展六大產業領域。第一個是體現國家戰略要求，由國家直接大量投資支撐的產業，如軍事工業，航空航太產業。第二個是具有顯著市場和生產規模經濟優勢產業，如鋼鐵、有色、化工、汽車等產業。第三個是以較強的生產製造能力為基礎，同時具有一定研發設計能力的技術密集型產業，如電信設備製造行業。第四個是以勞動密集和產業配套優勢為基礎，同時具有研發設計、市場行銷、品牌等優勢的產業，主要是輕工、紡織服裝，部分電子機械等產業。第五個是由於技術重大突破，形成新的技術平臺和發展機遇的產業，如平板電視對電視行業發展帶來的衝擊和機遇。第六個是全球範圍內打破技術瓶頸的新產業，如最近出現的新能源、環保能源產業[2]。無論就體現國家戰略要求之航空航太產業、具有一定研發設計能力的技術密集型產業如電信設備製造業、技術重大突破，形成新的技術平臺和發展機遇的產業如新規格之平板電腦與瀏覽器，打破技術瓶頸的新產業如新電池技術等，均屬於高技術密集與創新的產業。

3. 技術引進之階段性發展

以電信市場為例，中國基於培植保護民族工業，陸續訂出獨有的TDS-CDMA和WAPI等特有的通訊技術規格，雖然國際電信設備大廠多認為此區域性之特有規格難以跨足國際市場，不過在中國通信產業政策之支持，以及大陸不斷擴大的內需市場足以支撐特定技術規模存活的情況下，包括西門子、北電網路、阿爾卡特、德州儀器、諾基亞、飛利浦等電信設備商均提供相關之技術銜接，與中國電信業之系統密切合作，如研發TD-SCDMA系統等。顯見市場主導規格制定權，規格制定則引發技術取得的機會，而非傳統含技術高度之傳統商品買賣。綜觀上開所列之中國將來可能重點發展六大產業領域，其共通點均為產業發展市場在全球，中國無法以完全之內需市場來支援生產，進而提供技術提升之

經濟規模，即使上開TDS-CDMA和WAPI亦有專利攻擊之問題[3]。在產業創新的過程中，中國在基於非技術尖端優勢的地位中，取得產業創新之方法則以技術引進為階段性之發展策略。

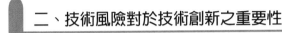

二、技術風險對於技術創新之重要性

1. 承上所述，當創新國發展出創新產品或技術時，會領先獲得暫時性的市場獨佔利益，積極在國內生產並出口新產品至其他國家，但是其他先進國在一段時間之後會開始模仿該產品，並利用自己國家的優勢生產比進口更具競爭力的產品，因此進口就會減少，最後甚至出口該產品至原創新國，並取代該產品在原創新國的市場。而在非先進國欲取得同等的技術水準，同樣利用自己國家的優勢生產比進口更具競爭力的產品時，技術引進即成為重要的方式。然而，隨著新興技術發展的步伐越來越快，但是新興技術不尋常的高風險和不確定性以及較低的成功率，使得採用者採用（投資）一項新興技術時的風險難以預料，具有隨機性。新興技術管理中的風險包括技術風險、市場風險、資金風險、管理風險、人才風險、資訊風險等等。而技術風險在新興技術採用生命週期各階段具有不同特點，存在於全過程中[4]。

2. 在法律的角度，技術引進即技術轉讓之一種原因，於中國法制下，對於知識產權與技術轉讓之保護有體系之規範，至於涉及技術風險的，主要即是（涉外）技術合同，與不可抗力理論中之技術風險態樣。故在國際經濟投資之研究，大量關注技術風險之量化與預測之同時，如何釐清法學上技術風險之內涵與法律影響，亦更顯重要。

第二節　技術風險之界定

一、技術風險之定義

「技術風險」一詞，在中國法制上沒有對其直接進行定義，相關的國際商法中亦未見直接的法律性定義，但本文依然嘗試著對技術風險做一側重於法律性的定義，以便對其進行進一步的研究和探討。

「技術風險」在經濟學領域中多有討論，特別是在投資風險評估、技術創新管理等研究中常被論及，有定義爲：「是指在技術創新過程中由於技術方面的因素及其變化的不確定性導致創新失敗的可能性。包括純技術風險[5]及其它創新過程中由於技術本身因素而造成的風險[6]，其他如技術本身不成熟，缺少輔助性技術壽命的不確定性，技術難度太高，技術模仿的影響等造成的風險都屬於狹義技術風險的範疇。」又有定義爲：「高新技術在『技術採用生命週期』（technology adoption life cycle）[7]內，特別是創新階段，由於技術因素及其變化的不確定性而導致的採用新興技術失敗的可能性。」[8]這些經濟學上的描述，所偏重的是尋求構成技術風險的因素及其變化的不確定性，目的是將風險予以預測、分析與管制。

然而從民法學的角度，對於技術風險探討的重點在於合同當事人因現有技術能力無法達到合同約定的技術目標時，當事人之間權利義務的變化。若參照中國合同法及最高人民法院關於審理技術合同糾紛案件適用法律若干問題的解釋的相關規定，技術開發合同是指當事人之間就新技術、新產品、新工藝或者新材料及其系統[9]的研究開發所訂立的合同，或就具有產業應用價值的科技成果實施轉化訂立的合同[10]。另合同法規定：「在技術開發合同履行過程中，因出現無法克服的技術困難，致使研究開發失敗或者部分失敗的，該風險責任由當事人約定。」[11]依此，似可將技術風險描述爲：「因出現無法克服的技術困

難，未達到當事人所約定的新技術、新產品、新工藝或者新材料及其系統的標準，致使研究開發失敗或者部分失敗。」然而這一描述是否可涵蓋中國民法上所論「技術風險」的範圍，筆者持保留意見[12]。亦有定義為：當事人間約定就專利技術、專有技術、營業秘密等符合「技術成果」與「智力勞動」的技術，約定為一定科技高度的創新，然由於在專利制度下未取得優先性或在現有科技發展水準下無法於合理期間達成創新內容因而產生的風險。

筆者將上述描述予以修正為：「因出現當事人一方無法克服的技術困難、同類技術出現使之喪失市場價值，未達到當事人所約定的新技術、新產品、新工藝或者新材料及其系統的標準或使原本約定的技術創造不再是合同所預期的目標，致使技術研究、轉讓或服務，部分或全部失敗，抑或部分或全部無法履行」，以適用於各類技術合同可能的技術風險。

二、技術風險之特性

技術風險的特點主要有以下幾點：

1. 技術風險具有客觀性

不管某個領域中現今的技術水準發展到什麼程度，也無論技術設備的精密及技術研發人員的水準如何，技術活動都會存在一定的技術風險，在技術合同中也是如此。換言之，只要存在技術開發，就會有技術風險發生的可能，不以當事人的意志為轉移。

2. 技術風險具有不確定性

在從事技術開發時，可能預測到技術風險的存在，但技術風險是否會發生、在何時發生以及會造成怎樣的損害後果都是不確定的，正是這種不確定性帶來了技術風險的不可預期性，當事人只能就風險的歸責和分配做原則上的規定，而無法具體的加以量化。

3. 技術風險具有專業性

技術活動往往是在已有技術的基礎上，由專業技術人員進行進一步的開發和研究，每一專業每一方向都十分的細化，非普通人能完成。因此，當事人對技術風險的預測也基於自身的專業知識，不同的人所被要求的預見能力也因此有所不同。

三、技術風險之分類

「風險」系指具有偶然性、射倖性的不確定性狀態，對於技術風險而言，要想掌握技術風險的特徵，需要對不確定因素的類型進行分析，在新興技術採用生命週期理論的經濟分析下，有由技術本身的成熟度、技術壽命的不確定性、創新技術的能力、技術難度等因素[13]來做分析，亦有以效能關聯度、費用影響度、進度影響度、技術成熟度、技術難度與複雜性、技術先進性、充裕性、標準化來分析[14]。筆者欲以技術難度因素、同類市場因素、法律障礙因素三種因素，來分析法律研究下技術風險概念的內涵，以歸納出可能的類型：

1. 技術難度因素

技術難度因素，或稱創新能力因素，係指典型的技術風險，即技術開發者、技術諮詢或技術服務者，本身既有的技術水準所能創造的技術高度，與合同約定中目標技術高度之間的差距。需說明的是此種技術高度的差距並非全然只是科學競賽般做不做的出來的概念，尚包含合同中可能約定需在一定之成本或一定之材料的諸多條件下完成。例如：合同約定系約定研發一定成本下可提供100伏特電壓的鋰鐵電池軸心設計，且具有一定的充放電標準，但在合同履行期間內，在約定的成本與技術標準下無法達成。

2. 同類市場因素

同類市場因素，或稱市場競爭因素，此因素指的是，其一，市場同

類型技術開發者或專利申請者之競爭狀態；其二，市場因規模經濟而形成規格要求，而使得技術開發、技術轉讓或技術諮詢及技術服務等，產生合同一方無法達成所約定的履行內容。例如：原本委託開發的技術，在履行交付開發成果之前，被市場其他開發者先開發出來。又如市場因規模經濟因素，導致該類型商品的規格發生變化，致使原本的提供技術服務者無法提供符合新規格的技術服務。

3. 法律障礙因素

法律障礙因素，係指委託開發的履行無法達成或專利申請權的授與無法達到合同目的，並非技術本身的障礙，而是因法律制度的因素而無法達成。例如，在委託開發合同中，並非技術本身無法達成約定的開發成果，是經專利搜尋後發現無法找到可取得創新的技術空間。又如在技術服務合同下，欲解決技術問題並非技術高度不足而無法解決技術問題，而是由技術面所可提出的解決方式均會導致侵權而無法實行。

第三節　技術合同中之技術風險

在國際技術貿易的合同類型，包含涉外技術開發合同、涉外技術轉讓合同、涉外技術諮詢合同、涉外技術服務合同，或綜合性合同如國際租賃合同、中外合資經營企業合同、中外合作經營企業合同、中外共同探勘開發油田合同、中外工程技術承包合同等，有關技術風險類型的討論側重於技術性質，是否涉外的因素上差異較小，在討論上得直接以中國合同法第十八章所規定的委託開發技術合同、共同開發技術合同、專利權轉讓合同、專利申請權轉讓合同、實施許可合同、技術秘密轉讓合同、技術諮詢合同與技術秘密合同作為討論項目：

 一、技術開發合同的風險類型

1. 技術難度因素

技術難度因素是較爲典型的一個風險因素，開發新技術需要運用現有的技術積累加上創造性的智力勞動，研究開發人員在主觀上已經盡了最大的努力，但是由於現有技術水準的限制或者技術人員的研究能力和研究方法的限制，致使研究開發工作的失敗或者部分失敗。

在此需說明的是所謂的「技術困難」是指在科學邏輯[15]上還是具有可能性，否則就可能構成合同法上的自始客觀不能。邏輯上有可能只是在現階段研發者無法有達成的期待可能，例如，50年前委託設計手機，在科學邏輯上有可能，但是在當時技術水準無法達成。這與依據現有科學原理不可能得出的情形是有區別的，例如現在委託開發時光機器，依據現在的科學，即使有相對論的時間序列或是黑洞理論等理論的支持，但依據所存在的定理、定律還是不可能，在法律上的評價則接近合同標的不可能，或者是自始客觀不能來處理。另依最高人民法院關於印發全國法院知識產權審判工作會議關於審理技術合同糾紛案件若干問題的紀要的通知之規定：「技術合同標的的專案或者技術因違背科學規律或者存在重大缺陷，無法達到約定的技術、經濟效益指標的，而使技術合同的履行成爲不必要或者不可能時，當事人可以依據合同法第94條第（四）項的規定解除合同。」[16]

此種典型技術風險亦即合同法第338條所規制的情形，有關法律效果的部分，如上所述，風險責任由當事人約定協商以達到合理分擔的效果，此規定意在希望當事人在委託前先將風險分配的方式意定好。此部分在開發合同中較無爭議，彼此共同承擔未成功的結果，但是在委託開發合同當中，因爲研發者需投入大量的成本，此時若成本未收回的情形下，開發者很可能會主張不可抗力，這部分容下繼續討論。

2. 同類市場因素

第一種情況是在執行合同開發的過程中，因為同類開發者先一步開發出來並公佈，此時作為技術開發合同標的的技術已經由他人公開，致使技術開發合同的履行沒有意義。這種情況即合同法第337條所規定的情形。此時雖然合同仍可以履行交付研究成果，但是對於當事人之間已無實益，故有法定解除權。但是這種解除狀態產生時，如何處理當事人之間的損失分配？若真的解除各自恢復原狀，那主要的風險將由開發者負擔。

另一種是，成熟型的科技產品多有一定的市場規格，早期像錄影帶的VHS與BETA之爭，近期像手機市場中中國所定的TDS-CDMA和WAPI等特有的通訊技術規格系統，這些規格系統並非開發者所能決定，若市場將系統規格發生變動，將可能使原開發者喪失技術高度能力，或使得對舊有規格研發已無實益。在這兩種情況下，法律並無規定，筆者認為可以類推合同法第337條與第338條予以適用。

3. 法律障礙因素

開發者既非技術不足，亦非因為市場的因素，但在開發的過程中發覺達到開發目標的方式已被現有專利佔據，這是現行委託常發生的情況，又分成以下兩種情況：合同約定欲開發的標的本身一開始就已被他人專利所佔據；要達到開發標的的組成方法都已被他人專利佔據。而這兩種情況均會構成合同的履行已無實益的結果。

二、技術轉讓合同中的風險類型

技術轉讓合同一般包括專利申請權轉讓合同、技術秘密轉讓合同、專利實施許可合同等類型，不同的合同類型所涉及的風險也各不相同，下就各合同分別進行分析：

1. 專利權讓與合同與專利實施許可合同中的風險類型

在專利權讓與合同與專利實施許可合同中，因為有現行受保護的專利權存在，另合同法第349條規定：「技術轉讓合同的讓與人應當保證自己是所提供的技術的合法擁有者，並保證所提供的技術完整、無誤、有效，能夠達到約定的目標」，故應無技術風險問題。但要說明的是，除非明確約定讓與人保證受讓人達到約定的經濟效益指標，讓與人不對受讓人實施技術後的經濟效益承擔責任。

2. 技術秘密轉讓合同中的風險類型

(1)技術難度因素

擁有可申請專利的技術者本應擔保技術本身符合申請專利的要件。

(2)同類市場因素

若非屬可歸責於擁有技術秘密者的責任而導致技術秘密被知悉或被公開，或並非被知悉而是相同技術被研發公開，這兩種情形均會使合同的履行無實益。依最高人民法院關於印發全國法院知識產權審判工作會議關於審理技術合同糾紛案件若干問題的紀要的通知中規定[17]，在技術秘密轉讓合同有效期內，由於非受讓人的原因導致合同標的技術公開且已進入公有領域，當事人可以解除合同。

(3)法律障礙因素

因無專利強大保護性，較無此因素發生。

3. 專利申請權轉讓合同中的風險類型

(1)技術難度因素

擁有可申請專利的技術者本應擔保技術本身符合申請專利的要件。

(2)同類市場因素與法律障礙因素

若擁有可申請專利技術者並無瑕疵，只是在專利申請權轉讓合同成立時，市場上有同類擁有該可申請專利技術者，並於轉讓前先提出申請，而使得原本的專利申請權轉讓無實益。依最高人民法院關於印發全國法院知識產權審判工作會議關於審理技術合同糾紛案件若干問題的紀要的通知之規定：專利申請權依照專利法的規定讓與受讓人前專利申請被駁回的，當事人可以解除專利申請權轉讓合同；讓與受讓人後專利申請被駁回的，合同效力不受影響。專利申請因專利申請權轉讓合同成立時即存在尚未公開的同樣發明創造的在先專利申請而被駁回的，當事人可以依據合同法第54條第1款第2項的規定請求予以變更或者撤銷合同[18]。

三、技術諮詢合同中的風險類型

1. 技術難度因素

技術諮詢合同所提供者主要包括就特定技術專案提供可行性論證、技術預測、專題技術調查、分析評價報告等專案，因偏重於預測、調查與評估，故在技術水準上較低，一般來說技術難度的風險較小。況除當事人另有約定外，技術諮詢合同的委託人按照受託人符合約定要求的諮詢報告和意見作出決策所造成的損失，由委託人承擔[19]。

2. 同類市場因素

若在合同成立之後，尚未履行之前，市場即出現同類合同標的所委託之可行性論證、技術預測、專題技術調查、分析評價報告，致使原本技術諮詢合同成為屢行無實益。

3. 法律障礙因素

由於是偏重於預測、調查與評估，此部分造成侵權的可能性不大。

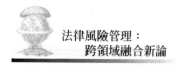

四、技術服務合同中的風險類型

1. 技術難度因素

技術服務合同係指當事人一方以技術知識為另一方解決特定技術問題所訂立的合同，受託人應當按照約定完成服務專案，解決技術問題，保證工作品質，並傳授解決技術問題的知識，在性質上與技術開發合同接近，僅技術水準相對不高。若服務提供者運用自有技術高度或甚至現有技術水準，在主觀上已經盡了最大的努力，仍無法解決特定技術問題，此時，服務提供者將處於不履行的狀態。

2. 同類市場因素

若服務提供者運用自有技術水準本可為履約，但是市場出現變化，如新規格的採行或是新的程式語言被採用，故使原本締約所設定的技術問題困難增加，使服務提供者處於不履行的狀態。

3. 法律障礙因素

若服務提供者所提出的技術水準相對不高，往往不致於形成申請專利的內容，至於解決方法若與其他專利相抵觸，仍未違反合同的主要義務。

就上述討論，整理出「技術合同之技術風險」類型列表，以便對其有更清晰直觀的了解：

表10-1 「技術合同之技術風險」類型表

		法律制度因素	同類市場因素	技術難度因素
技術開發	委託	*合同標的被他人專利佔據 *達到合同標的技術方法均被他人專利阻隔	*他人先開發公告合同已無實益（解除合同） *規格變動使開發者喪失技術高度或開發已無實益	*開發者技術不足無法成功開發
	共同			
技術轉讓合同	專利	無	無	無
	申請	同類擁有可申請專利技術者先申請專利（解除合同）	無	無
	實施	無	無	無
	技術秘密轉讓	無	*非可歸責技術秘密被知悉公開（解除合同） *相同技術出現並被公開	無
技術諮詢		無	市場發生變化使原諮詢履行無實益	無
技術服務		無	市場規格等之改變使技術問題無法解決	因技術能力無法解決技術問題

第四節　技術風險之法律研討

　　上開就技術合同之技術風險做了展開，誠如前揭所言，在中國法制上沒有對技術風險一詞直接進行定義，相關的國際商法中亦未見直接的法律性定義，故而在中國民商法體系，乃至特別法如智識產權法等，對於技術風險亦無直接之規定。若回歸基本民法體系之討論，在有關技術風險所涉最多討論者，係不可抗力制度是否包含技術風險之問題，以下即就此進行研討。

　　在不可抗力法律制度下，未見對於不可抗力類型之一的技術風險做出定義性描述，或對其範圍進行界定。誠如前文對技術風險的界定，技術風險指的是當事人間約定就專利技術、專有技術、營業秘密等符合「技術成果」與「智力勞動」的技術，約定爲一定的科技創新，然而由於在專利制度下未取得優先性，或在現有科技發展水準下無法於合理期間達成約定的創新內容因而產生的風險。技術風險一般適用於技術合同，技術研發存在著風險，特別是在含有委託開發或是技術移轉性質的合同中，有可能會出現無法履行或是導致失敗的情況。若符合當事人在締約時無法預見他人先取得專利、他人先行發表研發成果、或技術高度無法超越等情況，且履約一方於客觀上已窮盡合同責任中應注意的義務仍無法避免與克服，則恐有適用不可抗力原則。本文即以中國法制下對於不可抗力「不能預見」、「不能避免」、「不能克服」構成要件的檢視，企圖將這三個標準客觀化。

一、合同風險的不可抗力要件檢視

　　當合同當事人處於無法履行或是履行無實益時，不履行一方可否主張不可抗力而免除全部或部分責任？當技術風險的障礙出現時，若該技術風險具有不可預見性，即主觀上，合同雙方不能預見技術開發必然失敗的情況下，若明知合同目的無法達成仍訂約，是合同成立要件的問題。在客觀上，技術風險具有不能避免和不能克服性，即研究開發的課題在現有技術水準下，具有足夠的難度，這種情況才涉及到不可抗力的適用問題。

1. 技術開發合同的風險類型

　　(一) 開發新技術需要運用現有的技術積累加上創造性的智力勞動，研究開發人員在主觀上已經盡了最大的努力，但是由於現有技術的限制或者技術人員的能力的限制，致使研究開發工作的失敗或者部分失敗，

此種情況下，有肯定和否定兩種分析：

　　若認為委託之一方是基於可以開發成功而委託，至少是合理可預期可以開發成功才會委託，而開發者也是基於訂約時的全部專業判斷可以開發成功，至少是合理可預期可以開發成功才會接受委託，在這樣的合意下合同成立，隨著開發工作的進度，當開發者嘗試所有方法後，發現存在當時不可預見的技術障礙，這一障礙顯然是當事人立約當時所不可預見的，否則不會訂約，而這一技術障礙顯然是不可克服的，因為已盡所有開發的努力也是不可避免的，故符合不可抗力的要件。

　　否定的說法則是委託或共同研發的雙方當事人，在訂約時雖然都希望研發成功，但依照當時的技術能力對於研發的風險有一定的認識，研發的過程只是讓成功與否結果出現，此種技術風險在合同締約之前即已存在，當事人本可預知，故難認有一不可預見的事件發生，此僅屬當事人間就開發成功與否內部風險分配的問題。

　　筆者以為，肯定說法的問題在於：此一風險事件是一開始就存在，只是風險逐漸出現，且當事人在一開始就有一定的預知，只是當事人通過開發的過程才認知到風險確實存在，這種情況下是難以構成不可抗力要件的。

　　(二) 執行研發的過程中，因為同類研發者先一步研發出來並公佈，致使技術研發合同的繼續履行沒有實益。此種情況下對於合同中須履行開發義務一方，本仍可繼續履行開發之義務，故並未陷入不履行狀態，既無不履行的客觀事實存在，此時即無法進入是否可預見的討論，此種情況難認有不可抗力的適用。合同履行已無實益並非不可抗力所欲處理的狀況，此種情況較類似於情事變更，即因出現同類研發者先一步研發出來並公佈的新情勢，使得研發者繼續研發下去的成果對於委託者而言已失去價值，此時，基於公平與衡平法理，可以由當事人協定，若協定不成再由法院介入衡平雙方當事人的利益。現行法雖規定有解除權，但解除合同當事人之間的損失如何分配，若由委託一方主張情事變更，當

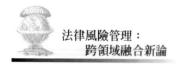

可衡平雙方當事人之間的損失分配。

(三) 若市場條件發生變動，致使原開發者喪失技術高度能力，或使得朝向舊有規格研發已無實益。

在第一種狀況下，若當事人於訂約時均已盡相當的注意義務仍無法預期市場條件的變動，而這一變動事件對於雙方當事人均是不可預見的，而因為新的規格標準使得原來的研發者無法克服技術的困難而有不可克服性，此種市場條件變動事件與技術困難的發生也非單一的開發者所能避免的，此時可有不可抗力適用的可能，研發者可以主張不可抗力予以免責，亦可以主張類推合同法第337條與第338條適用。

在第二種情況下，對於合同中須履行開發義務的一方，本仍可繼續履行開發的義務，故並未陷入不履行的狀態，既無不履行的客觀事實存在，此時即無法進入是否可預見的討論，此種情況較難確認有不可抗力的適用。

(四) 在開發的過程中發覺達到開發目標的方式已被現有專利佔據，合同約定欲開發的標的本身一開始就已被他人專利所佔據，或者要達到開發標的的組成方法都已被他人專利擋住，這兩種情況均會構成合同之履行已無實益的結果。技術障礙與專利障礙表面上雖屬不同的障礙，但若細究：專利障礙即是使技術障礙更加困難的原因，開發者在開發過程中為了使開發成果不致付出過大的權利而儘量繞過他人的專利，此乃技術層面的問題。從另一個角度而言，在委託開發之際，無論委託一方或是開發一方對於專利布局的現狀本應有一定的查證評估責任，預期到合同標的遭他人專利佔據應有一定的可預見性，至於達到合同標的的方法遭他人專利攔阻，此乃技術障礙問題，故此部分是難以主張不可抗力的。

2. 技術轉讓合同的風險類型

(1)技術秘密轉讓合同

若非屬可歸責於擁有技術秘密者而使技術秘密被知悉或被公開，或並非被知悉而是相同技術被研發公開，這兩種情形均會使合同的履行無實益。對於合同中須提供秘密技術義務的一方，本仍可繼續履行提供的義務，故並未陷入不履行狀態，既無不履行的客觀事實存在，此時即無法進入是否可預見的討論，此種情況難認有不可抗力的適用。

(2)專利申請權轉讓合同

若擁有可申請專利技術者並無瑕疵，只是在專利申請權轉讓合同成立時，市場上有同類擁有該可申請專利技術者，並於轉讓前先提出申請，而使得原本的專利申請權轉讓無實益。雖然市場上有同類擁有該可申請專利技術者出現申請權利的事件，對於當事人是難以預期甚至是不可預見的，但是就當事人間合同的標的是專利申請權的轉讓，亦即讓與人將某具有申請專利技術水準的技術專利申請權讓與給受讓人，但是讓與人並無擔保此申請權必定可以申請到專利的義務，此觀審理技術合同糾紛案件若干問題的紀要的通知規定：讓與受讓人後專利申請被駁回的，合同效力不受影響。可知讓與人讓與專利申請權才是主要合同義務，在這樣的情況下，讓與的一方本可履行義務而讓專利申請權可能轉成對於核准他人專利的異議，故並未陷入不履行的狀態，即無不履行的客觀事實存在，此時即無法進入是否可預見的討論，此種情況難認有不可抗力的適用。當事人可以依據合同法第54條第1款第2項的規定請求予以變更或者撤銷合同。

3. 技術諮詢合同的風險類型

技術諮詢合同若在合同成立之後，尚未履行之前，市場即出現同類合同標的所委託的可行性論證、技術預測、專題技術調查、分析評價

報告，致使原本技術諮詢合同成爲履行無實益。雖然市場上出現同類合同標的所委託的可行性論證、技術預測、專題技術調查、分析評價報告的事件，對於當事人是難以預期甚至是不可預見的，但是就當事人間合同的標的而言，提供諮詢者並未陷於不能履行的狀態，只是履行已無實益，既無不履行的客觀事實存在，此時即無法進入是否可預見的討論，此種情況難認有不可抗力的適用。

4. 技術服務合同的風險類型

(一) 若服務提供者運用自有技術水準甚至現有技術水準，在主觀上已經盡了最大的努力，仍無法解決特定技術問題，此時，服務提供者將處於不履行的狀態。此種情況類似技術開發合同中技術難度因素中的類型，然服務提供與技術委託開發不同的地方在於前者的技術高度不高，合同雙方對於存在技術困難一事在訂約時多不致預期，否則就不會訂約，若以不可抗力要件來檢視，當事人於訂約時預見技術障礙的可能性不高，當服務者嘗試所有研發方法後，才發現存在當時不可預見的技術障礙，此一障礙若可認定是當事人立約當時所不可預見的否則不會訂約的，而依照客觀條件亦認爲當事人並無怠於注意義務，而此一技術障礙顯然是不可克服的，因爲已盡所有的努力也是不可避免的，則有不可抗力成立的可能。

(二) 若服務提供者運用自有技術水準本可爲服務，但是在市場出現變化，如新規格的採行或是新的程式語言被採用，故使原本締約所設定的技術問題困難提高，使服務提供者處於不履行狀態。此種狀況類似技術開發合同中技術同類市場因素中的類型，若當事人於訂約時均已盡相當的注意義務仍無法預期市場條件的變動，而此一變動事件對於雙方當事人均是不可預見的，而因爲新的市場條件變動，使得原來的服務者無法克服技術的困難而有不可克服性，此種市場條件變動事件與技術困難的發生也非單一的服務者所能避免的，此時有不可抗力適用的可能。

根據上述討論，整理出「不可抗力中的技術風險」類型，列表如下：

表10-2 「不可抗力中的技術風險」類型

		法律制度因素	同類市場因素	技術難度因素
技術開發	委託	不適用不可抗力	*市場條件變動使開發者喪失技術高度或開發，可能構成不可抗力	欠缺不可預見性難以適用不可抗力
	共同			
技術轉讓合同	專利	無技術風險	無技術風險	無技術風險
	申請	不適用不可抗力		無技術風險
	實施	無技術風險	無技術風險	無技術風險
	技術秘密轉讓	無技術風險	不適用不可抗力	無技術風險
技術諮詢		無技術風險	不適用不可抗力	無技術風險
技術服務		無技術風險	*市場規格等之改變使技術問題無法解決，可適用不可抗力	*因技術能力無法解決技術問題，可適用不可抗力

二、風險分配與不可抗力的探討

由上可以看出，合同本身即存在違約歸責的機制，也存在當事人之間風險承擔（分配），可能來自於合同約定，可能來自於法律規定，亦可能有待當事人之間協商。至於不可抗力制度，是一個獨立於合同原本歸責制度與風險分配狀態的機制，只有當出現違約狀態，而當事人之一方欲啟動不可抗力機制而得到免責之結果時，不可抗力才會介入，至於若成立不可抗力而使主張方免責，因免責而使原本當事人之間的風險承擔（分配）的狀態發生了變動，此為結果。

那麼技術風險到底是否屬於不可抗力的範疇呢？合同法第330條規

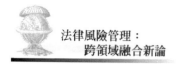
定：「技術開發合同是指當事人之間就新技術、新產品、新工藝或者新材料及其系統的研究開發所訂立的合同。」第338條規定「在履行技術開發合同的過程中，因出現無法預見、無法防止、無法克服的技術困難，導致研究開發失敗或者部分失敗的，該風險責任由當事人約定，沒有約定或者約定不明確，依照本法第61條的規定仍不能確定的，風險責任由當事人合理分擔。」

由此可見，要判斷技術風險與不可抗力的關係，關鍵看具體的技術風險是否技術風險具備不可抗力的三個要件，即它是一種當事人不能預見、不能避免並不能克服的客觀情況，符合要件的技術風險應當是不可抗力之一種。但是，如果不符合上述要件，只要不符合任一要件，那麼技術風險就不能視為不可抗力。

第五節　技術風險之量化分析

美國著名法學家何姆斯曾言：「在理性研究法律上，知文字者也許是現在當令者，但是未來是屬於統計人與經濟學的專精」[20]，本文係以經濟發展為背景，以期所展開的法律研究均可涵射於重要性的經濟活動，故筆者於此，藉由上開對於技術合同風險評估之三項因素為工具，將之延伸至風險評估上的研究。分別以技術風險之指數概估方法與同類產業之技術風險因子迴歸分析，兩種工具作為法律工作者在管理法律風險之基礎上，面對各類型技術風險之管理工具。而此種量化分析亦將有助於探討技術風險的法律定義修正及法律實踐者於面對此一風險時，如何透過意定方式分配風險、衡平利益的參考，以達到最大之法律風險管理目的。

一、技術風險之指數概估

1. 技術風險概估之重要性

在面對單一企業或單一案件之技術風險時，雖然技術風險本身是與技術水平高度相關之問題，但作為法律工作者無論在簽訂議定書或備忘錄之規劃初期，準備簽訂合同之草擬階段，抑或實際執行合同之時，技術風險發生時如何依合同條款維權，都需要及早對於該案件可能之技術風險有更多與更及早的掌握：

(1) 規劃初期

可以協助企業更早理解不同的技術風險程度下，可能需付出的法律成本，這樣在商業磋商（談判）之初期，即可將技術風險的法律成本直接反映於商業成本及商業策略之內。

(2) 簽約階段

針對企業案件如何更貼切的在合同中描述技術風險，如何更精準地掌握在各種可能的技術風險態樣發生時應分配合同當事人之風險分配（經濟利益衡平）。

(3) 執行階段

如何針對可能發生之技術風險做好事前的法律準備，例如提早建立同類專利申請進度的監控機制，或者結合企業之研發部門隨時將研發之進度與法務部門會報以做出更新的法律建議。

故如何更有效的描述與掌握技術風險，而非僅以技術風險一詞來抽象描述就更形重要了。

2. 指數概估之方式

所謂的指數概估方式即是將技術風險進行量化的分析，而分析方式就是：借用將影響技術風險之因素來更細膩的細分項目，再運用量化

（程度化）來更精準的描述與掌握技術風險。

(1)影響因素之選擇

建議運用上面所採行的三種因素，即法律制度因素、同類市場因素、技術難度因素來進行細部評估，雖然此三者之採行非必然，但若運用這三個因素作為分析，則可直接將風險評估結果直接得到是否適用不可抗力制度的結論，這是相當有效的法律結論。若因為個案的複雜性，當然也可將技術風險的分析因素做其他分類，例如：內部管理因素、市場規模增長因素、市場價格因素、外來技術挹注因素等等做最適當的區分。

(2)量化因子

此部分簡單上可以將該因素的影響分為高、中、低三個程度，當然也可以做10等的評量，只是更細膩的評等是否可以得到樣本空間中有效的評量回應，是有待評估的。簡單說，對於研發人員，要求其回答現行技術難度的高、中、低較容易，但要求其由1至10分給予技術難度評等，該技術人員可否做出夠精細的判斷就有待選擇。

以下茲就企業中技術風險指數概估予以表格化：

表10-3　技術風險評量

	低	中	高	
法律制度因素	1	4	7	透過專利申登監控、專利預估調查、專利核心可能侵犯之調查進行評量。
	2	5	8	
	3	6	9	
同類市場因素	1	4	7	透過與企業中最掌握同業競爭之行銷業務部門協商，以掌握可能之同類競爭或先行技術調查。
	2	5	8	
	3	6	9	

（續前表）

	低	中	高	
技術難	1	4	7	與研發部門或其他技術部門之調
度因素	2	5	8	查，取得技術難度之評估。
	3	6	9	
風險評估結論			日期	

二、同類產業之技術風險因子迴歸分析

1. 同類產業之參考價值

在評估企業技術風險時，時常法律制度因素、同類市場因素、技術難度因素等技術風險因素，對同類產業之類似規模企業而言，面臨的風險等級均為類似，故站在整體產業之立場，對足以影響技術風險的重大事件與風險影響進行關聯性評估，此時參考價值就變得相當高。例如：此行wimax即4G系統對於Andriod應用程式開發業者之技術研發影響，若法律工作者在描述軟件開發業者或委託開發業者之立場，就有相當之參考價值。

2. 迴歸分析

迴歸分析（Regression Analysis）是一種統計學上對數據進行分析的方法，主要是希望探討數據之間是否有一種特定關係。迴歸分析是建立因變數Y（或稱依變數、原文為：response variables, dependent variables）與自變數X（或稱獨變數，原文為predictors, independent variables）之間關係的模型。複迴歸（Multiple Regression）指的是超過一個自變數。迴歸分析的目的在於了解兩個或多個變數間是否相關、相關方向與強度，並建立數學模型以便觀察特定變數來預測研究者感興趣的變數[21]。

在參數的估計上，可以採行的有動差法（Method of Moment、MOM）、最小平方法（Ordinary Least Square Estimation, OLSE）、最大似然估計（Maximum Likelihood Estimation, MLE）、機率圖法（Probability Plot Method）等。可能的方法則需要採行複迴歸分析，即多變量分析作爲工具：

Risk（L、M、T）＝regration line

L：法律因素　M：市場因素　L：技術因素

將產業之同類企業作爲樣本空間，則可取得可能之迴歸多變量分析之結論。

3. 產業技術風險的評估與產品生命週期

事實上產業對於技術風險的評估，多與產品生命週期理論做結合，若參考More根據採用者對風險態度的不同，按採用新興技術人數累積數量，將新興技術採用生命週期分爲創新者、早期採用者、早期多數採用者、後期多數採用者以及落後者五個階段類型。或Meade按新興技術市場佔有率的大小，將新興技術採用生命週期又分爲創新階段、峽谷斷裂階段、爆發階段、平穩階段、下降階段和淘汰階段六個階段類型來做分析。此部分在經濟之角度下較有參考價值，對於法律工作者則較無法進行進一步法律效果之評估。

第六節　結論

由上述討論可知，在技術合同中，存在技術風險的類型並不僅限於技術開發合同，尚包含申請專利權轉讓合同、技術秘密轉讓合同、技術諮詢合同與技術服務合同這些特殊類型。另外，技術合同中所關心的技

術風險，與不可抗力類型中討論的技術風險，範圍上有著很大的不同。有部分情況可以排除不可抗力的適用，有部分可能適用，但仍要回歸三個要件的判斷。在此說明的是，技術服務合同中技術難度因素與技術開發合同中技術難度因素的類型雖然接近，但本文的結論不同，原因在於開發合同當事人之間一開始就對於是否開發成功有或多或少的不確定性，而技術服務合同的當事人這一不確定性極低。故在適用不可抗力的判斷上精准的結論應係在技術服務合同中技術難度因素類型，較技術開發合同中技術難度因素類型易符合不可抗力中不可預見性的要件。

至於面對技術風險之法律風險管理，則建議可用技術風險之指數概估方法與同類產業之技術風險因子迴歸分析作為掌握法律工作者在管理法律風險之基礎上，面對各類型技術風險之管理工具。而此種量化分析亦將有助於探討技術風險的法律定義修正及法律實踐者於面對此一風險時，如何透過意定方式分配風險、衡平利益的參考。

 **註 釋**

* 鄭克盛，大展聯合法律事務所執業律師，中國政法大學民商法博士，台灣政治大學國際貿易碩士，台灣輔仁大學物理學士，台灣專利代理人。

1 中國國家統計局網站http://www.stats.gov.cn/tjsj/，最後瀏覽日期2011年7月10日。

2 二〇〇九中國經濟論壇會議記錄報告，報告人：國務院發展研究中心副主任劉世錦，2009年7月6日公佈。

3 美國Qualcomm公司曾對中國主要電信系統業者提出對於TD-SCDMA技術收取知識產權版權費（IP Royalties）的要求。（Qualcomm repeats China 3G ownership claim）

4 張偉、陳紹剛著，〈新興技術採用生命週期各階段技術風險之研究〉，《科技管理研究》，2007年第5期。

5 所謂「純技術風險」，就是指從企業的角度來看，企業技術水準具有潛在的、被提高的可能性，但企業的技術創新要以以前的創新成果為基礎，呈現出創新的連續性。如果技術創新出現較大的跳躍，企業的技術力量不能適應創新的需要，技術創新的連續性受到阻礙，從而面臨的風險。

6 魯若愚，〈技術風險予專案層面的技術風險管理〉，《中國青年科技》，2008年5月。

7 More根據採用者對風險態度的不同，按採用新興技術人數累積數量，將新興技術採用生命週期分為創新者、早期採用者、早期多數採用者、後期多數採用者以及落後者五個階段類型。Meade按新興技術市場佔有率的大小，將新興技術採用生命週期又分為創新階段、峽谷斷裂階段、爆發階段、平穩階段、下降階段和淘汰

階段六個階段類型。

8 張偉、陳紹剛，〈新興技術採用生命週期各階段技術風險之研究〉，《科技管理研究》，2007年第5期。

9 最高人民法院關於審理技術合同糾紛案件適用法律若干問題的解釋第17條，合同法第330條所稱「新技術、新產品、新工藝、新材料及其系統」包括當事人在訂立技術合同時尚未掌握的產品、工藝、材料及其系統等技術方案，但對技術上沒有創新的現有產品的改型、工藝變更、材料配方調整以及對技術成果的驗證、測試和使用除外。

10 合同法第330條。

11 合同法第338條。

12 若欲借用於不可抗力中技術風險類型的描述似乎亦非合理，因為上述描述僅止於技術開發合同，若逕予借用如同宣示技術轉讓、技術諮詢或技術服務合同中均無不可抗力的技術風險適用餘地。

13 張偉、陳紹剛，〈新興技術採用生命週期各階段技術風險之研究〉，《科技管理研究》，2007年第5期。

14 邢俊文、遲寶山等，〈研發專案技術風險度的三參數量化模型研究〉，《系統工程理論與實踐》，2008年10月。

15 雖然科學是與時俱進的，今天的定律可能成為明天所謂的「古典」學說，但站在法律的立場，仍需就現今所存在的科學定理與定律為判斷，是否在科學邏輯上是有可能性。

16 最高人民法院關於印發全國法院知識產權審判工作會議關於審理技術合同糾紛案件若干問題的紀要的通知第27點。

17 最高人民法院關於印發全國法院知識產權審判工作會議關於審理技術合同糾紛案件若干問題的紀要的通知第29點。

18 最高人民法院關於印發全國法院知識產權審判工作會議關於審理技術合同糾紛案件若干問題的紀要的通知第60點。

19 合同法第359條。

20 Oliver W. Holmes, The Path of the Law, 10 Harv. L. Rev. 457-478 (1897).

21 維基百科資料http://zh.wikipedia.org/wiki/%E8%BF%B4%E6%AD%
B8%E5%88%86%E6%9E%90最後瀏覽日期：2011年7月15日。

Chapter *11*

以風險評估論兩岸保險法中告知義務之規定

施懿純[*]

第一節　前言

　　保險法是調整保險活動中保險人與要保人、被保險人以及受益人之間法律關係的重要民商事法律，也是國家對保險企業、保險市場實施監督管理的法律。制定保險法，對於適應發展社會主義市場經濟的需要、規範保險活動、保護被保險人和保險當事人的合法權益、加強對保險業的監督管理及促進保險事業的健康發展，具有十分重要的意義。

　　保險契約是以風險為對象，保險契約的訂立過程，就是要保人轉嫁風險（投保）和保險人接受風險（承保）的過程，由於風險具有不確定性，因此一方對風險的判斷和評估需要對方的幫助，在要保人這方面，其投保所選擇的險種是否符合自己的需要，投保後是否能獲得安全充分的保障，需要保險人對於保險契約條款及相關事項進行明確的說明；另外，在保險人這方面，其決定是否承保以及決定保險費的高低時，是依據要保人對保險標的或被保險人的身體狀況誠實告知來決定。由於風險的不確定性，使保險契約之訂立存在所謂的射倖性（Aleatory），法國民法典將保險契約稱為射倖契約[1]，即是很明確指出保險契約所具有的射倖性質。由於其具有射倖性故極易誘致道德危險的產生，為防止道德危險之發生，保險法上乃有告知義務的產生。

　　各國保險法都規定了要保人訂約時應該履行誠實告知的義務，告知義務是作為要保人在訂立保險契約時必須遵循的最基本的義務，是最大誠信原則在保險這一特殊民事活動領域中的充分體現，只有要保人誠實告知影響保險人風險評估的重要事項，才能維繫保險共同體的穩健發展，並有效地分擔個人所面對的風險，最終實現社會的安定與進步。

　　現今中國及台灣保險業在近幾年來有著長足的發展，所帶來的保險糾紛問題日益嚴重，其中與要保人最息息相關者為保險法中之誠實告知義務，然而，雖說中國與台灣均分別在其保險法第16條及第64條規定誠

實告知義務，但初步探究其內容仍有部分不相一致，故實有必要針對中國與台灣各自保險法中之誠實告知義務之規定加以了解，並研究此等制度在各自不同的社會與經濟體制下，所實踐出來的社會現象以及所突顯出來法律規範上之缺失。

第二節　兩岸告知義務之構成要件分析

　　保險人決定是否承保以及保險費率之高低主要是依據要保人對保險標的或被保險人之身體狀況誠實告知，因此保險法中即針對此一現象要求當事人在訂立契約時應當最大限度地遵循誠信原則，承擔誠實告知之義務，以滿足雙方當事人正確判斷和評估風險的需要，防止欺詐和隱瞞，杜絕保險活動中的投機行為。在此即針對中國保險法第16條及台灣保險法第64條關於誠實告知義務構成要件加以分析。

一、中國之法制

1. 告知義務人

　　關於告知義務人，在中國保險立法的相關規定中，並不一致，依中國保險法第16條之規定，僅「投保人」（即台灣之要保人）負告知義務；而依中國海商法第12章海上保險合同第222條之規定則僅「被保險人」負告知義務[2]。在學理解釋上，關於告知義務人，是否以投保人為限？抑或兼及被保險人？不無疑義。因為若被保險人不負告知義務，則保險人只能要求投保人據實告知，並且只有當投保人故意隱瞞或因過失不實告知時，始可主張解除契約；若被保險人對於危險估計有關事項有隱匿、遺漏或不實告知時，保險人仍不能逕行主張解除契約。因此中國大多數學者均認為現行保險法對於告知義務人之規定過於狹窄，應該對投保人及被保險人均課以告知義務。本文亦同意此見解首先就財產保險

而言，保險標的屬於被保險人所有，被保險人在事故發生時爲受害人兼受益人，根據權利與義務一致原則，被保險人負告知義務理所當然，而且財產保險之被保險人既爲標的物之所有人其對標的物之狀況最爲了解，要求其亦負告知義務並不爲過，另外在人身保險中係以被保險人之身體或生命爲保險標的，被保險人對自己身體狀況當然最爲了解，要求其負告知義務比要求投保人負告知義務更爲恰當。

但中國有學者認爲告知義務人並不應該擴及被保險人[3]，其理由有二：1.如果要求被保險人也承擔告知義務，被保險人就應當與要保人一樣具有民事行爲能力。但是，不論在法律上，還是事實上，都做不到這一點，當被保險人是限制行爲能力人或無行爲能力人時，其告知是不會產生法律上之效力的，在此時，要求被保險人承擔告知義務沒有任何實質意義。2.不要求被保險人承擔告知義務，並不影響保險人對危險的評估。一方面，投保人與被保險人分屬兩人時，由於法律要求投保人與被保險人之間必須存在特定的關係，使投保人對被保險人各方面情況的了解應是非常清楚的；另一方面，現代科學技術在保險中的運用，可以克服由於被保險人不負告知義務而帶來的困難，例如，對被保險人進行體檢等。

2. 告知義務之履行期

關於如實告知義務之履行期，各國保險立法原則上均規定爲「訂立保險契約時」，中國亦不例外，中國保險法第16條及海商法第222條都規定：告知義務人履行如實告知義務的時間是在「保險合同訂立時」。何謂「保險合同訂立時」？是指投保人提出投保申請時，還是指保險人作出承保意思表示前？依中國保險法第16條第1款之文字解釋而言，不能將法律規定之「訂立保險合同時」解釋爲「申請投保時」，而應是指投保人爲投保申請時起，迄保險契約成立時爲止。因此，要保人提出投保申請之後至保險契約成立之前，均應屬要保人或被保險人告知義務之

履行期，該期間與保險單是否交付及其所載保險期間之始期無關。「最高人民法院關於審理保險糾紛案件若干問題的解釋（徵求意見稿）」第9條第3款解釋爲：「告知義務的履行限於『保險合同成立前』。保險合同成立後，投保人、被保險人履行告知義務的，保險人沒有異議的，保險人不得因此解除合同。」按其意思可知在保險人做出承保的意思表示之前，要保人均可履行如實告知義務。

3. 告知義務之履行方式

關於告知義務之履行方式在立法例上有「自動申告主義」和「書面詢問回答主義」，其區別在於：在書面詢問回答主義下，告知義務人僅對保險人所提出之書面詢問事項負有告知義務，保險人未以書面詢問之事項，告知義務人均不負告知之義務；而在自動申告主義下，告知義務人除對於保險人所提出的書面詢問之事項應誠實告知外，對於保險人未以書面詢問及但足以影響保險人對危險估計的事項，如爲告知義務人所知的，亦有自動告知的義務。

中國關於要保人告知義務之履行方式依保險法第16條第1款規定：「訂立保險合同，保險人就保險標的或者被保險人的有關情況提出詢問的，投保人應當如實告知。」依此保險法的規定中國大多數學者均認爲保險契約告知義務之履行係採書面詢問回答主義[4]。但是在海商法第222條第1款規定：「合同訂立前，被保險人應將其知道的或者在通常業務中應當知道的有關影響保險人據以確定保險費率或者確定是否同意承保的重要情況，如實告知保險人。保險人知道或者在通常業務中應當知道的情況，保險人沒有詢問的被保險人無須告知。」顯然，依照海商法之規定，投保人（被保險人）履行如實告知義務不以保險人的詢問爲前提，而是不論保險人是否詢問，除非保險人已知或者應知，投保人（被保險人）應將有關保險標的的重要情況「自動」告知保險人。而投保人無須告知保險人「沒有詢問的」事項，僅有在保險人知道或者應當知道

的事項爲限。可見海商法關於海上保險契約的訂立採取自動申告主義，與保險法所確立的書面詢問回答主義顯不相同。根據以上之規定，同一個要保人因與保險人訂立的保險契約不同（海上或陸上），應當告知的範圍也就不同。立法的不統一，容易造成要保人履行告知義務時的混亂。建議應使海商法之規定與保險法之規定劃一，因爲保險契約係一典型之附合契約，保險人居於有利地位，且保險人經營保險業務，具備豐富的經驗，在訂立保險契約時，哪些事項應當由要保人告知，保險人應當最爲清楚，若其已經知道或者應當知道有關事項，卻並不向要保人詢問，可以視爲保險人放棄了要求要保人告知該有關事項的權利，否則，保險人既然認爲該事項爲重要，又不向要保人詢問，而等危險發生後，以此主張保險契約無效，對要保人（被保險人）顯然不公。

4. 違反告知義務之構成要件

根據中國保險法第16條第2款之規定：「投保人故意或者因重大過失未履行前款規定的如實告知義務，足以影響保險人決定是否同意承保或者提高保險費率的，保險人有權解除保險合同。」而投保人違反告知義務之構成要件，需要從主觀和客觀兩方面去判斷：

(1) 主觀要件

主觀要件是指義務人未告知或作不實之告知，是否爲故意或過失所致。關於違反告知義務的主觀歸責性，大多數國家之立法例均採過失責任主義，中國保險法依第16條第2款所規定之「故意」和「重大過失」即其主觀要件。

(2) 客觀要件

違反告知義務之客觀要件是指告知義務人不告知有關重要事項或對有關事項作不實說明，即中國保險法第16條第2款中規定的「投保人未履行如實告知義務，足以影響保險人決定是否同意承保或者提高保險費

率」，也就是從保險法16條可知中國之違反告知義務之客觀要件包括兩種情況：第一種是足以影響保險人決定是否承保的重要事實；第二種是足以影響保險人決定是否提高保險費率的重要事實。因此判斷有無違反告知義務不能僅以告知義務人之主觀意思為依據，而必須輔以客觀之事實，對各種情況進行客觀的、全面的考察。

綜觀各國立法，違反告知義務的客觀構成要件，大體有兩種體例[5]，分為因果關係說與非因果關係說。因果關係說主張，要保人未如實履行告知義務之事項與保險事故的發生之間具有因果關係，保險人才可以解除契約，不負保險賠償責任。若已賠償的，保險人可以請求返還。至於未告知之事項，和保險事故發生之間是否有因果關係，須由要保人或被保險人證明，未能證明彼此間有因果關係，保險人可以解除契約不負理賠責任。非因果關係說（又稱為危險估計說）主張，要保人只要有違反誠實告知之事實，不論其與保險事故之發生是否具有因果關係，保險人都可以據之解除契約，免負保險理賠責任。此說之重點在於，要保人違反誠實告知義務可能影響保險人在訂約時對於危險之估計。至於事後是否影響保險事故之發生在所不論。

中國依保險法第16條第2、4、5款之規定可知，在要保人故意不履行告知義務的情況下，並不要求未告知的事項與保險事故的發生有因果關係，只要有未誠實告知之事實即可，其係採非因果關係說，也就是即使未告知的事項與保險事故之發生無因果關係，保險人仍可以主張違反告知義務解除契約拒絕理賠。若要保人因過失未履行如實告知義務者，只要足以影響保險人決定是否同意承保或者提高保險費率的，保險人即可解除保險契約。至於保險事故之發生與未告知之事項間是否有因果關係在所不問，也因此若要保人故意隱匿肺癌之事實投保，而最後竟車禍死亡，保險人當然可主張違反告知義務來解除契約拒絕理賠，對此引起中國很多學者討論保險法第16條是否應加以修改，在學者間有不同見解：甲說認為應採因果關係說主要採之理由為中國保險法第52條第2款

規定之宗旨是，保險標的危險增加時必須依同條第1款之規定通知保險人，否則應負特定的不利法律效果，但若後來損害之發生不影響保險人之負擔，要保人之通知義務可以免除，保險人不可以主張本可以主張之法律後果，據此，保險法第16條應採因果關係說較爲合理。乙說認爲應採非因果關係說，因爲在採因果關係說的情況下容易助長要保人僥倖心理，而在客觀上使其不願積極盡到告知義務。因爲要保人出於省事或節省保費的心理，自覺或不自覺地對保險標的之情況不做誠實的告知。因爲保險事故若不發生可以省錢省事，這對於最大誠信原則無疑是一種考驗。

二、台灣之法制

1. 告知義務人

關於告知義務人，以台灣之保險法來看依其第64條第1項規定：「訂立契約時，要保人對於保險人之書面詢問，應據實說明。」可知告知義務人僅有要保人一人而已。

無論產險或是壽險，通常要保人與被保險人爲同一人時較常見，但也有要保人與被保險人不同人之情形，此時若責令要保人一人負告知義務似非常合理。蓋無論對於標的物或被保險人之身體狀況，唯被保險人知之最稔，因此似應讓要保人和被保險人均負告知義務較恰當。

2. 告知義務之履行期

告知與通知爲一事之兩面，契約生效前要保人就危險有關事項所爲之說明，稱爲告知；契約生效後要保人就危險有關事項所爲之說明，稱爲通知。依保險法第64條第1項規定：「訂立契約時，要保人對於保險人之書面詢問，應據實說明。」所謂「訂立契約時」一般多解爲契約成立時，而非以契約聲請時爲標準，也就是意思表示合致時爲告知義務之履行期，因此，凡於保險人承諾之前，發現其於聲請時所告知事實爲不

實，或發生與聲請時所告知之事實為不同之新的事實，或重新發生或發現其於聲請時未為告知之事實等情形時，自得於契約成立之前，對於其前所為之告知，向保險人要求補正、變更、追加或撤回。事實上由於台灣關於告知義務之方式係採「書面詢問回答主義」而不採「自動申告主義」，故有關告知義務之履行其應解為「在保險契約洽訂過程中保險人提出書面詢問時」，要保人或被保險人始負有告知義務；要保人或被保險人對於書面詢問後所發生之事實，即不再負有告知義務。

3. 告知義務之履行方式

告知義務之履行，歷來有兩種不同主義：一為書面詢問回答主義，另一為自動申告主義，兩者之區別在於書面詢問回答主義下，告知義務人僅對於保險人所提出之書面中所詢問之事項負有告知義務，保險人未以書面詢問之事項，不論是否以口頭詢問，告知義務人均不負告知義務。而在自動申告主義下，告知義務人除對於保險人所提出之書面詢問事項應據實告知外，對於保險人未以書面詢及而足以影響危險評估之事項，如為告知義務人所知者，亦有主動告知之義務。保險法第64條第1項規定：「訂立契約時，要保人對於保險人之『書面詢問』，應據實說明。」可知係採書面詢問回答主義，則要保人所應誠實告知者限於保險人書面詢問之事項。

4. 違反告知義務之構成要件

(1) 主觀要件

即告知義務人之不告知或不實之告知，必須是故意或過失所造成。所謂「故意」者，即指推定告知義務人有惡意，例如告知義務人明明知道有重要事實之存在而應為告知，而故意不為告知或為不實之告知，如被保險人明明患有胃癌，卻在要保書上填寫無。而「過失」者，即告知義務人雖非故意，但按其情節，應注意能注意，而竟不注意者，

例如告知義務人應該知道事實之重要性及何者屬應告知之事實，卻因過失不知，竟而未為告知或告知不實，如曾肺炎住院，卻忘記說明。保險法第64條第2項前段規定：「要保人故意隱匿，或因過失遺漏，或為不實之說明，足以變更或減少保險人對於危險之估計者，保險人得解除契約。」即明白規定須義務人出於「故意」、「過失」而違反告知義務時保險人始得解除契約，蓋重要事項須為要保人或被保險人所知悉或應知悉者，始得令其負告知義務，否則，若責其對於所不知或無法得知之事項，亦應誠實告知，未免過苛，故在告知義務之主觀歸責原則上，保險法係採「過失責任主義」。

(2) 客觀要件

即告知義務人在實際上不告知重要事實，或就重要之事實為不實之告知，此所謂「不告知或不實之告知」者，即指客觀存在之事實與告知者客觀所為之告知不一致而言，而非指知義務者之主觀認識與客觀的表現不一致之情況。蓋告知義務制度，旨在使保險人就告知義務者所為之告知正確認識其客觀之事實，至於告知義務者之主觀意識或認識如何，則非所問。

關於告知義務之客觀要件，依台灣現行之保險法係採「因果關係說」，其條文規定為：「要保人故意隱匿，或因過失遺漏，或為不實之說明，足以變更或減少保險人對於危險之估計者，保險人得解除契約；其危險發生後亦同。但要保人證明危險之發生未基於其說明或未說明之事實時，不在此限。」也就是要保人若能證明保險事故之發生與其未告知之事項無因果關係者，保險人就不能主張要保人違反告知義務來解除契約拒絕理賠。例如若要保人隱匿被保險人患有高血壓之事實投保，但被保險人卻因車禍身亡，此時保險人即不得以違反告知義務為理由解除契約拒賠。因此目前台灣之保險法即採因果關係說。

第三節　兩岸如實告知義務之法律效果分析

一、中國之法制

1. 解除之效果

告知義務人違反告知義務之法律效果，各國立法的規定不盡相同，有的規定契約無效者（如俄羅斯、法國），有的規定契約中止者（如韓國），有的規定契約撤銷者（如義大利），但大多數國家均規定由保險人享有契約解除權，大陸依據保險法第16條第2、4、5款規定：

「投保人故意或者因重大過失未履行前款規定的如實告知義務，足以影響保險人決定是否同意承保或者提高保險費率的，保險人有權解除保險合同。

投保人故意不履行如實告知義務的，保險人對於保險合同解除前發生的保險事故，不承擔賠償或者給付保險金的責任，並不退還保險費。

投保人因重大過失未履行如實告知義務，對保險事故的發生有嚴重影響的，保險人對於合同解除前發生的保險事故，不承擔賠償或者給付保險金的責任，但應當退還保險費。」

可知大陸告知義務人違反告知義務之後果是保險人享有契約解除權。因此要保人違反誠實告知義務，並不產生保險契約無效之效果，保險人只是有條件地取得解除保險契約的權利。保險人因要保人違反誠實告知義務而取得解除保險契約的權利，稱之為保險人之解約權。因為要保人違反誠實告知義務，使得保險人承保風險後實際處於很不利之地位，保險人是在沒有了解真實情況的前提下同意承保，法律若繼續維持保險契約的效力對保險人很不公平，反而會鼓勵要保人不履行誠實告知義務。所以，要保人違反誠實告知義務，保險人應當取得相應的補救。保險人因要保人違反誠實告知義務而享有之契約解除權屬於法定解除權，保險人僅需向要保人做出解除契約之意思表示即可發生法律效力，

而且此項解除權不限於保險事故發生前才能行使，在保險事故發生之後也可以行使。保險人多在保險事故發生後，才發現有違反之事實，此時即有解除之必要。

保險人因要保人違反告知義務而取得之契約解除權，屬於形成權之性質，須經權利人行使才能產生解除契約之效力。如果保險人未依法有效行使解除權，則不能逕以要保人違反告知義務而拒絕理賠。保險契約解除的效力與一般契約解除的效力不同，一般契約的解除發生溯及以往的效力，但中國險法第16條第4款及第5款則根據投保人主觀過錯不同採取不同的規定：

(1) 故意

係指要保人明知被保險人的相關情況而不告知或故意隱瞞事實，不履行誠實告知義務，保險人有權解除保險契約，對於契約解除前發生的保險事故不承擔責任，也不退還已繳之保險費，因此若有未收受保費之情況，保險人仍可請求要保人補繳保費。可見此種契約解除是全面的解除，其效力可追溯至保險契約成立之時，保險人自始不承擔任何責任。

(2) 重大過失

係指投保人對被保險人的相關情況應當知道，因其不注意或者疏忽而不知，以致未能告知保險人之行為，對此保險人也享有契約解除權。但本款將過失違反告知義務僅限於「重大過失」而不及於「一般過失」。如果未告知的事項對保險事故的發生有嚴重影響的，保險人對於保險契約解除前發生的保險事故，不承擔賠償或者給付保險金的責任，但應當退還保險費。如果未告知之事項對保險事故之發生沒有影響或者不是很嚴重之影響，則保險人對契約解除前發生的保險事故應承擔保險責任。

2. 解除權之除斥期間

所謂保險人行使解除權之除斥期間是指法律對保險人行使保險契約解除權所做的時間限制，又可稱為可抗辯或可爭期間。超過這個期間即進入不可抗辯或不可爭期間，即使要保人沒有履行誠實告知義務，保險人也不得主張解除保險契約，拒絕履行保險責任。保險法關於違反告知義務規定除斥期間的最大功用在於早日確定雙方當事人間的法律關係，避免當事人雙方處於不確定之狀態。除斥期間的長短各國保險法之規定不盡相同。中國保險法關於誠實告知義務除斥期間之規定於第16條第3款規定：「前款規定的合同解除權，自保險人知道有解除事由之日起，超過三十日不行使而消滅。自合同成立之日起超過二年的，保險人不得解除合同；發生保險事故的，保險人應當承擔賠償或者給付保險金的責任。」依此規定可知：若保險人知道有解除事由時，保險人從知道有解除事由時起30日內必須行使解除契約權；若保險人不知有解除事由時，保險人必須在合同成立之日起2年內行使解除權，超過2年的期限，保險人即喪失解除契約之權利。

除斥期間之規定，既可以避免保險契約因保險人解除權的存在而處於不穩定的狀態，也可以避免保險人的投機，如果對保險人行使解除權沒有任何限制，那麼，保險人即可選擇在對自己有利之時解除契約，例如一個10年期的保險契約，在契約的有效期間內，若保險人發現投保人有違反告知義務之情形存在，則是否行使契約解除權，保險人會考量是否對其有利，如果保險事故沒有發生，此時保險人不會行使解除權，讓保險契約繼續有效，其可以繼續收取保險費；如果保險事故發生，保險人則可以解除契約，拒絕理賠，而且如果可證明要保人係故意違反告知義務者尚可不退還保險費。此種情況對於要保人而言係始終處於不確定之狀態，對真正尋求保險保障之要保人而言極不公平，也對於整個保險業的健全發展不利。

3. 禁止抗辯（禁止反言）原則

所謂禁止抗辯（禁止反言）原則係指當事人之一方對於他方因信賴自己之行為而有所作為，致受損害或不利益時，其後對該行為不得為否認之主張也。例如某一要保人就一健康問題告知代理人，代理人向該要保人保證稱該健康問題無須在要保書中列明，那麼保險人就不能以要保人違反誠實告知義務為理由而解除契約拒絕給付。禁止抗辯原屬衡平法則，由於保險契約以雙方當事人之善意為基礎，因此，英美法院以之準用於保險案件，使善意信賴保險人之行為或意思表示而投保之要保人，於保險事故發生時其依保險契約所得享之權利不致落空。中國保險法即引進此一制度於第16條第6款規定：「保險人在合同訂立時已經知道投保人未如實告知的情況的，保險人不得解除合同；發生保險事故的，保險人應當承擔賠償或者給付保險金的責任。」來體現對要保人、被保險人利益之維護。

二、台灣之法制

1. 解除之效果

要保人若違反誠實告知義務時，保險人得主張何種權利？依據保險法第64條第2項前段之規定：「要保人故意隱匿，或因過失遺漏，或為不實之說明，足以變更或減少保險人對於危險之估計者，保險人得解除契約；其危險發生後亦同。」因此，告知義務之違反，並不當然使契約無效，惟告知義務人故意隱匿或因過失遺漏或為不實之說明，足以變更或減少保險人對於危險之估計者，不論故意或過失，在一定期間內，保險人得以行使契約之解除權。因違反告知義務而解除保險契約，其解除期間，當自契約成立後，至保險事故發生前為止，至於保險人之責任是否已開始，均非所問，惟在實務上每於保險事故發生後，始發現有違反之事實，因而解除契約者頗多，故同條第2項後段規定「其危險發生後

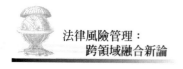

亦同」。

解除權之行使，應由保險人以意思表示向要保人爲之，保險契約一經解除，其效力溯及至契約成立時失其效力。因此，在保險事故發生後而解除契約者，保險人自無須爲保險金之給付，即使在保險金已給付之後，保險人仍有權請求返還。另外，要保人所繳納之保險費是否應返還？依保險法第25條之規定：「保險契約因第64條第2項之規定而解除時，保險人無須返還其已收受之保險費。」依此規定，保險人自無須退還其已收受之保費，至於已到期而尚未收取之保費，保險人自得請求。

2. 解除權之除斥期間

除斥期間者，即權利預定存續之期間，如權利人不在此期間內爲主張者，逾期即不得再爲主張，其權利當然消滅，不會因任何事由而延長，故又稱爲不變期間。

除斥期間對於保險契約之效用，係爲排除契約之瑕疵，使權利人因此期間之經過而臻於確定，避免保險人利用法律關係之不確定，而取得不當之利益。保險法關於除斥期間之規定於第64條第3項：「前項解除契約權，自保險人知有解除之原因後，經過一個月不行使而消滅；或契約訂立後經過兩年，即有可以解除之原因，亦不得解除契約。」依此規定告知義務人若違反誠實告知義務，保險人可行使之解除權，從保險人知道有解除之原因起算，1個月內必須要行使；若保險人不知有解除之原因則自契約訂立之日起算，經過2年此解除權即行消滅。此「1個月」與「2年」之期間係以先到者爲準，只要其中一個期間已過就不得再主張另一期間。因此，若保險人從知道要保人未誠實告知已逾1個月，此時即不得再以契約訂立未超過2年來主張解除權；或者對於訂立超過2年之契約亦不得主張其有1個月的期間來解除契約。

3. 禁止抗辯原則

告知義務人若違反告知義務，保險人固得解除保險契約，但不能

使之漫無限制，告知義務人縱有違反之事實，但若保險人對告知義務人於訂約時應告知之事項，已知或因過失而不知者，保險人不得行使其解除權。關於不負告知義務之事項台灣保險法無直接之規定，但多數學者均認為應類推適用「通知」之規定。即類推適用保險法第62條之規定：「當事人之一方對於下列各款，不負通知之義務：(1)為他方所知者。(2)依通常注意為他方所應知，或無法諉為不知者。(3)一方對於他方經聲明不必通知者。」因此，在保險契約成立時，告知義務人所告知不實或應告知而不告知之事實，若為保險人所知，或無法諉為不知，或經其預先聲明不必告知者，則保險人自亦不得據以違反告知義務為理由，行使契約解除權，冀圖卸責。告知義務人所告知不實或應告知而不告知之事實，既已聲明不必告知，當然不必負違反告知之責，固不待言。至於其事實若實際已為保險人所明知者，則保險人既已知曉，自不必再為告知，以免畫蛇添足，多此一舉，即使告知義務人對該項事實為不實之告知或不告知，並不影響保險人對危險之估計，自不應使其負違反告知義務之責。

第四節　兩岸法制之比較

一、告知義務人

在誠實告知義務中到底誰負有履行誠實告知之義務？各國立法不相一致，中國依保險法第16條之規定告知義務人為「投保人」（即台灣之要保人），台灣保險法第64條規定之告知義務人為「要保人」，所以兩岸對於告知義務人之規定可謂見解一致，但是針對「被保險人」是否應負告知義務？此同在兩岸皆引起學者不少的討論，目前大多數學者之見解均認為被保險人亦應負告知義務，在台灣之司法實務見解也認為告知義務人應包括被保險人。其實被保險人是保險契約之關係人，其對於

被投保的財產、人身之各種狀況及重要事實最爲了解，因此其是否承擔
告知義務對於保險契約之訂立具有重大之意義。依目前兩岸保險法之規
定被保險人並不負有誠實告知之義務，當要保人與被保險人是同一人之
情況下，要保人了解標的之狀況或自己身體之狀況，其擔負誠實告知義
務，並不會有任何問題；可是當要保人與被保險人不是同一人之情況
下，若被保險人不告知保險標的之相關狀況，可能會影響到保險人對保
險標的之危險評估。因此筆者認爲保險人及被保險人均應擔負誠實告知
之義務，其理由如下：

（一）就財產保險而言，標的屬於被保險人所有，因此，被保險人對
保險標的物之風險狀況最爲了解，由其履行誠實告知義務最爲恰當，而
且，被保險人是保險事故發生時的受損人及受益人，根據權利和義務對
等原則，被保險人負告知義務是理所當然的。

（二）在人身保險中，由於係以被保險人之身體或生命爲保險標的，
特別是在要保人與被保險人不是同一人之情況下，被保險人當然比要保
人更了解自己之身體狀況，若不讓被保險人也擔負告知義務，對於保險
人在做危險估計時會有所妨礙。因此，由被保險人擔負告知義務當然最
爲恰當。

 ## 二、告知義務之履行期

關於履行告知義務之時間點，中國保險法規定爲「訂立保險合
同」，台灣保險法規定爲「訂立契約時」，由此可知兩岸所規定之告知
義務之履行期可謂同一，也就是必須在「保險契約訂立時」履行誠實告
知之義務，所謂「保險契約訂立時」係指保險契約成立時，而不在契約
成立以後，因爲此項告知義務爲要保人之一種特有義務，與保險契約成
立後，所應負之通知義務有所不同。也就是以保險人爲承保意思表示之
前爲告知義務之履行期。

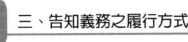

三、告知義務之履行方式

關於告知義務之履行方式，係應採自動申告主義或者採書面詢問回答主義較為恰當，各國有不同之立法例，中國依保險法第16條之規定大多數學者均認為保險契約告知義務之履行係採書面詢問回答主義。但是依海商法第222條第1款之規定關於海上保險契約的訂立採取自動申告主義，與保險法所確立的書面詢問回答主義不同。在保險契約關係中，保險契約係一典型之附合契約，保險人居於有利地位，對於重要情況或事項的判斷具有豐富之經驗，按照常理應當由保險人就這些事項對要保人做出詢問。如果沒有就這些事項做出詢問，表明此等事項並不重要，或者可以推定保險人已經知道這些情況或者雖屬不知情，但免除了要保人的誠實告知義務，要保人自然沒有必要主動進行告知。因此中國海商法所採之自動申告主義對告知義務人的要求過於嚴格，並與中國保險法對告知義務所採書面詢問回答主義之規定不相一致。因此，中國海商法關於誠實告知義務之規定，應作一定之修改，或做較寬鬆之解釋，即要保人或被保險人只對保險人關於重要事項的詢問有誠實告知義務，而對中國保險法第16條應做反面之解釋，即如果保險人沒有詢問要保人之事項，要保人並沒有必要告知保險人。

台灣保險法依第64條第1項之規定係採書面詢問回答主義，因此，兩岸關於告知義務之履行方式均同採書面詢問回答主義。告知義務人僅需對保險人所提出之書面所詢及之事項誠實告知即可，保險人未以書面詢問之事項，告知義務人均無告知之義務。

書面詢問回答主義或自動申告主義之探行，與一國國民對保險認知程度有關，在保險發展初期仍以採書面詢問回答主義為宜[6]。因此台灣及中國一致均採書面詢問回答主義，以人民對保險之接受與認知及保險的發展而言，甚為允當，筆者亦認為在台灣及中國人民的保險知識尚未普及成熟，若採自動申告主義將導致要保人不知如何告知甚至隨便告

知，因此採書面詢問回答主義對於不甚了解保險運作之要保人而言會減少許多在填寫要保書上的麻煩，相對的可以減少許多保險糾紛。但須注意者爲在書面詢問回答主義下，應告知事項固以保險人之書面詢問事項爲範圍，但並非所有書面詢問所及事項之未據實告知，均當然構成告知義務之違反，以台灣之保險法而言是否構成告知義務之違反尚須視是否具有因果關係等。

四、違反告知義務之構成要件

告知義務之違反應具備主觀要件與客觀要件，中國保險法依第16條第2款之規定對違反告知義務的主觀要件係採故意及重大過失，台灣保險法依第64條之規定違反告知義務之主觀要件必須是「故意」隱匿或「過失」遺漏，係採過失責任主義。於客觀要件部分，中國關於違反告知義務之客觀要件係採非因果關係說，也就是未誠實告知之事項與事故之發生有無因果關係之存在並不影響保險人可否主張違反告知義務之契約解除權。因此要保人若故意隱瞞事實，不履行如實告知義務者，保險人當然可以解除保險契約，至於保險事故之發生與未告知之事項間是否有因果關係在所不問。

台灣係採因果關係說，即保險事故之發生必須與未告知之事項有因果關係保險人方得解除契約，例如隱匿罹患B型肝炎之事實投保，後來因肝癌死亡，因爲B型肝炎與肝癌之間具有因果關係，因此保險人即得解除契約拒絕理賠；但如隱瞞高血壓之事實投保，後來因爲車禍死亡，因爲高血壓與車禍間不具因果關係，因此保險人不得以違反告知義務爲理由解除契約拒絕理賠。台灣於1992年4月修法之前係採非因果關係說，當時大多數之保險理賠糾紛皆源自於此，故爲限制保險人任意解除契約之權，保障保險消費者之權益特別在保險法64條第2項增加「但要保人證明危險之發生未基於其說明或未說明之事實時，不在此限」。此條但書之規定，也就是將非因果關係說修改爲因果關係說。

目前中國保險法依16條之規定僅採用非因果關係說原則，並無引進因果關係說。故有學者批評目前中國保險市場競爭激烈，保險公司為爭取保險費，擴大市場份額，存在著忽略評價與控制風險的傾向，造成保險標的風險估計失實，引起保險基金積累不足，最終導致費率水準升高，增加其他誠實的被保險人的負擔；另一方面，保險人又往往利用未告知作技術性抗辯，動輒解除保險契約，拒絕承擔賠付保險金之責任，這樣，影響了保險業之形象，有損保險業之發展。因此主張除採用非因果關係說之重要性原則另應兼採因果關係說來加以調和[7]，以便引導保險業朝向健康之發展。

五、解除之效果

關於違反告知義務之法律效果，各國規定均不相同，有的規定契約無效，有的規定契約終止，有的規定契約得撤銷，但大多數國家均規定保險人享有「契約解除權」，以中國和台灣的保險法來看兩岸對違法告知義務之法律效果均規定為「解除契約」，也就是保險人因要保人違反告知義務而取得契約解除權，屬於形成權之性質，必須經權利人行使方能產生解除契約之效力，也就是保險人必須依法對相對人行使解除權，方能產生解除契約之效果，若保險人未依法行使解除權，則不得逕以要保人違反告知義務為理由拒絕理賠。另外兩岸關於解除權可行使之時間點均規定不限於保險事故發生前方能行使，於保險事故發生後也可以行使。至於保險費返還之問題，依台灣保險法之規定只要違反告知義務，保險人行使契約解除權之情況，一律不退保費；但是中國保險法關於保險費退還之問題，在16條第4款和第5款則分別依要保人主觀過錯程度而區分不同之法律效果：分為故意和重大過失兩種，第一種為投保人「故意」不履行告知義務者，只要未告知之事實被證明是重要的，則不論未告知之事實與保險事故發生之間是否存在因果關係，保險人都有權解除保險契約，並對契約解除前發生的保險事故，不承擔賠償或者給付

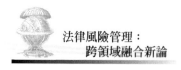

責任，而且不退還保費；第二種爲投保人「重大過失」未履行告知義務者，未告知之事實不僅要證明是重要的，而且對保險事故之發生有嚴重之影響，保險人方可解除保險契約，對保險契約解除前發生的保險事故，不承擔賠償或者給付責任，但應當退還保費。目前世界各國對於告知義務違反均無區分故意和過失而異其法律效果，雖然中國對此依主觀過錯程度而區分其不同之法律效果，較能體現過錯歸責原則之眞正意義係一創舉，但是在保險實踐上如此區分會產生故意和過失舉證之一大問題，反而將保險糾紛更複雜化。

 ## 六、解除權之除斥期間

　　保險人解除權之除斥期間係指法律對保險人行使保險契約解除權所作之時間限制。超過這個期限即進入不可抗辯之期間，即使要保人沒有履行如實告知義務，保險人也不得有效行使契約解除權，若發生保險事故保險人仍得依約理賠。因此，在保險契約中，如果設有契約之解除權卻對該權利之行使不加以限制，則可能導致保險人即使在締約之初明知要保人有違反告知義務之情形，但仍然收取保險費，待保險事故發生後，便行使解除權拒絕理賠也不退保費此種狀況發生，因此造成保險人收受了保險費卻不承擔危險之不合理情況發生，也由於此原因爲避免違背保險法之最大誠信原則，各國保險法均規定了保險人行使解除權之期限，除斥期間之長短，各國立法規定不盡相同。目前台灣保險法依第64條第3項規定之短期除斥期間爲1個月，長期除斥期間爲2年，也就是台灣關於除斥期間規定爲：若保險人2年內知道告知義務人違反告知義務之情形，則必須在1個月內行使契約之解除權；若一直不知道有違反告知義務之情形，則從契約訂立超過2年後就不得再行使違反告知義務之解除契約之權利。中國關於除斥期間之規定，於保險法第16條第3款之規定與台灣相似，不同處僅在於1個月的短期除斥期間規定爲30日。

七、禁止抗辯原則

　　隨著保險業之發展，許多國家在規定了要保人負有誠實告知義務之同時，亦規定在某些情況下免除要保人之告知義務，台灣關於禁止抗辯原則，係類推適用其保險法第62條之規定，也就是在保險契約成立時，未誠實告知之事項若為保險人所知，或依通常注意為保險人所應知或無法諉為不知，或保險人對告知義務人已聲明不必通知者，在這三種情形下要保人可以不負告知義務之責，也就是在那三種情形下保險人不得以違反告知義務為理由解除保險契約。中國保險法關於禁止抗辯（禁止反言）原則於第16條第6款規定：「保險人在合同訂立時已經知道投保人未如實告知的情況的，保險人不得解除保險合同；發生保險事故的，保險人應當承擔賠償或者給付保險金之責任。」

　　由於，目前許多國家之保險立法已傾向於由保險人自身承擔因過失而放棄或不知本應知道的事實的責任，因此，從保障要保人和被保險人利益和體現法律公平的角度出發，禁止抗辯原則之引進有其必要。

第五節　結論與建議

　　保險契約與其他契約最大不同之處乃在於保險契約具有高度之射倖性，因此保險契約之雙方當事人均應嚴格遵守最大誠信原則。最大誠信原則於保險人這一方之表現即於保險事故發生時依照契約之約定照實理賠；而於要保人這一方即於投保時對於保險人之書面詢問據實回答、誠實告知。另一方面保險係以危險分散為目的之制度，其精神在於集合多數同類危險單位，透過各單位積聚之保險費，形成共同財產之準備，而於少數危險單位發生損失時，俾以共同財產予以補償之一種經濟制度，故特別重視其團體性，而所加入危險單位之良窳與否，皆對全利益共同體產生影響，因此基於保險之團體性，維護保險事業之發展，保險人必

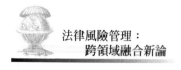
須排除不良危險之加入，因此必須透過要保人對保險標的之有關危險狀況誠實告知，俾保險人據此資料對於保險契約締結與否，及以何種條件締結契約有所選擇。

本文對兩岸保險法關於如實告知義務制度加以分析與比較之後，在此對兩岸保險法告知義務制度之規定作出下列修正建議：

 ## 一、中國

1. 告知義務人

中國保險法第16條僅規定「投保人」應負告知之義務而不及於「被保險人」，依現行之各國立法例而言，中國保險法對於告知義務人之規定過於狹窄，首先就財產保險而言，保險標的屬於被保險人所有，被保險人在事故發生時為受害人兼受益人，根據權利與義務一致原則，被保險人負告知義務理所當然，而且財產保險之被保險人既為標的物之所有人其對標的物之狀況最為了解，要求其亦負告知義務並不為過，另外在人身保險中係以被保險人之身體或生命為保險標的，被保險人對自己身體狀況當然最為了解，要求其負告知義務比要求投保人負告知義務更為恰當，因此應該對投保人及被保險人均課以告知義務。

故本文建議中國保險法第16條第1款應修改條文為：「訂立保險合同，保險人就保險標的或者被保險人的有關情況提出詢問的，投保人及被保險人應當如實告知。」

2. 告知義務之履行方式

中國關於要保人告知義務之履行方式既有自動申告主義亦有書面詢問回答主義。依保險法的規定，中國大多數學者均認為保險契約告知義務之履行係採書面詢問回答主義，但是依照海商法第222條第1款之規定，關於海上保險契約的訂立採取自動申告主義，對告知義務人的要求過於嚴格，並與保險法所確立的書面詢問回答主義不同。因此造成同一

個投保人因與保險人訂立的保險契約不同（海上或陸上），應當告知的範圍也就不同。立法的不統一，容易造成要保人履行告知義務時的混亂。建議應使海商法之規定與保險法之規定劃一。本文建議海商法關於如實告知義務之規定，應修改為書面詢問回答主義，以使與保險法之規定一致。

3. 違反告知義務之構成要件

在違反告知義務之客觀構成要件上，中國依保險法第16條之規定可知，在要保人不履行告知義務的情況下，並不要求未告知的事項與保險事故的發生有因果關係，只要有未誠實告知之事實即可，其係採非因果關係說，也就是即使未告知的事項與保險事故之發生無因果關係，保險人仍可以主張違反告知義務解除契約拒絕理賠，因此以目前中國保險市場競爭激烈，保險公司為爭取保險費，擴大市場份額，存在著忽略評價與控制風險的傾向，造成保險標的風險估計失實，引起保險基金積累不足，最終導致費率水準升高，增加其他誠實的被保險人的負擔；另一方面，保險人又往往利用未告知作技術性抗辯，動輒解除保險契約，拒絕承擔賠付保險金之責任，這樣，影響了保險業之形象，有損保險業之發展。因此主張應引進因果關係說加以調和，以便引導保險業朝向健康之發展。

本文建議第16條第2項應修改為：「投保人或被保險人故意或者因重大過失未履行前款規定的如實告知義務，足以影響保險人決定是否同意承保或者提高保險費率的，保險人有權解除保險合同。但投保人或被保險人證明危險之發生未基於其說明或未說明之事實時，不在此限。」

 ## 二、台灣

1. 告知義務人

台灣保險法第64條關於告知義務人部分與中國相同均僅規定要保

人，而不及於被保險人，由於被保險人係保險契約之重要關係人，實有盡告知義務之必要已如前述。故本文建議保險法第64條第1項應修改為：「訂立契約時，要保人及被保險人對於保險人之書面詢問，應據實說明。」

2. 禁止抗辯原則

保險法上告知義務之違反，賦予保險人有解除契約之權，係因告知義務人不告知或爲不實之告知，足以影響保險人對於危險之測定所致，惟若告知義務人縱有違反之事實，但卻爲保險人所明知或因過失而不知者，此時由於並不影響保險人對於危險之估計，則保險人似不得再主張要保人違反告知義務而解除契約。以比較法而言，日本、德國等均有相同之規定，故本文建議應參考外國立法例，於保險法第64條增加一項規定爲：「保險人知悉該未通知之事實或因過失而不知者或未爲通知投保人並無過失者，不得解除契約。」藉以減輕告知義務人之責任，以求公平。

綜上所述，保險業在兩岸均已蓬勃發展，故保險法規定之完善勢不可免，目前兩岸關於保險法誠實告知義務之條文均已存在著各種缺失，勢必藉由修法方能達到完善保險業之經營，與減少保險糾紛之目的。是故，本人由衷盼望本文能提供兩岸關於誠實告知義務規定修法之參考。

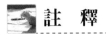
註　釋

* 施懿純，朝陽科技大學保險金融管理所助理教授。

1 肖梅花，《保險法新論》，中國金融出版社，2001年2月版，頁82。

2 大陸地區海商法第222條第1款規定：「合同訂立前，被保險人應當將其知道的或者在通常業務中應當知道的，有關影響保險人據以確定保險費率或者確定是否同意承擔的重要情況，如實告知保險人。」

3 肖梅花，同註1，頁88。

4 但有學者溫世揚採不同見解，其認為對於應告知事項的確定，應當以書面詢問為原則，自動申告為補充。其理由在於：1.書面詢問主義沒有徹底貫徹最大誠實信用原則。允許告知義務人對足以影響保險的有關事項在保險人未詢問的情況下不負告知義務，違反了最大誠信的要求。2.保險法的立法目標應當考慮當事人雙方的利益平衡，而不應片面地保護投保人一方，否則可能放縱投保人的某些失信行為。3.從保險法第16條的字面含義上，也不能必然推導出書面詢問主義，保險法規定保險人可以就保險標的或者被保險人的有關情況提出詢問，投保人應作如實回答，並不意味著投保人對保險人未詢問的、但足以影響保險的有關事項就不負有告知義務，這與書面詢問主義的要求明顯有較大的區別。因此，投保人應當告知的事項，主要是保險人詢問的事項，但對有些情況下保險人雖未詢問，但足以影響保險的重大事項也負有告知義務。

溫世揚，《保險法》，法律出版社，2003年8月版，頁40。

5 關於告知義務之客觀構成要件各國大致分為因果關係說與非因果

關係說兩種，但目前有學者另主張對價平衡說。

6　林勳發，《保險契約效力論》，今日書局，1996年3月，頁261。

7　樊啓榮，《保險契約告知義務制度論》，中國政法大學出版社，
　　頁210。

參考文獻

1. 肖梅花，《保險法新論》，中國金融出版社，2001年2月版。

2. 周玉華，《最新保險法法理精義與實例解析》，法律出版社，2003年8月1版。

3. 溫世揚，《保險法》，法律出版社，2003年8月版。

4. 樊啓榮，《保險契約告知義務制度論》，中國政法大學出版社，2004年1月1版。

5. 施文森，《保險法總論》，三民書局，1987年修正8版。

6. 林勳發，〈論保險法上之告知義務〉，《商事法暨財經法論文集》，元照出版社，1999年8月。

7. 江朝國，《保險法論》，瑞興圖書發行，1990年4月1版。

8. 林勳發，《保險契約效力論》，今日書局，1996年3月。

Chapter *12*

電子商務風險管理與智慧財產權之民事賠償

吳尚儒[*]

楔 子

電子商務（Electronic Commerce）為新興發展的科技產業，電子商務改變了人類的消費方式，因而創造了全球數位經濟，電子商務作為一種嶄新的商務運作方式，已給人類帶來一次史無前例的產業革命，結合網際網路與資訊社會的特性，電子商務逐漸進入政治、社會、經濟領域，如何擴大電子商務的經濟價值與策略研究，對於各國政府經濟主體包括企業與消費者來說，均是當前非常重要的議題。

電子商務為人類提供了一個全新的管理商業交易的方法，而且將成為潛在的經濟增長動力，並推動世界經濟向前發展。它除了能在企業、消費者、政府之間提供更多、更直接的聯繫之外，本身還將產生新的交易模式與風險管理。網際網路特有的無疆界性不僅向人們提供迅速且豐富的內容，而且可以讓企業經營者與消費者直接與世界上任一國家、區域、任何企業進行諮詢、洽談、交易、訂購和簽約。由於電子商務活動突破時間和地域的限制，所以網路購物、遠距醫療、遠距教學、網路買股、網路拍賣等，這些新的技術不但將對傳統社會構成強烈的衝擊，並且直接或間接影響企業經營、商業關係、政府作用與人類的生活方式。

本文對電子商務所涉及到的法律風險管理進行了研究，分別就電子商務法三個方向進行論述與探討：網路契約問題、智慧財產權保護問題、電子商務中隱私權和個人資料保護包括行為規範問題和應採取的策略等問題，以上三個方向為現今最值得探討的議題，不僅因為電子商務交易日漸繁複，科技的進步也會造成電子商務整體的變化，然而，從傳統交易中的合約問題，到網路合約都與民法契約規範有關；網路發展也影響人類創作方式，創作人或發明人將成果放在網路上卻遭人冒用的案例時有所聞；另外，因為網路虛擬空間拉近了人與人的距離，如果沒有注意到個人網路空間，便會輕易的侵犯到他人的隱私，因此，本文將針

對以上三個主題進行論述與探討。

第一節　前言

　　電子商務化的社會對企業或個人，都帶來了改變。對個人來講，消費不僅能夠超越時空地選購商品，而且可以方便主動地掌握商情，相對而言，消費者也可以轉換身分，可以將自己的產品和創作推向網路市場，增加市場交易的流通性；對企業主體而言有更大的改變，不僅容易開闢新的市場，而且使其交易和服務更加快速、且有效增加效率，使商流與物流更加通暢與迅速。因此，企業應在更為無疆界的市場網際空間（Cyberspace）調整其市場發展策略，對傳統的流程包括物流與金流實施改善，並且加上資訊流的配合與檢視，可以有效的提高其交易效率和商品品質。企業經營者應把握住電子商務這一契機，因為幾乎所有的東西都可以在網路上交易，企業經營者應了解電子商務的重要性，促進企業的電子商務化，進而帶來整個國家經濟體的發展[1]。

　　許多國家政府與國際組織了解到商業電子化對整體商業的影響甚鉅，因此配合傳統交易與電子商務，制定了許多新的法規範。1991年6月，聯合國國際貿易法委員會提出了電子商務示範法，為各國電子商務立法提供了一個基本框架。1997年4月，歐盟提出了歐盟EC行動方案，以提高歐盟在全球市場上的整體競爭能力。1999年7月，美國政府發表了全球電子商務框架，標示著美國政府系統化電子商務發展政策的形成。克林頓政府還將網際網路的影響與200年前的工業革命相提並論。國際經濟合作與發展組織（OECD）於1998年公布了全球電子商務行動計劃。我國台灣的電子商務發展總體框架也即將出來。世界各國政府和國際組織都在為電子商務的順利開展進行積極的努力[2]。

　　電子商務帶來了許多便利與商機，以及改變了商業習慣，在利用資

訊科技如網際網路可以降低交易成本包括人力與店面成本，加上快速取得資訊之便利外，相關之法律問題亦相繼出現。電子商務所遇到的法律問題與傳統交易有許多共通性，但因為網際網路的虛擬性如無疆界性、即時性與科技技術性，而加深了解決問題的困難度，舉例來說網路的交易糾紛如契約成立與否、網路上著作權問題如P2P的氾濫、網路交易安全如電子付款、網路商店與競標網站的設立、網路上個人資料的處理如網路銀行作業系統、網路交易的消費者保護如退換貨機制、電子定型化契約與網路廣告、電子契約的數位簽名、電磁記錄的變更與刪除，以上法律效力仍然不明確，此外，由於缺乏公平的認證機構確認網路交易當事人的身分、資訊傳送內容的加密技術難以確保與辨認真偽等，都是目前最棘手的法律問題。除了在技術層面上要透過加密如金鑰與密碼、病毒或防火牆等各種方法解決網路上的安全問題外，還必須要有周全的法律與政府配套措施[3]。

　　舉例來說，法律對人、事、物的管轄權，在傳統交易中只限在一地理範圍內。但是網際空間上的活動並不存在於任何有形的領域中。一次跨國的交易涉及到的問題包括了上述的管轄權也包括了無紙化的隱憂。我國法律必須對無紙加上無疆界的網路特性做適當的修正，否則變化多端且無形的網路世界（Cyber World）必然會出現許多不適法的狀況。本文也會涉及此議題。然而，在眾多由資訊網路科技引發的法律爭議中，我們只關心和自己最有關的部分，例如，出版商關心他們出版的數位化作品的著作權，卻不擔心網路交易所帶來的安全問題。另一方面進行商務交易者只關心他們在交易時的傳輸安全及對網路契約的問題，卻不必為交易記錄的著作權來擔心[4]。

　　電子商務是21世紀三大產業之一，不但是發展潛力巨大的市場，並擁有無限的商機與前景。此種新興產業的發展，有賴於完善公共政策與法律，加上有發展的科技環境，兩者並行才可以確保電子商務的高度發展。

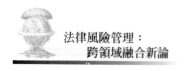

作為一門綜合性學科，電子商務不僅涉及資訊技術，還涉及政策、法律、管理、心理等領域，因此電子商務的研究和發展是多方位的。對電子商務所涉及到的法律問題進行了研究，由於範圍廣大，本文僅針對電子商務法的三個方向進行論述與探討：網路合約問題、智慧財產權保護問題、電子商務中隱私權和個人資料保護包括行為規範問題和應採取的策略等問題。

第二節　電子商務之定義與範圍

電子商務是透過網際網路中的電腦網路來進行產品、服務與資訊的交換以及購買、銷售過程的重要概念。Kalakota與Whinston（1997）從四個角度來定義電子商務：溝通的方式、企業流程的電子化、服務方式、線上服務如資訊等。另外Choi（1997）定義了一個模式：產品、銷售商與銷售程序三方面來分析，若皆是數位化，即是電子商務的核心，若其中有一樣是數位化即是廣義的電子商務[5]。

第三節　台灣電子商務法律體系

電子商務涉及的法律問題與相關法律權利甚多，如：契約問題、智慧財產權、稅法、管轄權、個人資料保護與隱私權、安全保密、公平交易、言論自由等。然而電子商務已是國際化的產業，我國有關電子商務的法律須進一步與國際接軌，加強國際競爭力。因此，我國正積極推動電子簽章法、刑法、通訊與監察法、電腦處理個人資料保護法、電信法、商標法、著作權法等二十多項法律之檢討，為全面性的推動與改進，保障消費的權益，防治網路犯罪以及促進數位交易等目標作努力。

第四節　電子商務立法原則

　　政府相關部門、法律專家學者、資訊技術人員及企業界，皆為電子商務最重要的角色，彼此應互相配合與研討，建立完整的法律系統，並將電子商務法的觀念廣為宣傳，讓一般民眾可以了解其重要性。綜上所述，立法者應著重於傳統交易與電子交易之調和，將國內法與國際法接軌，加強隱私權的規範，並參考企業家的意見，結合理論與實務，定時檢討法律是否趕上科技的腳步，避免電子商務之發展因為法律不完善而受限。

第五節　電子商務之法律風險爭議

　　未來對於網路電子商務發展最大的影響，就是法律風險往往不能預測。有些爭議是現在傳統法律可以解決的，有的則是傳統法律無法解決，例如電子簽章法。以下分析兩個層面的法律問題：

一、國際間已形成共識的電子商務法律問題

　　由於網路的無疆界性，各國之間皆尋求解決的方法，因此，各國之間的共識成為最大的基礎，例如：租稅、電子付款、電子契約、智慧財產權與隱私權之保護等。

二、國內網路業者可能面臨的法律風險

　　雖然政府已經推動22種法律制度上之修正，不過，如果都修正通過，也來不及趕上科技的腳步，仍無法因應電子商務的發展，然而，法律風險最大的問題，就是司法機關對於網路所衍生的問題，立場並不明確[6]。

 ## 三、智慧財產權之法律爭議

網域名稱、網頁上出現的各種文章、圖樣、聲音、軟體、網站和網頁內的商標以及網路技術所涉及的商業秘密等，都會涉及到專利權、商標權、版權、著作權等智慧財產權問題。網路上也存在這大量電子文件、電子新聞、電子書籍等，若任意下載，將會侵犯到他人之智慧財產權。

一般而言，著作權之保護採取創作主義，也就是著作權本質在保護創意的表達，而非單純創意本身，換句話說，現今網路發達，任何人都可以將自己的創作放上網路，如部落格或資源分享網站，舉個例子，許多學生會去網站搜尋文章並且下載至自己的電腦，因此已經侵犯他人之重製權。這樣的例子非常多，尤以校園為主，因此，學校政策需與法律接軌，例如資訊發展處需有管理智慧財產權之相關規定，如處罰侵權之學生，或是在侵權發生之前就採取有效的管理措施，例如禁止學生瀏覽或使用P2P之網站等等。

另一個例子，現在有一股潮流，就是資訊出版者與資訊提供者合作，開始設置自己的線上服務，配合科技的進步如iphone等新型手機以及小筆電的迅速發展，有些出版社已經推出電子書，進一步而言，線上資料庫也是電子商務多元經營化之下的產物。

為配合上述之發展，當出版者意圖從他們原先出版的作品，改成線上作品如電子書等，原著作權人應保有他們完整的電子權利，此時若原著作權人不同意將原版本的書改成電子書，出版者則沒有權利改此書之型態[7]。

因為社會資訊發達，加上網路之發展，因此很多人將線上的資料做整理，如將百貨公司的特賣會廣告整理，並放在自己的網站上供人參考，進而有些期刊論文以資料庫的方式建立網站，資料庫本身是否有受

著作權之保護成為一個重要的課題，有些國家認為，該資料的搜集與安排若具備最低的原始性或創造性，即可受到該國的著作權法保護[8]。

另一課題為傳輸於網際網路上的各種資訊哪些是合法的？哪些是未經授權的？如果有人侵犯到個人權益或社會法益，由誰來負起其法律責任？加上傳統法律與新興法律之配合，這是各國面臨的頭痛問題。我們為了推動電子商務，在此同時也不能忽略相關的智慧財產權保護。

四、智慧財產權之民事賠償

1. 商標部分

依我國商標法第62條規定，若意圖欺騙他人，以相同或近似於他人註冊商標或標章之文字，登記為網域名稱，從事於同一或類似之商品或服務，依具體案件之使用型態以為斷，有關消費者對其表彰之來源產生混淆誤認之虞者，應由司法機關認定有無構成侵害商標之情事。

又依第61條規定，商標專用權人對於侵害其商標專用權者，得請求損害賠償，並得請求排除其侵害；有侵害之虞者，得請求防止之。

當他人侵害商標權時，商標權人可以請求因侵害商標所生之損害賠償，而有關損害賠償的規定，商標法第63條規定：商標權人請求損害賠償時，得就下列各款擇一計算其損害：

(1) 依民法第216條規定。但不能提供證據方法以證明其損害時，商標權人得就其使用註冊商標通常所可獲得之利益，減除受侵害後使用同一商標所得之利益，以其差額為所受損害。

(2) 依侵害商標權行為所得之利益；於侵害商標權者不能就其成本或必要費用舉證時，以銷售該項商品全部收入為所得利益。

(3) 就查獲侵害商標權商品之零售單價五百倍至一千五百倍之金額。

2. 著作權部分

著作權法第88條第3項規定：「被害人不易證明其實際損害額，得請求法院依侵害情節，在新臺幣一萬元以上五十萬元以下酌定賠償額。如損害行為屬故意且情節重大者，賠償額得增至新臺幣一百萬元。」其所指之賠償應係指對於「一件」著作財產權之侵害所需賠償之金額，至於其賠償額之多寡，則由法院認定之。

3. 專利權方面

侵害他人專利權已經沒有刑事責任，只有民事責任。就民事責任而言，專利權受侵害請求損害賠償時，專利權人得就下列二款擇一計算其損害：

(1) 依民法第216條規定。但不能提供證據方法以證明其損害時，專利權人得就其實施專利權通常所可獲得之利益，減除受害後實施同一專利權所得之利益，以其差額為所受損害。

(2) 依侵害人因侵害行為所得之利益。於侵害人不能就其成本或必要費用舉證時，以銷售該項物品全部收入為所得利益。除前項規定外，專利權人之業務上信譽，因侵害而致減損時，得另請求賠償相當金額。

依前二項規定，侵害行為如屬故意，法院得依侵害情節，酌定損害額以上之賠償。但不得超過損害額之3倍。

第六節　其他電子商務相關議題

一、電子契約之法律爭議

本段將分析電子商務的實務運用，在網路上做生意也是一種營業行為，所以，也要依照法律規定，辦理公司或商業登記核可營業登記，並

申報繳納營利事業所得稅。這只是電子商務業者的開端,接下的重點才是能否創造利益的關鍵:上網購物,買賣契約何時成立?原則上,依民法154條規定,一般郵購業者與電子商務業者類似,因為後者只是將商品用電子型錄放在網站上供人瀏覽,因此與傳統郵購目錄類似,換句話說,依法條規定,買賣契約必須等到郵購業者收到並同意出售商品時才成立[9]。

然而,在網路購物網站上最常看到的就是許多同意或不同意的選項,條例出一些權利義務的規定,當消費者點選同意時,其法律效力為何?這種情形與消費者保護法之定型化契約是否相似?由於科技的進步與消費者消費習慣的改變,許多法律的適用也隨之改變,這裡所舉例的約定條款,可以適用於消費者保護法,也就是說如果定型化契約有違反誠信原則、對消費者明顯不公平的約定,這些不公平的約定條款,在法律上是無效的;另外,若其內容違反法律強制或禁止規定,或違反公共秩序、善良風俗的時候,就算是使用者點選同意按鈕,這些約定內容也是無效。例如購物網站雖然可以約定不負擔或部分負擔瑕疵擔保責任,但如果網站經營者只是在網站上很不起眼的地方放置此條款,那麼這些約定就不能列入契約內容[10]。

我國對於企業經營者利用網路與顧客締約之情形,應從幾個面向著手:(一)獲得適當、有效及可用的技術工具,使其得以在為訂購之前,發現輸入之瑕疵並加以更正;(二)即時在顧客未訂之前,清楚明確提供一定之資訊;(三)在顧客訂購到達時,無遲延的以電子方式加以確認,以及(四)在契約締結時,對於契約條款以及所訂入之定型化契約條款,提供下載並且得以重現下加以儲存之可能性[11]。

綜合以上所述,都是在電子商務實務上常見的問題,然而,電子契約帶來的衝擊並不及於此,以下幾個例子可以看出其他更大的問題,首先是當事人身分確認的問題、當事人行為能力欠缺的問題、電子契約中意思表示成立與生效問題等,都是需要更進一步的分析。

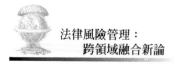

二、隱私權之法律爭議

有關於隱私權的保護，規範的比較詳盡的應屬電腦處理個人資料保護法，目前適用的主體，僅限於公務機關與八大行業的非公務機關，民國84年8月11日公佈後即未曾修訂，由於科技進步迅速，立法者應盡速推動新修草案之通過，避免實務上發生許多窒礙難行的困難。

99年5月6日修正之個人資料保護法保護以下幾種個人資料：具有識別性的、特徵、家庭情形、社會狀況、教育技術或其他專業、受僱情形、財務細節、健康與其他。（第2條）其範圍較以往為廣。因電腦處理個人資料保護法與電子商務有密不可分的關係，有關隱私權之保護更加重要。規範之行業別包括：公務機關、徵信業、以蒐集或電腦處理個人資料為主要業務的團體或個人、醫院、學校、電信業、金融業、證券業、保險業與大眾傳播業等。因為行業別的限制，絕大多數的電子商店，適用個人資料保護法的範圍，需進一步探究，因此，各行業對這部分的風險須做進一步改進，注意自己的行為是否受該法律之規範[12]。

網際網路已使得各類型之個人身分表徵不斷出現，例如：點選流向資料、網域名稱、使用者名稱與密碼、網際網路通訊協定位址（IP Address）等等，而應用寬頻科技後，定位服務致生位址資訊、電視商務產生的收視資訊亦可視為個人資料之一[13]。

另外，隨著網路技術的發展，網路早已成為蒐集與傳遞個人資料的一個主要工具，透過要求網路使用人登錄，或是要求提供個人資料才提供服務等方式，並加上cookie或是資料庫等技術，企業可以輕易的搜集或利用其網展使用人之個人資料，因此，各國政府紛紛介入，以立法或要求網站自律，規範企業蒐集及利用個人資料，這種趨勢使得政府開始注意個人資料與隱私權的保護[14]。

第七節　結論

　　電子商務的相關法律規範範圍非常的廣，從以上所述的智慧財產權法、民法及電腦處理個人資料保護法等，還包括了消費者保護法、電子簽章法、刑法及電信法等，雖然沒有直接規範電子商務的特殊型態，但很多法律都類推適用，舉個例說明：雖然網頁或網站不屬於嚴格法律定義下的「廣告」，但依據行政院解釋令函，存在於網際網路中的網頁具有「不特定多數人得共見共聞的」公開性質，仍視為廣告之一種，應納入主管機關管轄範疇[15]。

　　雖然網路環境仍有安全上的弱點尚待克服，然而，網路帶給民眾資訊交換上的便利性，與企業在產品製造、銷售的物流、金流上帶來的成本效益仍然遠大於其負面效應，因此在發展與應用上仍受各界重視。為平衡利弊得失，網路安全的議題逐漸被各界視為「可控制的風險」，國際間並發展出安全管理標準，希望藉由一定的管理方式來降低資安事故發生的或然率、與災害的損失，如對檔案進行加密保護、對使用者的存取權限加以控制、對重要資產作異地備援、以保險方式分散風險等。易言之，網路安全議題就是風險評估與風險控制的議題；只要管理得當，網路應用的經濟效益是可以充分發揮的[16]。

註　釋

* 吳尚儒，亞洲大學財經法律學系助理教授。

1 林宜隆，《電子商務的法律議題》，http://www.doc88.com/p-005903996512.html。

2 同註1。

3 同註1。

4 同註1。

5 楊聰仁、劉文良，《電子商務理論與實務》，新文京開發出版有限公司，2006年10月1日，頁6。

6 馮震宇，《企業e化電子商務與法律風險》，元照出版，2002年11月，頁133。

7 吳嘉生，《電子商務法導論》，學林出版，2003年10月，頁106 - 113。

8 同註7。

9 鐘明通，《網際網路法律入門》，新自然主義出版，2000年9月，頁143 - 150。

10 同註9。

11 馮震宇，同註6，頁117。

12 鐘明通，同註9，頁182 - 188。

13 陸義淋，《電子商務法律通》，書泉出版，2003年11月，頁105 - 106。

14 同註13。

15 http://www.web-time.com.tw/details/ec.aspx?id=9 檢視日期為2009年11月9日。

16 陸義淋，同註13，頁38 - 39。

 參考文獻

1. 林宜隆，《電子商務的法律議題》，http://www.doc88.com/p-005903996512.html。

2. 楊聰仁、劉文良，《電子商務理論與實務》，新文京開發出版有限公司，2006年10月1日。

3. 馮震宇，《企業e化電子商務與法律風險》，元照出版，2002年11月。

4. 吳嘉生，《電子商務法導論》，學林出版，2003年10月。

5. 鐘明通，《網際網路法律入門》，新自然主義出版，2000年9月。

6. 陸義淋，《電子商務法律通》，書泉出版，2003年11月。

7. Turban Lee King，《電子商務管理與技術》，華泰出版，2009年9月。

8. 法律小屋工作室，《資訊生活與法律》，十力文化出版，2008年2月。

9. 林瑞珠，《電子商務與電子交易法專論》，元照出版，2008年1月。

10. 張德祥、楊聰仁，《電子商務的經營模式與策略》，新文京開發出版有限公司，2004年2月10日。

11. 鄧穎懋、王承守、劉仲平、李建德，《智慧財產權管理》，元勝出版，2005年10月。

12. 尹章華、林芳齡，《電子商務與消費權益》，文笙出版，2004年9月。

Chapter *13*

智財訴訟之定暫時狀態處分——從美國禮來藥廠案例看實務之發展趨勢

林明毅[*]

摘　要

　　在智財訴訟中，定暫時狀態處分此類保全救濟程序，由於可在較短時間內提前滿足智慧財產權人全部或一部之請求，對於智慧財產權人而言，其效益可謂更甚於本案勝訴判決。隨著民事訴訟法於2003年之修訂，以及智慧財產案件審理法等法規之施行，就智財訴訟之定暫時狀態處分，在立法上乃有本案審理化之趨勢，而從美國禮來藥廠案例，亦可發現我國司法實務對於定暫時狀態處分之核准，同樣趨於慎重與嚴格。對於此等發展趨勢，企業應有所認識與注意，以有效管控相關之法律風險。

關鍵字：智慧財產案件、智財訴訟、定暫時狀態之處分、定暫時狀
　　　　態、假處分、禁制令

第一節　前言

　　在知識經濟之時代，智慧財產權與企業之競爭力可說是息息相關。而國際間亦時常可以看見企業透過訴訟之方式來行使其智慧財產權，以達迫令對手退出或遲延進入市場、請求損害賠償、或是收取權利金等目的。然而，由於智慧財產權係無實體之權利，其權利之存否或範圍乃具有高度之不確定性，且多涉及複雜之技術，故而訴訟程序往往曠日廢時，本案勝訴判決之取得多須耗時數年。然而，以現今市場競爭之激烈、產品或技術推陳出新之迅速，縱使數年後取得本案勝訴判決，對於智慧財產權人而言，其實際效益亦大幅縮減，甚至是毫無效益可言。

　　因此，在智財案件中，如我國法下之定暫時狀態之處分，或是英美法下之暫時禁制令（preliminary injunctions），由於可在較短時間內

提前滿足智慧財產權人全部或一部之請求，對於智慧財產權人而言，其效益可謂更甚於本案勝訴判決。美國多數之智財訴訟甚至在暫時禁制令核發與否准駁後，訴訟即告終結，或是達成授權協議，或是智慧財產權人撤回其本案訴訟。有學者即舉美國知名法律學John Leubsdorf教授之看法，認為暫時禁制令可能是現代法律所能運用最強烈的救濟手段[1]。由此可以看出在智財訴訟中，此等暫時性保全救濟程序實扮演重要之角色。

有鑑於我國智慧財產法院組織法及智慧財產案件審理法於2008年7月1日施行後，智財訴訟程序邁入一嶄新之階段，本文以下先行就我國智財訴訟中之定暫時狀態處分程序為簡要介紹。嗣再從美國禮來藥廠所涉相關案例，來檢視我國司法實務相關見解之演變及發展趨勢，期能使企業對於我國智財訴訟之定暫時狀態處分有較充分之認識，進而有效就相關之法律風險為管控。

第二節　立法沿革

於2003年民事訴訟法修正以前，關於定暫時狀態處分之規定乃相當簡略，僅在民事訴訟法第538條規定：「關於假處分之規定，於爭執之法律關係有定暫時狀態之必要者準用之。」待2003年民事訴訟法修訂時，乃增定若干重要規定，重新建構定暫時狀態處分之程序，包含定暫時狀態處分之要件（第538條第1項）；准許法院得命為一定之給付（第538條第3項）；明定法院裁定前，應使兩造當事人有陳述之機會（第538條第4項）；訂定緊急處置之機制（第538條之1）；廢棄或變更原裁定時，依抗告人之聲請，同時命聲請人返還其所受領之給付（第538條之2）；減輕聲請人因裁定被撤銷時，所負之賠償責任（第538條之3）等等。民事訴訟法2003年之修訂，可說是建構了定暫時狀態處分之基本規範。

　　自2004年起，為建構妥適保護智慧財產權之程序制度，以維持我國在國際社會的競爭力，司法院乃積極推動智慧財產法院之設立，並於2006年4月20日與行政院共同將智慧財產法院組織法及智慧財產案件審理法二草案送立法院審議。智慧財產法院組織法及智慧財產案件審理法經立法院審議通過後，於2007年3月28日由總統公布，並由司法院於2008年5月6日依法律授權，定自2008年7月1日施行。

　　智慧財產案件審理法，乃智財案件在訴訟程序之特別法，其第22條就定暫時狀態之處分乃定有特別規定。另司法院於2008年4月24日發布之智慧財產案件審理細則，基於智財民事事件之特殊性，同樣就定暫時狀態之處分設有若干特別規定，其中最重要者乃在第37條第3項就保全之必要性，明定法院應審酌之事項，以供法院及各當事人依循。

　　是以，在我國法制上，關於智財訴訟之定暫時狀態處分，在規範上係由智慧財產法院組織法、智慧財產案件審理法及智慧財產案件審理細則等特別程序規定，配合民事訴訟法之基礎規定所建構而來。

第三節　定暫時狀態處分之概述

一、管轄

1. 聲請之管轄

　　關於智財訴訟之定暫時狀態處分之聲請，智慧財產案件審理法第22條第1項乃規定：「假扣押、假處分或定暫時狀態處分之聲請，在起訴前，向應繫屬之法院為之，在起訴後，向已繫屬之法院為之。」基此，聲請定暫時狀態處分僅能向本案管轄法院為之。又關於智財民事事件之管轄，智慧財產案件審理法第7條復規定：「智慧財產法院組織法第3條第1款、第4款所定之民事事件，由智慧財產法院管轄。」然而，由於前開條文未定明為「專屬」管轄，遂引發智財民事事件是否專屬智慧財產

法院管轄之爭議。

對於上開爭議，司法院於97年4月24日發布之智慧財產案件審理細則第9條乃明文：「智慧財產民事、行政訴訟事件非專屬智慧財產法院管轄，其他民事、行政法院就實質上應屬智慧財產民事、行政訴訟事件而實體裁判者，上級法院不得以管轄錯誤爲由廢棄原裁判。」上開規定乃確立智慧財產法院非專屬管轄法院之地位。有學者即據此認爲智慧財產案件審理法第7條係屬特別審判籍之規定，由智慧財產法院與其他有管轄權之地方法院形成管轄競合[2]。準此，由於智財民事事件非由智慧財產法院爲專屬管轄，定暫時狀態處分之聲請，除得向智慧財產法院提出外，亦得向享有本案管轄權之地方法院提出。

2. 抗告之管轄

關於智財民事事件之二審管轄法院，智慧財產案件審理法第19條第2項規定：「對於智慧財產事件之第一審裁判，得上訴或抗告於智慧財產法院，其審判以合議行之。」由於文中係以「得」爲用語，加上智財民事事件第一審非由智慧財產法院專屬管轄，遂同樣產生智財民事事件之第二審管轄法院，是否專屬於智慧財產法院之疑義，亦即，倘若聲請人在智慧財產案件審理法施行後，向地方法院提出定暫時狀態處分之聲請，則對於地方法院所爲裁定之抗告，是否僅能向智慧財產法院爲之？亦或得向該管高等法院提起[3]？

對此，有學者認爲智慧財產案件審理法第19條第2項規定，係屬法院組織法第32條第2項但書所稱之「法律另有規定者」，乃審籍管轄之特別規定，因而主張智財民事事件之第一審裁判雖得由地方法院爲之，但其上訴或抗告，應僅能向智慧財產第二審法院提起[4]。然而，依現行實務之運作，在智財民事事件中，對於地方法院所爲定暫時狀態處分之裁定，仍可見到由高等法院受理抗告之情形[5]。由此觀之，現行司法實務並未採行二審由智慧財產法院專屬管轄之見解。

二、要件

關於定暫時狀態處分之要件，民事訴訟法第538條第1項規定：「於爭執之法律關係，為防止發生重大之損害或避免急迫之危險或有其他相類之情形而有必要時，得聲請為定暫時狀態之處分。」基此，可區分為請求原因及處分原因二大要件，前者即「爭執之法律關係存在」，後者即「定暫時狀態之必要性」而言。以下分別簡述之：

1. 爭執之法律關係

所謂「爭執之法律關係」，有學者認為宜採取較廣義之解釋，應類同於在確認訴訟中所稱之「法律關係」，亦即，不限於繼續性之法律關係，亦包括一次性對待給付之法律關係（例如：返還特定物），或以一次行為即完成、終了之法律關係（例如：禁止召開股東臨時會），且不限於金錢請求以外者（例如：得請求給付損害賠償金、工資、或扶養費等）[6]。然有學者即提出質疑，一次性給付中如借款返還請求、買賣價金請求等類訴訟紛爭，是否有定暫時性假處分之可能，若定暫時狀態係要求金錢之給付，恐與此一制度暫時性本質差距過大，並易造成本案訴訟實現障礙或損害擴大，而主張不宜將此制度適用於此[7]。筆者以為，由於民事訴訟法第538條第3項已允許為一定之給付，且同法第538條之2第1項設有命返還受領給付之機制，故似不應在請求原因之審酌階段，即排除一次性給付法律關係之適用，而應在審酌定暫時狀態之必要性時，再予考量。

又，民事訴訟法第538條第2項規定：「前項裁定，以其本案訴訟能確定該爭執之法律關係者為限。」對此，通論認為此一規定並非要求爭執之法律關必須為本案訴訟之訴訟標的，只要爭執之法律關係得經由本案訴訟之審理能獲得確定即可，併予說明[8]。

2. 定暫時狀態之必要性

所謂定暫時狀態之必要性，係指為防止發生重大之損害，或避免急迫之危險，或有其他相類之情形而有必要者。對於損害是否重大，或是危險是否急迫之判斷，論者多謂利用權衡理論及比例原則，視具體個案進行判斷，並無客觀、絕對之標準[9]。至於其他相類之情形，有學者即舉通行權之妨害、越界建築、理監事改選之程序上瑕疵為例，指該等情形一般尚不致發生重大損害或急迫危險，但仍有定暫時狀態之必要[10]。

三、審理程序

1. 要件之釋明

於一般民事事件，就定暫時狀態處分之聲請，依民事訴訟法第538條之4、第533條、第526條第1項、第2項等規定，聲請人必須就請求及處分之原因為釋明。釋明如有不足，可用供擔保之方式來補釋明之不足。

然而，在智財民事事件中，智慧財產案件審理法第22條第2項特別規定：「聲請定暫時狀態之處分時，聲請人就其爭執之法律關係，為防止發生重大之損害或避免急迫之危險或有其他相類之情形而有必要之事實，應釋明之；其釋明有不足者，法院應駁回聲請。」另智慧財產案件審理細則第37條第1項復明定：「聲請人就有爭執之智慧財產法律關係聲請定暫時狀態之處分者，須釋明該法律關係存在及有定暫時狀態之必要；其釋明不足者，應駁回聲請，不得准提供擔保代之或以擔保補釋明之不足。」亦即，在智財民事事件之定暫時狀態處分，乃課以聲請人較高之釋明義務。在釋明不足之情形，非如一般民事案件可以供擔保來補足。

另，關於定暫時狀態之必要性，智慧財產案件審理細則第37條第3項乃規定：「法院審理定暫時狀態處分之聲請時，就保全之必要性，

應審酌聲請人將來勝訴可能性、聲請之准駁對於聲請人或相對人是否將造成無法彌補之損害，並應權衡雙方損害之程度，及對公眾利益之影響。」此一規定相當程度仿效了美國法院審理暫時禁制令時之考量事項。又此一規定雖係就法院應審酌之事項為規範，但也相當程度表明聲請人應釋明之具體事項為何。此外，「聲請人將來勝訴可能性」此一審酌事項，亦表明法院得就智慧財產權之有效性或侵權與否此等本案實體事項，為一定程度之審理。

2. 陳述意見之機會

2003年民事訴訟法修訂時，基於賦予當事人充分之程序保障，乃於第538條第4項規定：「法院為第一項及前項裁定前，應使兩造當事人有陳述之機會。但法院認為不適當者，不在此限。」而在智財民事事件，智慧財產案件審理法第22條4項復規定：「法院為定暫時狀態之處分前，應令兩造有陳述意見之機會。但聲請人主張有不能於處分前通知相對人陳述之特殊情事，並提出確實之證據，經法院認為適當者，不在此限。」易言之，在智財民事事件，除有不能於處分前通知相對人陳述之特殊情事外，均應令兩造有陳述意見之機會。又所謂陳述意見，不論是以言詞或書面陳述，或是進行言詞辯論，均屬之[11]。有學者即認為，上開民事訴訟法第538條第4項規定，係立法者對於此類型處分有本案化之傾向有充分認識，為免對被處分人造成不當突襲，所設之合法聽審權規定。而上開智慧財產案件審理法第22條第4項規定，某種程度上可認為係對於此類事件中合法聽審之強化[12]。

第四節　美國禮來藥廠案件評析

一、背景概述

美國禮來大藥廠公司（下稱「禮來藥廠」）對於以「立體選擇性糖

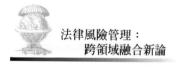

基化方法」合成吉姆賽它賓（Gemcitibine），前申請取得我國若干發明專利在案。於2006年間，禮來藥廠以台灣神隆股份有限公司（下稱「神隆公司」）及台灣東洋藥品工業股份有限公司（下稱「東洋公司」）侵害該等方法專利爲由，分別向法院聲請定暫時狀態之處分。此後，當事人間關於定暫時狀態之處分，乃展開多次之攻防。

首先探討者，乃禮來藥廠所聲請之「正向」定暫時狀態處分事件，亦即請求禁止神隆公司於兩造間之侵權專利本案訴訟判決確定前，禁止就吉姆賽它賓爲製造、販賣、販賣之要約、輸出或輸入等行爲。最高法院對於此一定暫時狀態處分事件，先後作出二個見解相異之裁判，本文對此二裁定進行評析。

其次探討者，乃神隆公司爲反制禮來藥廠，所聲請之「反向」定暫時狀態處分事件，亦即請求禁止禮來藥廠妨礙神隆公司就吉姆賽它賓或含有吉姆賽它賓之藥品，自行或委請他人直接或間接製造買賣、販賣、販賣之要約、輸出或輸入、陳列、散布說明書、價目表或具有宣傳促銷功能之文書或其他與該產品有關之一切行爲。最高法院對於此一定暫時狀態處分事件，同樣先後表示相異之見解，本文即對此二裁定進行評析。

最後探討者，乃東洋公司聲請撤銷定暫時狀態處分之事件。禮來藥廠前對東洋公司聲請定暫時狀態之處分，經法院裁准在案。嗣後東洋公司乃提出撤銷定暫時狀態處分之聲請，最後經最高法院准許東洋公司供擔保後撤銷原定暫時狀態處分，最高法院所表示之見解有值得探討之處，故對該裁定進行評析。

二、禮來藥廠之「正向」定暫時狀態處分事件

1. 最高法院96年度台抗字第266號裁定

(1)訴訟經過

禮來藥廠向台南地方法院聲請定暫時狀態之處分，請求禁止神隆公司於兩造間之侵權專利本案訴訟判決確定前，就吉姆賽它賓為製造、販賣、販賣之要約、輸出或輸入等行為。台南地方法院審理後以95年度裁全字第2299號裁定駁回禮來藥廠之聲請。

嗣禮來藥廠提起抗告，台灣高等法院台南分院以95年度抗字第214號裁定駁回其抗告。禮來藥廠進一步向最高法院提起再抗告，最高法院作成本號裁定，將原審裁定廢棄，發回台灣高等法院台南分院更為裁定。

(2)裁定內文

「按當事人於爭執之法律關係，為防止發生重大之損害或避免急迫之危險或有其他相類之情形而有必要時，得聲請為定暫時狀態之處分，民事訴訟法第538條第1項定有明文。所謂爭執之法律關係，有定暫時狀態之必要者，係指因避免重大損害或因其情事，有就爭執之法律關係，定暫時狀態之必要而言。至所稱法律關係，凡適於為民事訴訟之標的，有繼續性者皆屬之，無論其本案請求為給付之訴、確認之訴或形成之訴，均有其適用。申言之，假處分之目的係為保全強制執行，或就爭執之法律關係定暫時之狀態，苟合於前開條件，並經債權人主張及釋明有假處分之原因存在，或有定暫時狀態之利益，法院即得為假處分之裁定，債權人亦得提供擔保以代此項釋明之不足，聲請准為附條件之假處分裁定，至債權人起訴主張之實體上理由是否正當，則非屬保全程序之假處分裁定所能審究。又法院定擔保金額而為准許假處分之裁定者，該

項擔保係備供債務人因假處分所受損害之賠償。是以法院衡量利害關係之結果，若認實施假處分，對債務人將造成較大之損害，非不得酌定命債權人提供較高之擔保金額，以求平衡，尚不能因假處分對債務人造成較大損害，即置債權人不受繼續侵害之保護於不顧。次按製造方法專利所製成之物品，在該製造方法申請專利前為國內外未見者，他人製造相同之物品，推定為以該專利方法所製造，為專利法第87條第1項所明定。準此，債權人提出之證據資料如能顯示債務人有製造該物品之行為，即應認已為債務人侵害該方法專利權之釋明。本件再抗告人執相對人明知中華民國第66262號、第110476號及第109987號專利，係伊取得唯一具有市場可行性合成『吉姆賽它賓』（Gemcitabine）之方法專利，竟在伊專利期間尚未屆滿前製造販賣『吉姆賽它賓』給南美洲阿根廷之SANDOZ公司，侵害伊之專利權，致伊受有損害為由，聲請台灣台南地方法院（下稱台南地院）在兩造間之本案訴訟，即再抗告人訴請排除相對人侵害專利及損害賠償事件，經法院判決確定前，禁止相對人就『吉姆賽它賓』為製造、販賣、販賣之要約、輸出或輸入等行為，而為定暫時狀態之假處分，台南地院裁定駁回其聲請，再抗告人不服，向原法院提起抗告。原法院疏未注意審酌再抗告人申請系爭方法專利前，『吉姆賽它賓』是否為國內外所未見之物品？相對人因定暫時狀態之假處分未能製造該物品所受之損害若干？及相對人是否繼續生產該『吉姆賽它賓』，侵害再抗告人之方法專利，而有定暫時狀態之必要（急迫性）？徒以：再抗告人之系爭專利僅為『方法專利』，非『物品專利』，若相對人之製程與再抗告人之方法專利不同，即不得將該方法專利之保護範圍擴大為物品專利之保護範圍，而主張物品專利權人之權利。又再抗告人所提銷售額為其自行估算，並未為具體釋明。縱屬真實，銷售利潤之獲取應與經營策略、市場景氣、藥品之效能及可取代性有關，不能要求相對人全部承擔。再抗告人之損失並非不能以金錢賠償獲得彌補，況相對人為藥品原料廠商，具有相當之資力、商譽，再抗告

人之損害於本案勝訴後，亦無難以執行之虞，非不得另以聲請假扣押之方式予以保全；反之，本件定暫時狀態處分如獲准許，相對人合法範圍內之生產、銷售、進出口等行為恐將完全停擺，所造成之商譽損失、市場競爭潛力喪失、客戶流失、違約責任及信用破產等後果甚鉅，非金錢得以補償，實有違兩造利益衡平原則。再抗告人既未具體釋明究竟有何重大損害，非藉由本件定暫時狀態之處分，始得以避免其損害之發生，其雖陳明願供擔保以代釋明，惟該釋明之欠缺，尚非金錢擔保所得補足等情詞，遽予維持台南地院裁定，駁回再抗告人之抗告，依前揭說明，於法自有違誤。再抗告論旨，指摘原裁定不當，聲明廢棄，非無理由。」

(3) 評析

從台灣高等法院台南分院原裁定之內容，即：「……所謂重大或急迫與否均屬不確定法律關係概念，而有賴利益衡量予以判定，法院即應視個案情節，衡量聲請人因該處分所將獲得之利益或可能避免身損害、相對人因准許本件聲請所將蒙受之不利益或損害、第三人因該處分所受之影響。定暫時狀態處分倘經准許後，聲請人即可於本案訴訟確定前先獲得排除侵害請求權及防止侵害請求權之滿足，而提前實現與本案訴訟全部勝訴確定之相同結果，對於相對人之影響甚為重大，更可能產生排除市場競爭者之不公平競爭效果，故於衡量當事人雙方之利害時，自應以具高度之保全必要性始應准許，……」等語，可知原審法院業已體認到在智財訴訟中，定暫時狀態處分實際上將提前賦予智慧財產權人相當於本案勝訴判決之效力，且可能產生迫令被處分人退出市場之效果，而致生無法彌補之損害，故而在釋明之程度上，乃提高至所謂「具高度之保全必要性」。是以，雖然原審法院尚未觸及「勝訴可能性」之實體事項審查，但相當程度改正過往實務在程序上逕以供擔保以代（或補足）釋明之陋習。

相較於原審法院所展現出來之進步觀點，本件最高法院則遵循向來固有之見解，一方面主張得以供擔保來代釋明之不足，一方面同時強調實體上理由非屬保全程序所得審究。本件最高法院所展現者，可說是我國過往司法實務對定暫時狀態處分之基本立場。

2. 最高法院97年度台抗字第257號裁定

(1)訴訟經過

前述最高法院以96年度台抗字第266號裁定，將原裁定廢棄，發回台灣高等法院台南分院更為裁定後。台灣高等法院台南分院復以96年度抗更(一)字第8號裁定，再次駁回禮來藥廠之抗告。禮來藥廠提起再抗告，最高法院作成本號裁定，駁回禮來藥廠之再抗告。

(2)裁定內文

「按依民事訴訟法第538條第1項規定，於爭執之法律關係，須為防止發生重大之損害或避免急迫之危險或有其他相類似之情形而有必要時，始得聲請為定暫時狀態之處分。所謂必要，即為假處分之原因，應由聲請假處分之人，提出相當證據以釋明之，倘無法釋明必要情事存在，即無就爭執之法律關係，定暫時狀態之必要。又專利權每涉及專利技術之研發及市場之競爭，須兼顧專利權人於其專利權受侵害時，迅速獲得救濟及相對人被迫退出市場所受之衝擊，與市場公平競爭之利害得失。是審核有無核發侵害專利權定暫時狀態假處分之必要時，自須考量是否造成無法彌補之損害及利益之平衡，暨是否影響公共利益、受侵害權利之有效性及權利被侵害等事實。本件再抗告人以相對人侵害其在中華民國第66262號、第110476號及第109978號吉姆賽它賓（Gemcitabine）之方法專利（下稱系爭專利）為由，聲請定暫時狀態之處分，經台灣台南地方法院以裁定駁回再抗告人之聲請。再抗告人對之提起抗告。原法院以：再抗告人所提出之中華民國專利證書、周大森博士專家意見書

等證據，均不能據以得知相對人之行為有否侵害系爭專利之較高證明度，且其另提出之『價格侵蝕影響評估報告』，亦不足以釋明其受有至少新台幣（下同）六億一千三百萬元之重大損失。反之，依IMS公司之調查報告，再抗告人聲請定暫時狀態之處分若獲裁定准許，相對人將受至少美金七千五百萬元之損害，即除該類產品之營業利益外，尚包括相對人無法出貨須對客戶負違約責任及其他設備、費用、商譽之損失等項。則再抗告人因定暫時狀態處分而獲得之利益或防免之損害，既未逾相對人因該處分所蒙受之不利益或損害，倘其聲請為本件滿足性之定暫時狀態處分，予以裁定准許，即見再抗告人在本案訴訟判決確定前，已先獲得權利之滿足，而相對人卻蒙受不利益，並波及第三人致侵害公眾之利益。為顧慮該處分影響之重大性，並平衡當事人雙方之利害，尚難認有為定暫時狀態處分之保全必要。因而裁定駁回再抗告人之抗告。揆諸首揭說明，經核於法洵無違誤。再抗告意旨徒以：原法院未審酌再抗告人所提出資為釋明有為定暫時狀態處分之必要及受有難以回復重大損害之證據；且系爭專利為吉姆賽它賓商業化之唯一有效製造方法，應有專利法第87條之適用。於衡量兩造之利益後，倘認債務人（相對人）將因准定暫時狀態之處分而受較大之損害時，亦得酌定較高之擔保金額，以求平衡等詞，指摘原裁定不當，聲明廢棄，非有理由。」

(3) 評析

　　本件最高法院一改前述96年度台抗字第266號裁定之見解，對於定暫時狀態處分必要性之釋明，認為無法釋明時，即無處分必要性存在。易言之，本件最高法院即不再採取可擔保來代（或補足）釋明之立場。

　　此外，本件最高法院亦體認到在智財訴訟，特別是專利權訴訟，定暫時狀態處分對於被處分人或市場公平競爭可能帶來之衝擊，故而認為必須就是否造成無法彌補之損害及利益之平衡、公共利益等事項為考量。另值得一提者，即當時智慧財產案件審理法尚未施行，智慧財產案

件審理細則亦尚未發布，但本件最高法院已表示應就權利之有效性及是否有權利侵害等本案實體事項進行審酌，揚棄過往保全程序不審究實體事項之固見。

隨著最高法院見解之改變，加上智慧財產案件審理法及智慧財產案件審理細則等法規之施行，可以發現在智財訴訟之定暫時狀態處分，實質上益加接近於本案訴訟之審理，而有本案審理化之趨勢。在此情況下，二程序之實質差異為何？證明程度應為如何之區別？二程序是否應合而為一，交由同一法院審理？皆是後續值得關注之議題。

三、神隆公司之「反向」定暫時狀態處分

1. 最高法院96年台抗字第327號裁定

(1)訴訟經過

神隆公司為反制禮來藥廠，向台南地方法院聲請「反向」之定暫時狀態處分，亦即請求禁止禮來藥廠妨礙神隆公司就吉姆賽它賓或含有吉姆賽它賓之藥品，自行或委請他人直接或間接製造買賣、販賣、販賣之要約、輸出或輸入、陳列、散布說明書、價目表或具有宣傳促銷功能之文書或其他與該產品有關之一切行為。台南地方法院審理後以95年度裁全字第3340號裁定駁回神隆公司之聲請。嗣神隆公司提起抗告，台灣高等法院台南分院以95年度抗字第332號裁定駁回其抗告。

神隆公司進一步向最高法院提起再抗告，最高法院作成本號裁定，將原審裁定廢棄，發回台灣高等法院台南分院更為裁定。

(2)裁定內文

「本件再抗告人主張其未侵害相對人美國禮來大藥廠公司（Eli Lilly and Company）之中華民國第66262號、第110476號及第109978號專利，惟相對人卻以再抗告人侵害上開專利，聲請定暫時狀態之處分，禁止再抗告人於兩造間之侵害專利本案訴訟判決確定前，就吉姆賽它賓

（Gemcitabine）或含有吉姆賽它賓之藥品，自行或委請他人直接或間接製造買賣、販賣、販賣之要約、輸出或輸入、陳列、散布說明書、價目表或具有宣傳促銷功能之文書，干擾再抗告人就吉姆賽它賓或含有吉姆賽它賓之藥品產銷，並妨礙再抗告人商譽、營業權、正常業務之運作，因而聲請定暫時狀態之處分，禁止相對人妨礙再抗告人就吉姆賽它賓或含有吉姆賽它賓之藥品，自行或委請他人直接或間接製造買賣、販賣、販賣之要約、輸出或輸入、陳列、散布說明書、價目表或具有宣傳促銷功能之文書或從事其他與該產品有關之一切行為，經台灣台南地方法院裁定駁回後，提起抗告。原法院以：按因故意聲請法院實施假處分或假扣押，而侵害他人債權，須行為人明知其聲請假處分或假扣押係屬侵權行為並有意使其發生，始足當之。又侵權行為損害賠償責任之成立，以行為客觀上致他人之權利受損害，而該行為具有違法性為要件。查相對人固因兩造間有侵害專利之爭執，而聲請定暫時狀態之處分，然此為相對人依民事訴訟法保全程序規定之權利行使，且再抗告人亦未具體敘明相對人於聲請時或之後，有何任意發函、散布不實消息等不法阻礙再抗告人產銷之行為，並釋明之，是相對人聲請定暫時狀態之處分，自難謂係故意侵害再抗告人之商譽或營業權之行為，將來再抗告人據此向相對人請求損害賠償，亦難認有何勝訴之可能性。縱令再抗告人請求相對人賠償獲勝訴判決，以相對人具相當財力、商譽之國際藥商，亦無難以求償之虞，再抗告人所受損害並非不能以金錢賠償獲得彌補。況相對人聲請定暫時狀態之處分，因未盡釋明亦遭駁回，故再抗告人現並無民事訴訟法第538條所謂防止發生重大之損害或避免急迫之危險或有其他相類之情形。綜上所述，再抗告人既未具體釋明有何重大、急迫之損害，非藉由定暫時狀態之處分手段，始得避免該情事發生，而該釋明之欠缺，尚非金錢擔保所得補足，其聲請定暫時狀態之處分，自難准許，因而裁定駁回再抗告人之抗告。

惟按於爭執之法律關係，為防止發生重大之損害或避免急迫之危

險或有其他相類之情形而有必要時，得聲請為定暫時狀態之處分，民事訴訟法第538條第1項定有明文。查相對人之中華民國第66262號、第110476號及第109978號專利，均為與合成吉姆賽它賓有關之方法專利，亦即相對人得主張之專利，僅限於該等方法專利所保護之範圍，並不及於吉姆賽它賓物品本身，而除上開專利方法外，相對人既自承有其他方法可合成吉姆賽它賓，僅回收率百分之十八不及該等專利方法之百分之八十五而已，則相對人就其專利方法以外之方法所合成之吉姆賽它賓或含有該吉姆賽它賓之藥品，聲請定暫時狀態之處分，迄未被駁回確定，再抗告人因而主張相對人此項聲請，干擾再抗告人就吉姆賽它賓或含有吉姆賽它賓之藥品產銷，並妨礙其商譽、營業權、正常業務之運作，致其市場競爭潛力喪失、客戶流失、須負違約責任及信用破產等後果，核與定暫時狀態處分之要件是否不符，即有再研求之餘地。乃原法院徒以前揭理由，遽為不利再抗告人之裁定，適用前開法條尚難謂無顯有錯誤之情事。再抗告論旨，指摘原裁定不當，求予廢棄，非無理由。」

(3) 評析

從本件神隆公司定暫時狀態處分之聲請內容，可知其乃相對於禮來藥廠聲請案之「反向」定暫時狀態處分，亦即本件神隆公司所聲請禁止之行為內容，恰恰與禮來藥廠聲請禁止之行為內容相互抵觸。對一個「正向」假處分，被處分人是否可提起「反向」假處分來對抗，在我國實務及學說上素有爭議。有學者即主張，先行之不作為假處分內容性質上如屬容忍之不作為，後行之不作為假處分，則不得利用單純不作為為其內容，對先行之假處分為對抗。反之，若先行之不作為假處分係單純不作為者，則後行之不作為假處分，則得利用容忍之不作為假處分裁定，將先行假處分裁定及其執行為撤銷，改由後者之容忍不作為假處分執行，其理由為容忍不作為假處分係基於一定關係而有作為權利，相對人因此有忍受義務，故具有優先受保護性[13]。最高法院92年台抗字第

532號裁定即採此類見解。又由於我國司法實務就保全之裁定，向來認為沒有既判力[14]，因此多認為無重複起訴禁止原則之適用。

然而，不論是容忍不作為，或是單純不作為，均係基於權利行使之法律關係，何以得據以決定其效力之優先順序？再者，於「正向」定暫時狀態處分已繫屬法院之情形，如容許被處分人得另提「反向」定暫時狀態處分之聲請，在繫屬法院不同時，即可能產生二裁定相互歧異之情形。此時除有浪費司法資源之嫌外，對於法律之安定性亦有所傷害。此外，二裁定如何執行，亦有疑義[15]。況且，如前所述，在智財訴訟之定暫時狀態處分之審理，已有本案審理化之趨勢，程序上賦予被處分人相當程度之保障，後提起之「反向」定暫時狀態處分是否有權利保護之必要性，實有疑義。

本件最高法院對於禮來藥廠之「正向」定暫時狀態處分尚繫屬於法院此一事實，乃有所認識，惟其仍未據以駁回神隆公司之「反向」定暫時狀態處分，筆者認為從訴訟經濟、法律安定性及權利保護必要性等觀點，似有未恰。

2. 最高法院97年台抗字第258號裁定

(1) 訴訟經過

前述最高法院以96年度台抗字第327號裁定，將原裁定廢棄，發回台灣高等法院台南分院更為裁定後。台灣高等法院台南分院復以96年度抗更(一)字第7號裁定，再次駁回神隆公司之抗告。神隆公司提起再抗告，最高法院乃作成本號裁定，駁回神隆公司之再抗告。

(2) 裁定內文

「按於爭執之法律關係，為防止發生重大之損害或避免急迫之危險或有其他相類之情形而有必要時，得聲請為定暫時狀態之處分。又除別有規定外，關於假處分之規定，於定暫時狀態之處分準用之。而聲請

人就聲請假處分之請求及原因，則應予釋明，民事訴訟法第538條、第538-4條，第533條、第526條分別定有明文。準此，『為防止發生重大之損害或避免急迫之危險或有其他相類之情形而有必要』之假處分原因，應由聲請假處分之人提出能即時調查之證據以釋明之，苟不能釋明假處分原因存在，自無就爭執之法律關係，為定暫時狀態處分之必要。且債權人就爭執之法律關係，已聲請為定暫時狀態之處分，不論係單純之不作為處分，或容忍不作為處分，一經其向法院為聲請後，債務人亦僅得對倘獲裁准之裁定循抗告程序或聲請撤銷假處分裁定之途徑以謀救濟，不得於法院未為准駁之裁定前，再聲請內容相牴觸之處分，以阻卻債權人之聲請。本件再抗告人以：相對人藉再抗告人侵害其在中華民國第66262號、第110476號及第109978號之吉姆賽它賓（Gemcitabine，下稱吉姆賽它賓）方法專利（下稱系爭專利）為由，聲請定暫時狀態之處分，禁止再抗告人於兩造間之侵害專利本案訴訟判決確定前，就吉姆賽它賓或含有吉姆賽它賓之藥品自行或委請他人直接或間接製造、買賣等行為，因而妨礙再抗告人正常業務之運作，已侵害再抗告人之商譽、營業權，乃聲請定暫時狀態之處分，禁止相對人為上開各該妨礙行為，以維再抗告人之合法權益。經台灣台南地方法院（下稱台南地院）以裁定駁回再抗告人之聲請。再抗告人對之提起抗告。原法院以：再抗告人既未釋明相對人有何不法阻礙再抗告人產銷之行為，即難認相對人有侵害再抗告人之名譽權或營業權。縱再抗告人日後向相對人請求損害賠償，亦無勝訴之可能。況再抗告人並未證實相對人就其另案之假處分聲請，有故意侵權行為或權利濫用之情形，其於相對人聲請後，再聲請本件假處分所欲保全之權利，依其主張實為『禁止相對人為上開不實指控之行為』，其目的顯係針對相對人所聲請另案之定暫時狀態假處分，相對地提出本件假處分之聲請，擬預為排除相對人聲請假處分如獲准許時之效力，以免相對人干擾其生產、銷售等事宜。自難遽謂再抗告人就其爭執之法律關係（再抗告人之名譽權、營業權是否確受相對人侵害）有為保

全之必要。參以再抗告人迄未起訴請求排除相對人侵害其名譽權、營業權及損害賠償之相關訴訟，益見再抗告人聲請為定暫時狀態之假處分，於法不合。因予裁定駁回再抗告人之抗告，衡之首揭說明，經核於法洵無違誤。再抗告意旨猶以相對人故意向法院聲請定暫時狀態之處分，而為侵害再抗告人名譽權、營業權之行為，再抗告人據以聲請假處分，已符合『於爭執之法律關係，得聲請定暫時狀態處分』之要件；且再抗告人確有販賣吉姆賽它賓予阿根廷SANDOZ公司，倘相對人獲裁准對再抗告人為定暫時狀態之處分，則再抗告人之生產、銷售、進出口等恐將停擺，致生競爭力喪失、客戶流失、違約責任及信用破產等損失之後果，而相對人又已就兩造間爭執之法律關係包括專利權、名譽權、營業權向台南地院提起專利侵權訴訟（95年度智字第16號），即應認再抗告人已提起民事訴訟法第538條第2項規定之『本案訴訟』等詞指摘原裁定不當，聲明廢棄，非有理由。」

(3) 評析

　　本件最高法院不採前述容忍不作為優先之見解，以「正向」及「反向」定暫時狀態處分係屬同一事件之觀點，駁回神隆公司之再抗告，筆者深表贊同。本文以為，既然智財訴訟中，定暫時狀態處分之審理已有本案審理化之趨勢，被處分人受有合法聽審之程序保障，自然應有重複起訴禁止原則之適用或類推適用，以符合訴訟經濟及法律安定性之要求。

四、東洋公司之撤銷定暫時狀態處分

最高法院99年度台抗字第374號裁定

(1) 訴訟經過

　　禮來藥廠前向台北地方法院聲請供擔保對東洋公司為定暫時狀態之處分，經台北地方法院以95年度智財全字第16號裁定准許在案。嗣東洋

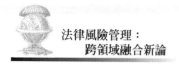
公司向台北地方法院聲請供擔保撤銷定暫時狀態之處分，台北地方法院以96年度全聲字1064號裁定駁回其聲請。東洋公司提起抗告，智慧財產法院審理後以98年度民專抗字第7號裁定，駁回東洋公司之抗告。

東洋公司嗣提起再抗告，最高法院先以98年度台抗字第585號裁定，將原審裁定廢棄，發回智慧財產法院更為裁定。智慧財產法院隨以98年度民抗更(一)字第4號裁定，廢棄第一審裁定，准東洋公司供擔保後撤銷定暫時狀態處分之裁定。禮來藥廠提起再抗告，最高法院以本件裁定駁回再抗告。

(2) 裁定內文

「按假處分所保全之請求，得以金錢之給付達其目的，或債務人將因假處分而受難以補償之重大損害，或有其他特別情事者，法院得於假處分裁定內，記載債務人供所定金額之擔保後免為或撤銷假處分；假處分裁定未依前項規定為記載者，債務人亦得聲請法院許其供擔保後撤銷假處分，民事訴訟法第536條第1項、第2項定有明文。又除別有規定外，關於假處分之規定，於定暫時狀態之處分準用之，為同法第538條之4所明定。準此，法院為定暫時狀態處分之裁定，除應審究該保全之處分方法是否為防止債權人發生重大損害或避免急迫危險或有其他相類情形所必要者外，尚應斟酌其性質如與保全假處分相類，原得以金錢之給付達其目的，即債權人所受之損害非不能以金錢補償，卻以定暫時狀態處分為保全方法，而使債務人將受難以補償之重大損害時，自非不得准許債務人供擔保後免為假處分或撤銷假處分，資以平衡雙方間之權利義務，並兼顧其等之利益。至所謂「特別情事」，則指債權人因撤銷假處分所受之損害，可得以金錢彌補，且不致因假處分之撤銷使債權人失卻其保全之情形而言。而債務人陳明願供擔保聲請撤銷假處分裁定時，究竟有無適於為此處置之特別情事，本應由法院自由裁量。如依債務人之供擔保足以達假處分之目的者，即可認為有適於為此處置之特別情

事，法院自得許債務人供擔保而撤銷假處分之裁定（參見本院48年台抗字第80號判例）。本件再抗告人依民事訴訟法第538條之規定，向台灣台北地方法院（下稱台北地院）聲請供擔保對相對人為定暫時狀態之處分（下稱系爭處分），台北地院以95年度智裁全字第16號裁定（下稱台北地院第16號裁定）准許後，相對人向台北地院聲請供擔保撤銷系爭處分，台北地院以96年度全聲字第1064號裁定（下稱台北地院第1064號裁定）駁回其聲請，相對人不服，提起抗告，原法院以：再抗告人向台北地院聲請定暫時狀態之系爭處分而依專利法第84條第1項規定所提起之本案訴訟，係主張其對相對人有排除、防止侵害其系爭專利權及損害賠償之請求權，除請求排除、防止相對人對系爭專利權之侵害外，並請求相對人及其法定代理人連帶賠償新台幣（下同）2,000,000元之本息。則再抗告人之最終目的既為損害賠償，自非不得以金錢給付達其聲請系爭處分之目的。是相對人所稱再抗告人聲請系爭處分所保全之請求，得以金錢給付達其目的，即屬有據。經審酌系爭處分所定之擔保金額、雙方可能肇致之損害、及其產業規模、業務範圍、系爭產品之預期利潤暨再抗告人如不為假處分所可能受之損害為29,623,613元，認相對人以29,630,000元或同面額之銀行可轉讓定存單為再抗告人供擔保後撤銷系爭處分為適當等情，並說明本件不受台北地院第16號確定裁定拘束之理由。因認相對人對台北地院第1064號裁定之抗告為有理由，乃廢棄該裁定，改命相對人為前述之擔保後，撤銷系爭處分裁定，如原裁定主文第二項所示，經核於法洵無違誤。再抗告意旨猶泛言：原裁定未視具體個案而為衡量審酌、亦未敘明相對人不受已確定之台北地院第16號確定裁定拘束之理由，有裁定不備理由；及不當適用民事訴訟法第401條規定之違誤；且系爭處分並非得以金錢給付達其目的，原裁定核定擔保金之標準更屬有誤等詞，指摘原裁定不當，聲明廢棄，非有理由。」

(3)評析

民事訴訟法於2003年修訂後，法院是否可依民事訴訟法第538條之4、第536條第1項、第2項規定，准許債務人供擔保後免爲處分或撤銷處分，最高法院向來有所歧異[16]。持否定見解者，如最高法院94年度台抗字第18號裁定即表示，定暫時狀態之處分，其目的在防止重大損害，或避免急迫危險，性質與保全強制執行之假處份仍有不同，故准許債務人供擔保後，免爲假處分或撤銷假處分之規定，於定暫時狀態之處分，並無準用之餘地。惟此等見解，在最高法院乃屬少數意見[17]。多數意見認爲應有準用之餘地，例如本件最高法院之裁定。對於此一問題，台灣高等法院暨所屬法院之座談研討結果（2006年法律座談會第35號提案），則認爲應視具體個案，依利益衡量原則定之[18]。

對於肯定說之主張，即債權人所受之損害非不能以金錢補償時，應允許債務人提供擔保此一論點，學者乃相繼提出批評。有認爲，定暫時狀態是對有爭執的法律關係爲之，而法律關係最主要是權利義務，被保全的權利或法律關係在被侵害的情形，幾乎都可以轉換爲損害賠償，就算不能回復，也可以用金錢賠償，如此幾乎所有定暫時狀態處分的事件，都可以容許債務人提供擔保免爲或撤銷處分之執行[19]；亦有認爲，在個案裡面既然已爲利益衡量之判斷而核發定暫時狀態之處分，之後再以利益衡量而謂債務人可供擔保來免爲或撤銷定暫時狀態處分，彼此係屬衝突矛盾[20]；復有認爲，既然債權人得以金錢之給付達其目的，則自不應准許債權人之聲請，以利益衡平原則而論，斷無於准許定暫時狀態處分後，復以之作爲准許債務人供反擔保之憑據[21]。

筆者認爲，在智財訴訟之定暫時狀態處分，由於智慧財產案件審理法及智慧財產案件審理細則，已明定聲請人不得以擔保來補釋明之不足，且法院須就勝訴可能性、對兩造是否造成無法彌補之損害、雙方損害之程度、及公眾利益等事項爲審酌，並使兩造有陳述之機會。故法院依權衡理論及比例原則審理後認爲有定暫時狀態處分之必要時，應認

此時即無民事訴訟法第536條第1項所定「得以金錢之給付達其目的」、「債務人將因此而受難以補償之重大損害」或「其他特別情事」等情，自無由同時準用民事訴訟法第536條第1項，允許債務人供擔保後免爲或撤銷該處分。

至於民事訴訟法第536條第2項之準用，亦即債務人嗣後聲請法院許其供擔保後撤銷處分之情形，筆者認爲應僅限於原處分裁定後，有新事實發生時之情形，始有準用之餘地[22]。其他情形，當無准許之理。如此，方符合智財訴訟定暫時狀態處分本案審理化之規範意旨。

第五節　結論

隨著民事訴訟法於2003年之修訂，以及智慧財產案件審理法等法規之施行，就智財訴訟之定時狀態處分，在立法上乃有本案審理化之趨勢。而從前述之美國禮來藥廠案例，亦可發現我國司法實務對於定暫時狀態處分之核准，同樣趨於慎重與嚴格。過往動輒以供擔保方式而裁准定暫時狀態處分之情形，似已不復見[23]。此外，最高法院在智財案件之定暫時狀態處分中，似採行放寬民事訴訟法第536條第1項、第2項規定適用之立場，如此亦相當程度弱化了定暫時狀態處分之實質功能。

筆者以爲，過往實務動輒以供擔保核准定暫時狀態處分之情形固有未當，惟現今發展似有朝另一極端靠攏之趨勢，亦即智慧財產權人實質上難以利用定暫時狀態之處分，如此亦有不妥之處[24]。從智慧財產法院自2008年7月至2011年9月，就定暫時狀態處分之新收案件數僅36件（其中准許6.5件）等情，亦可看出端倪[25]。對於此等發展趨勢，企業如欲聲請定暫時狀態之處分，自應更加審慎發動，並應針對智慧財產案件審理細則第37條第3項所定審酌事項，儘量蒐集資料以盡釋明之義務。至於相對人則應注意實務上對於「反向」定暫時狀態處分提出之限制，此外亦可依民事訴訟法第536條第1項、第2項爲供反擔保之主張。

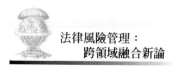
　　最後，筆者認為既然現今智財訴訟中關於定暫時狀態處分之審理，不論是在證明程度之負擔、實體事項之審酌，或是聽審程序之踐行，均近似於本案訴訟。在制度上，或許應考慮限制定暫時狀態處分之聲請，必須在本案訴訟提出同時或其後始得為之，使定暫時狀態處分與本案訴訟由同一法官進行審理，如此應有助於保全程序與本案程序銜接統合之功能，避免前階段審理成果之浪費，亦能提升法院判斷之正確性[26]。同時，對於有意聲請假處分之債權人與相對人，亦需有訴訟風險意識，深入了解司法實務之見解與發展趨勢，採取有利己方之訴訟方式，爭取到預定之目的，此乃風險調控之良策。

註 釋

* 林明毅，眾城國際法律事務所執業律師。

1 馮震宇，〈從美國司法實務看台灣專利案件之假處分救濟〉，《月旦法學》，第109期，2004年6月，頁15。

2 沈冠伶，〈智慧財產民事訴訟之新變革〉，《月旦民商法雜誌》，第21期，2008年9月，頁23。

3 對於智慧財產案件審理法施行前已繫屬於地方法院之智慧財產民事事件，智慧財產案件審理法第37條第1項第2款已明定，其卷宗尚未送上訴或抗告法院者，應送智慧財產第二審法院。但對於智慧財產案件審理法施行後始係屬於地方法院之智財民事事件，其上訴或抗告之處置，則未有明定。

4 沈冠伶，同註2，頁23-24。

5 例如台灣高等法院99年度抗字第365號事件、台灣高等法院100年度抗字第24號事件等。

6 沈冠伶，〈我國假處分制度之過去與未來〉，《月旦法學》，第109期，2004年6月，頁57。

7 姜世明，〈智財審理程序之假處分〉，《月旦民商法雜誌》，第21期，2008年9月，頁4-5。

8 鄭中仁，〈專利權之行使與定暫時狀態之處分〉，《台灣本土法學雜誌》，第58期，2004年5月，頁123-124。

9 姜世明，〈智財審理程序之假處分〉，《月旦民商法雜誌》，第21期，2008年9月，頁5。沈冠伶，同註6，頁57。

10 許士宦，〈定暫時狀態處分之基本構造〉，《台灣本土法學雜誌》，第58期，2004年5月，頁57。

11 沈冠伶，同註6，頁60。

12 姜世明，〈專利侵權事件假處分之合法聽審〉，《月旦法學》，
第173期，2009年10月，頁266。

13 姜世明，同註7，頁9。

14 沈冠伶，〈定暫時狀態處分事件之審理會議記錄〉，《法官協會
雜誌》，第12卷，2010年12月，頁16。

15 有論者認為，如二假處分之內容不相抵觸，則可後案併前案執行；
若相抵觸，則不應允許後假處分之執行。姜世明，同註7，頁9。

16 姜世明，同註7，頁16-17。

17 許士宦，〈定暫時狀態處分事件之審理會議記錄〉，《法官協會
雜誌》，第12卷，2010年12月，頁8。

18 姜世明，同註7，頁17。

19 許士宦，同註17，頁11。

20 沈冠伶，同註14，《法官協會雜誌》，第12卷，2010年12月，頁
17。

21 許正順，〈智慧財產權之定暫時狀態處分〉，《法官協會雜
誌》，第10卷，2008年11月，頁145。

22 類似見解，姜世明，同註7，頁17。

23 論者謂，過往關於定暫時狀態處分之核准比例約七成以上，許正
順，同註21，頁147。

24 相似見解，黃書苑，〈專利事件侵害禁止請求定暫時狀態假處分
之審理〉，《法令月刊》，第53卷7期，2002年7月，頁541。

25 智慧財產法院，保全措施及秘密保持命令終結情形，http://ipc.
judicial.gov.tw/ipr_internet/index.php?option=com_content&view=arti
cle&id=523&Itemid=461，瀏覽2011年11月。

26 相似見解，鄭中仁，〈專利權之行使與定暫時狀態之處分〉，
《台灣本土法學雜誌》，第58期，2004年5月，頁136。范曉玲，
〈智慧財產案件審理法下啓動專利侵權案件的新挑戰〉，《全國
律師》，第11卷4期，2007年4月，頁43。

五南圖解財經商管系列

※ 最有系統的圖解財經工具書。

※ 一單元一概念，精簡扼要傳授財經必備知識。

※ 超越傳統書籍，結合實務精華理論，提升就業競爭力，與時俱進。

※ 內容完整，架構清晰，圖文並茂‧容易理解‧快速吸收。

圖解財務報表分析
／馬嘉應

圖解物流管理
／張福榮

圖解企劃案撰寫
／戴國良

圖解企業管理(MBA學)
／戴國良

圖解企業危機管理
／朱延智

圖解行銷學
／戴國良

圖解策略管理
／戴國良

圖解管理學
／戴國良

圖解經濟學
／伍忠賢

圖解國貿實務
／李淑茹

圖解會計學
／趙敏希
馬嘉應教授審定

圖解作業研究
／趙元和、趙英宏、
趙敏希

圖解人力資源管理
／戴國良

圖解財務管理
／戴國良

圖解領導學
／戴國良

國家圖書館出版品預行編目資料

法律風險管理跨領域融合新論／施茂林等合
著. ― 初版. ― 臺北市：五南圖書出版
股份有限公司, 2013.09
　　面；　　公分.
ISBN 978-957-11-7232-3（平裝）

1.法律　2.風險管理　3.文集

580.7　　　　　　　　　102014231

1FT3

法律風險管理跨領域融合新論

作　　者 ― 施茂林　方國輝　李禮仲　朱從龍　陳彥良

　　　　　　楊君毅　陳學德　蔡建興　黃兆揚　鄭克盛

　　　　　　施懿純　吳尚儒　林明毅

發 行 人 ― 楊榮川

總 經 理 ― 楊士清

總 編 輯 ― 楊秀麗

主　　編 ― 侯家嵐

責任編輯 ― 侯家嵐

文字編輯 ― 陳欣欣

封面設計 ― 盧盈良

出 版 者 ― 五南圖書出版股份有限公司

地　　址：106台北市大安區和平東路二段339號4樓

電　　話：(02)2705-5066　　傳　　真：(02)2706-6100

網　　址：https://www.wunan.com.tw

電子郵件：wunan@wunan.com.tw

劃撥帳號：01068953

戶　　名：五南圖書出版股份有限公司

法律顧問　林勝安律師

出版日期　2013年 9 月初版一刷
　　　　　2024年 2 月初版五刷

定　　價　新臺幣550元